전남대학교 지역개발연구소 사회적경제 기획도서 6

지속가능한 사회적경제 생태계

Sustainable Social Economy Ecosystem

전남대학교 지역개발연구소 사회적경제 기획도서 6

지속가능한 사회적경제 생태계

Sustainable Social Economy Ecosystem

2022년 2월 22일 인쇄
2022년 2월 28일 발행

저자 나주몽·변장섭·민현정·윤희철
염미경·김영섭·네모토 마사쯔구
발행인 정성택
발행처 전남대학교출판문화원

등록 1981. 5. 21. 제53호
주소 61186 광주광역시 북구 용봉로 77
전화 062-530-0571~3
팩스 062-530-0579
홈페이지 http://www.cnup.co.kr
이메일 cnup0571@hanmail.net

값 15,000원

ISBN 978-89-6849-872-5 (93320)

이 저서는 2021학년도 전남대학교 학술도서출판지원사업(2021-2516)과 2020년 대한민국 교육부와 한국연구재단의 지원을 받아 수행된 연구임(NRF-2020S1A5B8104093).

전남대학교 지역개발연구소 사회적경제 기획도서 6

SUSTAINABLE SOCIAL ECONOMY ECOSYSTEM

나주몽 · 변장섭 · 민현정 · 윤희철 · 염미경 · 김영섭 · 네모토 마사쯔구 공저

지속가능한 사회적경제 생태계

전남대학교출판문화원

서문

최근 코로나19로 인해 전 세계는 역성장, 실업, 양극화의 늪에 빠져 있는 가운데 사회·경제 각 방면에서 패러다임의 변화 및 그 가능성에 직면해 있다. 특히 우리나라는 뉴노멀시대의 패러다임 전환에 따른 지금까지 경험해 보지 못한 사회문제와 저성장 경제로 전환에 대비하여 포용적 성장과 더불어 지속가능한 사회적경제 생태계의 역할과 기능이 중요시되고 있다. 이 책은 지속가능한 사회적경제 생태계 형성을 위한 담론을 다음과 같은 내용을 통해 다양한 관점에서 탐색해 보고자 한다. 제1장은 기존의 기술 혁신과 경제성장 중심의 지역 혁신체계에서 벗어나 최근 사회통합과 지속가능성 제고를 위한 사람 중심의 포용적 지역 혁신체계로 패러다임 전환이 요구되고 있는 상황에서 포용성장을 위한 사회혁신의 의미를 살펴보고 포용성장을 위한 사회혁신의 매개체로서 사회적경제 생태계의 의미를 고찰한다.

제2장은 한국의 사회적경제 기업의 유형별 현황을 살펴보고, 어떻게 양적 성장을 이루었는지 고찰해 본다. 특히 사회적경제 기업의 공간적 분포를 살펴봄으로써, 사회적경제 기업이 지역의 어떠한 특성에 따라 발현하여, 사회적경제 생태계 측면에서 이를 활성화시킬 수 있는 방향을 제시해보고자 한다.

제3장은 한국 사회적경제 기업의 생태계에 대한 정량적인 정보가 부족한 상황에서 각 개별 기업의 구매·판매 데이터를 구축하고, 가치

사슬 측면에서의 생태계 구조를 파악한다. 특히 사회적경제 기업 간 네트워크는 물론 지역과 산업 측면에서의 가치사슬 구조로 확장하여 사회적경제 생태계를 파악한다.

제4장은 지역공동체의 지속가능한 성장을 위한 사회적경제로의 수렴이 갖는 의미를 제시하고자 한다. 특히 지속가능성을 기반으로 지역공동체의 자원과 역량이 사회적경제와 연계되는 공동체 생태계에 대해 구체적으로 살펴보고, 어떻게 사회적경제와 연계하며, 이를 통해 사회적경제 생태계로의 확장을 이루어 갈 것인가 실천적 방안을 모색해 본다.

제5장은 사회적경제를 중심으로 왜 민관거버넌스가 필요하고, 거버넌스를 통해 할 수 있는 것이 무엇이며, 어떻게 거버넌스가 작동하는지에 대해 살펴본다. 또한 현재 민관 거버넌스가 갖는 한계와 문제를 조명하면서 올바른 사회적경제 민관 거버넌스가 나아갈 방향에 대해서도 진단한다. 이를 통해 사회적경제가 주류화하는 세상으로 나아가는 방안을 모색한다.

제6장은 지역공동체 사회적경제를 제주의 전통적 상호부조 문화인 '수눌음' 경제 사례를 통해 제주의 한 농촌 지역공동체 사례를 중심으로 고찰하여 제주의 '수눌음' 경제의 현대적 의미를 던져주고자 한다.

제7장은 사회적 금융이 활성화되지 못한 우리나라의 현실에서 마을기업의 자금조달과 판매활성화에 기여할 수 있는 보상형 크라우드 펀딩을 제안하고 성공사례를 통해 정책적 시사점을 제공한다.

제8장은 지역사회의 회복력 관점에서 재난상황에서 지역회복력을 강화시킨 일본의 사례를 살펴보고자 한다. 특히 일본은 그동안 재난을 계기로 NPO법, 기부금 세제혜택 제도 등을 발전시켜 지역회복력을 강화시켜 왔으며, 재난 발생 시에 취약한 상황에 놓일 수 있는 사람들에 초점을 맞춘 정책을 정비해 왔다. 이에 구체적인 일본의 사례

를 소개하고, 결론으로 향후 한국에 대한 시사점을 도출한다.

끝으로 이 책이 나오기까지 사회적경제 연구에 관심을 가지고 귀중한 시간을 쪼개어 집필에 참여해 주신 연구자님들께 감사하며, 특히 본 연구의 기획에 많은 열정을 쏟아 편집 작업을 성실하게 해 준 변장섭 학술연구교수에게 감사의 뜻을 표한다. 또한 한국연구재단의 중점연구소로써 전남대 지역개발연구소가 발전할 수 있도록 격려해 주신 대학 관계자 분들과 이 책이 출간되기까지 저술에 재정 지원해 준 전남대학교에 깊은 감사를 드린다.

모쪼록 지속가능한 사회적경제 생태계가 형성되길 바라며, 연구자, 정책당국 및 시민에게 이 책이 유용한 참고자료로 활용될 수 있기를 기대한다.

2022년 2월 14일

전남대학교 지역개발연구소장 나주몽

목차

제2장 한국 사회적경제 기업의 현황과 분포

제3장 한국 사회적경제 기업의 가치사슬 구조

제4장 지속가능한 지역공동체와 사회적경제

제5장 사회적경제를 주류화하는 민관 거버넌스

제6장 한국의 사회적경제와 지역공동체

제7장 마을기업 보상형 크라우드펀딩

제8장 일본의 사회적경제와 지역회복력

제**1**장

포용성장의 사회혁신과 사회적경제 생태계

나주몽

본 장에서는 포용성장을 위한 사회혁신의 역할을 살펴보고 그 매개체로서 사회적경제 생태계의 의미를 고찰한다. 기존의 기술 혁신과 경제성장 중심의 지역 혁신체계에서 벗어나 사회통합과 지속가능성 제고를 위한 사람 중심의 포용적 지역 혁신체계로 패러다임 전환이 요구되는 상황에서, 사회혁신을 통해 사회적 수요와 문제에 대해 창의적이고 유용한 해결책을 기존 방법보다 훨씬 효과적이고, 지속가능성과 정당성을 담보하여 제공할 필요가 있다. 특히 지역사회가 성공적으로 사회혁신을 달성하기 위한 매개체로서 사회적경제 생태계가 중요하다.

1-1 서론

기후변화 대응 및 코로나 19 사태로 환경에 관심이 전 지구적으로 높아가고 있는 가운데 오늘날 고도로 발달된 자본주의 사회에서 기업은 기술과 조직 등의 혁신을 통해 사회발전을 추동하는 강력한 주체가 되고 있다. 그러나 이러한 기업이 이제 주주 중심의 이윤 추구를 미덕으로 하던 시대를 지나, 기업의 ESG[1]에 대한 관심이 높아지면서 사회적 가치를 창출하는 주체로서 그 의미가 재조정되고 있다.

우리나라에서도 경제의 글로벌화, 급격한 인구변화, 지구 종말을 경고하는 기후변화 등이 겹치면서 이제는 오래전부터 지속되어 온 사회적 문제에 새로운 사회적 문제가 더해지고 있다. 특히 다문화 가정, 노숙자, 탈북민, 노인 빈곤층 등은 우리 앞 세대가 상상하지 못했던 새로운 사회적 약자로 대두되고 있으며, 새로운 소외계층이 급격하게 부상하고 있는 가운데 경제의 양극화와 그에 따른 사회적 갈등 속에서 집단지성과 공동체에 대한 믿음도 약화되고 있다.

더욱이 디지털 전환 (Digital Transformation)시대에 데이터 과학, AI, 로봇기술 등의 발달로 자동화와 4차 산업혁명이 급진전되고 있는 상황에서 과학기술이 빠른 속도로 발전함에 따라 전통적인 생산요소의

---

1) 환경(Environmental)·사회(Social)·지배구조(Governance)를 함께 일컫는 말로 기업의 비재무적 요소를 나타냄.

결정력은 낮아지고, 지식과 정보가 산업경쟁력을 좌우하는 시대가 도래 하였다. 또한 지구온난화에 따른 기후변화의 급속한 진전에 따라 그린 전환 (Green Transformation)을 위한 에너지전환, 교통전환, 산업전환, 주택/도시 전환 작업이 빠르게 요구되고 있다.

이처럼 뉴노멀시대의 패러다임 전환에 따른 지금까지 경험해 보지 못한 사회문제와 성장하지 않는 경제로 전환에 대비한 포용적 성장이 필요하고 사회혁신을 통한 사회적 체질 변화를 통해 사람중심의 삶의 질을 향상시킬 필요가 있다. 즉 기존의 기술 혁신과 경제성장 중심의 지역 혁신체계에서 벗어나 포용성장의 사회혁신을 통해 사회통합과 지속가능한 발전을 제고시켜 사람 중심의 포용적 지역 혁신체계로 패러다임 전환이 요구된다.

이에 본고에서는 포용성장을 위한 사회혁신의 역할을 살펴보고, 포용성장을 위한 사회혁신의 매개체로서 지속가능한 사회적경제 생태계의 의미를 고찰하고자 한다.

이를 위해 2절에서는 포용성장의 의미와 사회혁신에 사회적경제의 융합적 특성을 살펴본다. 3절에서는 사회적경제 생태계에 있어 사회적경제조직의 역할을 살펴보고 사회혁신의 매개체로서 지속가능한 사회적경제 생태계의 의미를 고찰한다.

1-2 디지털 전환과 포용성장의 사회혁신

1. 4차 산업혁명과 디지털 전환의 영향

4차 산업혁명 시대에는 제품 및 서비스 자체가 변화하여 제품의 서비스화 또는 서비스의 제품화를 통해 제품과 서비스가 융합된다. 그리고 제품이 서로 네트워크로 연결되고 이 제품 네트워크를 통해 데이터가 이동하고 사용자 간, 사용자와 공급자 간 연결이 가능해지는 플랫폼이 출현한다. 4차 산업혁명은 산업의 가치사슬 내에서 기업의 필수 역량의 변화 및 배분, 부가가치 창출 구조에 변화를 발생시켜 개별 기업 차원보다 산업 내 기업 간 연계 또는 산업 간 연계를 통한 산업의 구조적 변화가 진행된다. 이처럼 4차 산업혁명은 기업 및 산업을 포함한 산업생태계 전반을 근본적으로 변화시킬 것이다,

한편 코로나 19 여파로 비대면 사회가 일상이 되어 버린 상황에서 최근 화두로 대두되고 있는 디지털 전환은 기업의 제품 및 서비스 생산, 제공방식과 이를 통합한 운영 시스템을 디지털화시키며 또한 연구·기술개발, 원자재 조달·생산, 마케팅·유통, 판매·서비스 공정으로 이어지는 공정의 선형적 연결 이외에 디지털화를 활용한 생산과 서비스 간 연계, 연구개발과 마케팅 간 연계와 같은 공정간 비선형적 연결이 증가하고 있다. 특히 디지털 전환으로 인해 기업의 제품 및 서비스 생산, 제공 방식을 총괄하는 운영방식과 관련하여, 개별

공정의 지능화가 이루어지고, 공정 간 비선형적·다중적 연결이 증가하고 있다.

이처럼 4차 산업혁명과 디지털 전환은 산업 간 융합, 신산업 출현과 기존 산업의 구조전환을 촉진시키고, 전·후방 기업이 연계하여 디지털 전환을 동시 추진하며, 산업 내 생산자, 소비자, 중간 연결자 간 밀접도와 상호 교류를 증가시켜 산업의 구조적 변화를 촉진시킬 것이다.

4차 산업혁명과 디지털 전환은 2000년대부터 시작된 지역 산업혁신생태계의 패러다임 변화를 더욱 가속화시킬 것으로 예상된다(남기범, 2016). 정보통신(IT)산업의 발달, IT기술을 통한 기존 산업의 변화가 가속화되면서 산업의 서비스화와 지식기반 산업화를 기반으로 한 다품종 소량생산방식의 도입, 유연하고 스마트화된 생산체계의 도입, 지식집약적 산업의 발전으로 인해 산업공간이 대도시 지역으로 이동하고 있으며, 장소·지역 기반의 산업생태계와 글로벌 가치사슬이 확대되고 있다. 서비스 지식이 연구개발, 제조, 유통 등 생산의 전 과정과 상호 연결되면서 산업생태계 내에서 생산·제조 기능을 담당하는 주체들과 다양한 서비스 기능을 담당하는 주체들 간의 연결성이 증가할 뿐만 아니라 산업생태계 내·외부에서 지식기반 서비스 분야에 새로운 기업이 많이 생성될 수 있는 기회가 증가하였다.

또한 이런 변화와 관련하여 경제 및 산업 활동에서 기업 간 네트워크의 중요성이 네트워크와 공간 연계가 중요해진다. 특히 과거에는 지역 내, 지역 간에 특정 기능(산업·생산 기능, 연구개발 기능, 주거 기능 등)별로 분화된 공간이 형성되었으나, 최근에는 대도시 지역의 산업구조가 서비스 산업화되면서 연구개발기능, 산업지원기능, 기타 기능(주거, 생활, 여가 등)간 융합되는 융복합 산업공간이 구축될 가능성이 커졌다.

이처럼 4차 산업혁명의 영향과 디지털전환이 급속히 이루어지고 있는 가운데 최근 우리나라는 기후변화, 양극화, 산업구조 변화와 그에 따른 실업, 초고령화 등 지금까지 경험해 본적 없는 사회적 난제를 겪고 있다. 이러한 난제들은 인류의 지속가능성을 의심하게 하는 심각한 우려를 낳고 있으며, 이에 대한 대응이 시급한 시점에 있다. 새로운 문제에 대한 해답을 얻기 위해서는 기존의 이론과 정책뿐만 아니라 새로운 정책의 대안이 요구되고 있다.

유럽연합은 2000년 리스본 조약을 통해서 경제 성장 중심의 전략을 수립하였으나, 2000년대 중반 경제 위기를 겪으면서 그 한계를 인식하였다. 그리고 경제 성장과 더불어 유럽의 각 국가 그리고 국가 간의 사회문제 해결이 매우 중요한 문제임을 인지하게 되었다. 이에, 유럽연합은 디지털 기술을 통한 새로운 사회문제 해결 방법에 관심을 가지게 되었다. 특히 디지털 사회혁신을 유럽연합 차원에서 정의하고, 유럽 내 주요 디지털 사회혁신 액터(actor)들을 파악하였다. 이를 기반으로 생태계를 이해하고, 디지털 사회혁신 활동의 중요 주제들이 무엇인지를 살펴보았으며, 왜 유럽이 주목해야 하는 지에 대한 근거를 제시하였다(김종선 외, 2016). 유럽연합은 정책제언에서 디지털 사회혁신을 확장하기 위하여 자금지원, 새로운 법안 제정과 규제, 연구 및 혁신 사례 지원, 확산과 교육, 평가 방법 개발과 적용 등의 광범위한 정책들이 제시되고 있다(EU 2015).

이러한 4차 산업혁명과 디지털 전환과정은 기존의 기술·산업을 대체하는 새로운 지속가능한 기술·산업이 형성되기 때문에 사회적 도전과제 해결 및 산업과 고용의 전환도 추구할 수 있게 된다(김선우 외, 2020).

2. 포용성장과 포용적 혁신 정책의 역할

최근 새로운 패러다임 전환에 직면한 저성장 시대의 경제는 만성적인 구조조정과 높은 실업률, 시장 활력 둔화, 생산의 고비용 및 소득 양극화 등의 문제가 발생한다. 이에 성장하지 않는 경제로 전환될 때를 대비하여 사회적 체질 변화가 요구된다. 기존의 기술 혁신과 경제성장 중심의 지역 혁신체계에서 벗어나 사회통합과 지속가능성 제고를 위한 사람 중심의 포용적 지역 혁신체계로 패러다임을 전환할 필요가 있다(나주몽, 2016). 이러한 지역 혁신의 기저에는 지속가능한 사회 시스템으로의 변환, 삶의 질 향상, 포용성장이 자리 잡고 있다.

특히 포용성장이 경제성장의 대안적 방안으로 등장하게 된 배경은 2008년 미국발 금융위기가 주요했으며 기존 성장론에 대한 문제의식을 갖게 된 계기가 되었다. 즉 금융위기를 겪으면서 지속가능한 성장이 세계적인 화두로 떠올랐고 새로운 성장 전략으로 지속가능한 성장을 위해는 현재의 심각한 불평등 문제가 선결되어야 함에 세계적인 의견이 모이게 되었다. 특히 불평등 문제가 사회통합을 저해하고, 정치적 분열을 야기하는 가장 큰 요인 중 하나이며, 불평등 확대가 지속가능한 성장을 저해하기 때문에 국제통화기금, OECD와 같은 국제기구에서는 불평등의 완화가 좀 더 많은 부를 창출할 수 있다는 실증연구를 수행했다(OECD, 2014).

포용성장에 대해 가장 활발한 활동을 하고 있는 OECD에서는 포용성장을 "기존의 경제성장 중심에서 벗어나 사회 구성원의 삶의 질 향상, 사회의 다양한 불평등 문제를 해소, 계층 간 형평성 있는 분배 등을 추구하는 복합적 개념"으로 보고[2], 포용 성장을 "사회의 모든 인

2) OECD(2015). All on board: making inclusive growthhappen, Paris : OECD.

구집단에 기회를 제공하고 금전적, 비금전적 번영의 배당을 사회에 고루 분배하는 경제적 성장"이라고 정의한다. 세계은행, 아시아개발은행과 같은 국제경제기구에서도 성장에 따른 불평등 해소를 골자로 '속도와 방식', '지속적인 경제적 기회의 확장'과 같은 사회적 가치를 덧붙이고 있다. 즉 국가의 정부 정책으로 하여금 형평성과 포용성을 우선적인 가치로 설정하고 사람, 장소, 기업에 대한 포용적 정책을 통해 소득 불평등을 완화함과 동시에 혁신에 바탕을 둔 경제성장을 추진하려는 것이다(노규성, 2020).

국제통화기금(IMF)에서는 저소득층에 대한 교육의 기회를 확대하고, 일자리를 원하는 모든 사람들이 일자리를 가질 수 있게 투자와 고용을 가로막는 규제를 개혁하고, 여성의 경제활동 참가율을 지금보다 끌어올릴 필요가 있으며, 이에 따른 경제발전의 결과물이 지금보다 더 많은 사람들에게 이어지는 순환 구조를 만들어 미래 세대들에게까지 혜택이 돌아가게 만들겠다는 것이 포용성장의 핵심 사상이다(IMF, 2018).

세계은행에서도 기회의 평등, 시장 및 고용 전환에 대한 보호가 포용을 통한 경제성장의 핵심 요소로 이는 기업과 개인이 시장과 자원에 대한 동등한 접근 기회가 보장되어야 하며, 공평한 규제환경에서 경제활동을 할 수 있음을 의미한다. 즉, 동등한 경쟁의 장에서 고용기회를 확대해 경제규모를 키우는 것이 요점이라 할 수 있다(World Bank, 2019). 따라서 포용성장의 핵심은 동등한 기회를 통한 불평등 완화로 소득의 재분배가 아닌 기회의 제공과 지속가능한 경제성장을 강조하고 있다.

OECD도 글로벌화, 디지털화, 인구변동, 기후변화 등 세계적 메가트렌드를 강조하면서 3대 포용 정책을 제시한 바 있다. OECD는 경제 발전의 지향점을 성장의 결실을 지키고 공평하게 나누는 것을 목표로 사람, 장소, 기업을 핵심 정책 대상으로 설정하였다(OECD, 2018).

OECD의 포용 정책 3가지를 살펴보면 다음과 같다. 첫째는 소외된 사람과 장소에 대한 투자 정책이다. 이는 ① 보육체계, 초등교육 및 평생기술교육의 질적 향상 ② 의료, 교육, 주택 및 각종 인프라에 대한 접근성 제고 ③ 지속가능한 성장을 위한 천연자원의 최적 관리 체계 구축의 3가지 정책 목표로 구성되어 있다. 둘째는, 기업에 활력을 제공하고 포용적인 노동시장을 형성하는 정책이다. 이는 ① 포괄적 혁신과 신속하고 깊숙한 기술 보급 ② 치열한 경쟁과 활력 넘치는 기업가 정신 형성 ③ 여성 및 소수집단을 염두에 둔 양질의 일자리에의 접근성 향상 ④ 미래의 일에 대한 탄력성(resilience)과 적응력 제고로 구성된다. 셋째는 효과적이고 책임감 있는 정부를 구축하는 것이다. 이는 ① 정부 내 여러 부처 간에 잘 조율되어 있는 정책 패키지 구현 ② 정책 기획에 있어서 형평성 우선 고려 ③ 통합, 책임, 국제협력을 포함한 포용적 정책 제시를 목표로 한다.

우리나라의 경우 포용 정책은 지속가능한 성장과 지역발전에 있어서 각별한 의미가 있다. 중앙정부가 경제성장을 주도하여 수출 경쟁력을 향상·유지하는 과정에서 저소득층을 포함한 소외·취약 계층에 대한 포용 정책이 미진함에 따라 성장의 배당이 균형적으로 이뤄지지 못했기 때문이다.

민간에서 과감한 혁신과 도전을 뒷받침할 수 있도록 실패하거나 낙오한 사람들을 일으킬 수 있는 사회 안전망을 구축하는 일 또한 미진하였다. 1990년대 말 외환위기 이후 노동 유연성이 지속적으로 강화되어 왔지만, 기술 혁신과 양질의 일자리 창출 간의 선순환 구조를 정착시키는 데에도 실패하였다. 더군다나 한국사회에서는 계층 간 소득 불균형이 수도권과 지방 간 불균형과 교차하면서 정부 정책에 대한 민간의 이해가 마을, 도시, 지역 등 다양한 스케일에서 매우 복잡한 양상으로 전개되고 있어 OECD가 강조하는 사람과 장소의 중요성이 한국에서 더욱 중요하다(균형발전위원회·한국산업기술진흥원, 2019).

이처럼 포용정책은 사회안전망 구축과 사회통합을 위한 보편적인 복지 서비스를 공급하는 것만 의미하는 것이 아니라, 민간 부문에서의 기술 혁신을 추동하고 활력 넘치는 기업 활동을 뒷받침하기 위한 발전 전략과도 밀접한 관련이 있다. 이에 포용성장 정책은 사회의 위험요소를 효과적으로 제거하고 미래의 변화에 선도적으로 대응하기 위한 발전 전략으로, 이는 취약·소외계층 및 저개발 지역에 대한 투자, 활력 넘치는 기업 활동과 지식 창출, 그리고 효율적이고 투명하고 책임감 있는 정부 활동을 통해 달성되며, 포용 정책의 결실은 사람, 장소, 기업으로 귀결된다.

따라서 포용성장 정책은 고용과 기술투자, 빈곤 퇴치, 노동시장 훈련 및 사회보호 시스템 등 수준을 포용적으로 향상시켜 지역에서 가장 소외된 계층까지도 성장의 결과물이 고르게 분배되도록 하는 것으로 이러한 포용성장 정책이 현실화되기 위한 노력에는 다음 세 가지 사항이 중요하다.

첫째, 소득과 자산뿐만 아니라 일자리, 교육, 건강, 기술, 사회적 관계 및 환경 안정 등의 성과물들이 사회 구성원들 사이에 충분히 제공되어야 한다. 둘째, 사회 구성원들은 사회·경제적 지위, 성, 거주 지역, 인종과 관계없이 공정한 기회를 부여받아야 하며, 이익의 결과물은 공헌을 기초로 공정하게 분배되어야 한다. 셋째, 포용적 성장은 정책적 적절성을 지니며 실현 가능해야 하고, 공정한 분배에 대한 정책적 고려가 충분해야 한다.

포용성장을 지향하는 포용적 혁신 정책은 사회적 포용성, 지역적 포용성, 산업적 포용성 등 다양한 양식의 포용성을 추구한다(장용석 외, 2016). 사회적 포용성은 계층 간 불균형과 격차, 지역적 포용성은 수도권과 지방, 도시와 농산어촌 사이에 발생하는 차별을 해소하려는 노력이다. 산업적 포용성은 서비스업과 제조업, 신산업과 구산업 등 산업 간 격차를 좁히려는 것이다. 특히 사회적 포용성에 있어 사회적 불균형은 소득 불균형을 중심으로 교육이나 일자리 등에 있어서 기회의 불균형도 포함하는 개념이다. 사회적 불균형은 개인을 떠나 지역적·산업적·문화적 불균형과 같은 구조적 문제의 영향을 크게 받는다. 이처럼 사회적 불균형을 해소하기 위해서는 경제적 성장과 분배의 문제뿐만 아니라 더 다양한 측면의 포용적 혁신 정책이 필요함을 알 수 있다(OECD, 2015).

이는 최근 부모 세대의 부가 다양한 자본과 네트워크를 통해 후속 세대에 계승되는 사회에서는 번영의 배당이 불평등할 수밖에 없다는 점에 주목하여 경제성장의 과정에서 구조적으로 배제되어 온 집단에 초점을 두고 분배의 형평성 증대, 고용 기회의 균등과 확대, 저소득층 및 소수집단을 위한 사회 안전망 확충 등을 통해 지속가능한 경제적 성장을 추구한다. 이를 통해 포용과 복지에 초점을 두어 불평등을 감소시킬 뿐만 아니라 보다 지속가능한 성장의 경로가 경제를 뒷받침하도록 만들어야 한다. 그러나 기존의 양적성장론의 부작용을 대체할 수 있는 대안으로서 제시된 포용성장은 궁극적으로 추구하는 목적을 달성할 수 있는 시행수단을 실질적으로 제시하기 어렵다는데 한계점이 있다(노규성, 2020).

3. 사회혁신과 사회적경제의 융합적 특성

최근 우리나라의 기후변화, 양극화, 산업구조 변화와 그에 따른 실업, 초고령화 등 지금까지 경험해 본적 없는 사회적 난제를 겪고 있다. 이러한 난제들은 인류의 지속가능성의 의심하게 하는 심각한 우려를 낳고 있으며, 이에 대한 대응이 시급한 시점에 있다. 새로운 문제에 대한 해답을 얻기 위해서는 기존의 이론과 정책뿐만 아니라 새로운 사회혁신이 필요성이 대두되었다고 할 수 있다.

사회혁신이란 사회적 수요와 문제에 대한 창의적이고 유용한 해결책으로, 기존 방법보다 훨씬 효율적이고 효과적이고, 지속가능성과 정당성을 담보로 하며, 사회혁신의 결과로 사회적 가치를 창출하여야 한다. 즉, 기존 방식으로 해결되지 않는 사회적 문제를 해결하기 위한 새로운 방식으로서, 구체적인 상황 반영, 사회적 가치 내재, 측정 가능한 구체적 결과 도출, 사회적 관계 및 권력 관계 변화, 시민 역량 강화 등의 특성을 포괄한다고 할 수 있다(김상민·이소영, 2018).

사회혁신은 경제적 차원에서의 변화와 결합되며, 그 과정에서 사회적 차원의 변화가 일어난다. 사회혁신에 있어 가장 활발하게 혁신을 주도해온 주체인 정부 혹은 시민사회에서 광범하게 발달해 온 비영리조직에 의해서도 일어나지만, 기업의 경영 활동을 통해 효율적으로 수행해낼 수 있는 영역이 되기도 한다.

2010년대 들어 European Commission과 TEPSIE[3]로부터 사회혁신의 적용과 전략, 구체적인 정책에 대한 다양한 보고서가 출간되고 있다. 이들 보고서에 의하면 기존의 경제정책과 지역개발정책이 갖는 한계를 극복하고 지역의 변혁을 이루기 위한 방법으로 사회혁신이 필요하다는 것을 주장하고 있고, 지역사회가 성공적으로 사회혁신을 달성하기 위해서 필요한 도구로 사회적경제를 우선 다루고 있다(변장섭·나주몽, 2016).

사회적경제는 개별 산업이나 업종으로 한정되는 것이 아니라, 기업

3) TEPSIE(the Theoretical, Empirical and Policy foundations for building Social Innovation in Europe)

활동 중 사회경제적 문제를 해결하기 위해 사람 중심으로 운영되는 일체의 경제활동을 포괄하는 개념이다. 또한 정부가 사회적경제를 활성화하기 위해 정책을 개발하는 목표 자체가 개별업종을 육성하기 위함이 아니라 복지, 지역개발, 일자리창출, 양극화 해소 등의 공공적 문제 해결과 같이 다양한 목표를 달성하기 위해서 사회적경제를 선의의 의미로 활용하려하기 때문에 여러 정책의 대상들이 혼합되고 융합될 때만이 사회적경제 활성화 정책이 제 역할을 할 수 있다. 따라서 사회적경제 활성화도 정책 자체의 융합적 성격이 현장에서 잘 설계되고 구현되기 위해서는 생태계적 접근이 필수적이다(김기태 외, 2019).

또한 사회적경제는 기존의 공공영역과 시장영역에서 다루기 힘든 사회적 배제와 지역불균형과 같은 지역사회의 문제를 해결하는 근본적인 방안으로 대두되고 있다. 그러나 우리나라의 사회적경제는 정부의 일자리정책 주도로 도입되어 양적인 성장은 이루었지만, 사업비 대부분을 중앙정부와 지자체 지원금에 의존하고 있고, 정부의 정책도 인건비나 사업비 등 재정 지원 방식에 집중하여, 사회적경제 조직들의 경제적 자립기반은 열악한 실정이다. 이에 따라 사회적경제 조직이 유기적인 환경체계로서 자생력과 역량을 키울 수 있는 생태계의 개념이 도입되었다(변장섭·나주몽, 2016).

1-3 사회적경제 생태계의 진화

1. 사회적경제 생태계에 있어 사회적경제 조직의 역할

생물학적 생태계는 특정한 서식지를 공유하는 유기체와 이를 둘러싼 환경으로 구성되며, 서식지의 자원과 에너지를 이용한 물질대사와 함께 다양한 상호작용이 작동하는 하나의 시스템이라고 할 수 있다(Tansley, 1935). 즉 생태학에서 생태계(ecosystem)라는 용어는 생물군집과 그 군집이 접한 무생물 환경을 통틀어 일컬을 때 사용된다. 이처럼 자연생태계는 특정 지역의 모든 생물체와 그것들을 둘러싼 주변환경이 계속해서 상호작용하는 시스템으로 규정된다. 이러한 생태계에 대한 접근 방식은 개별 생물 개체들 각각의 행위를 분리하여 연구하지 않고, 전체적으로 연구한다는 점에서 생물들의 삶을 시스템적으로 인식하는 것이다.

최근 저성장 국면의 지속, 계층 간 양극화 현상, 기업 간 격차 확대 등 우리 경제의 구조적 문제점을 생태계 관점에서 접근하는 시도가 기업과 산업 등 다양한 분야에서 이루어지고 있는데 여기서는 사회적경제 생태계의 이해와 사회적경제 조직의 역할 측면에서 살펴본다.

우리나라에서 사회적경제 생태계 논의는 다양한 방식으로 전개되었는데, 크게 나누면 사회적경제 생태계에 대한 접근을 3가지 방식으로 개념화되었다고 할 수 있다(김기태 외, 2019). 첫째 기능요소를 중점에 둔 접근으로 서울시는 사회적경제 주체의 창업 및 성장, 시장 조성 및 소비자의 다양한 참여, 재생산과 재투자 등이 선순환적으로 이루어지는 화폐경제 및 비화폐경제 시스템으로 정의하였다.

둘째 시장 및 영리기업 비교를 통한 접근으로 지역 단위 회사(firm), 시장, 노동의 조직화 특징을 기준으로 지역단위 비즈니스 시스템을 포착하여 개념화하였다.

셋째는 구성 조직체 중심의 접근으로 중앙부처가 정책사업 지정 사회적경제 조직체와 그 범위에 들지 않은 지역의 다양한 지역기반에 실질적 사회적경제 조직체들이 포함된 사회적경제 연대활동을 사회적경제 생태계로 개념화하였다.

김기태 외(2019)는 사회적경제 생태계의 정의 및 개념에 대한 본격적인 논의나 논쟁을 통한 합의의 도출을 위한 이론적 작업은 본격화되지 못하였다고 비판하면서, 사회적경제 생태계의 정의를 '사회적경제 조직과 이를 둘러싼 환경 요인들의 총합으로 사회적경제 조직의 개별 및 연대활동 현황을 중심으로 이에 유의미한 영향을 미치는 사회적 환경, 시장 환경, 제도·정책적 환경 및 그 상호관계'로 정의하였다.

또한 CASE(2008)은 사회적기업 중심으로 생태계에 '자원'을 공급하는 자본 인프라와 활동의 환경적 조건들을 설정하는 요소들, 그리고 활동 주체인 사회적기업 사이의 유기적 관계로 정의하였다. 이러한 관점에 기초하여 나주몽·변장섭(2016)은 사회적경제 조직이 성장할 수 있는 유기적 환경체계로 사회적경제 조직들을 중심으로 다양한 이해 당사자 간의 네트워크 체계를 사회적경제 생태계로 정의하였다.

이홍택(2018)은 사회적경제 기업의 지속가능한 지역생태계를 지역생태계라고 하고 지역생태계를 특정 지역 내에서 기업의 재화 및 서비스의 기획·생산·유통·판매의 과정과 연계된 모든 이해관계자들과 그 기업의 사회적 가치 지향성을 지속적으로 유지·확산할 수 있는 주체들이 연결되어서 상호작용하는 시스템이라 정의하였다.

사회적경제 생태계의 접근과 정의에서 알 수 있듯이 사회적경제가 지속가능한 발전을 하기 위해서는 사회적경제 생태계에서 사회적경제 조직의 역할에 대한 보다 명확한 이해가 필요하다. 특히 사회적경제 조직으로서 기업은 열악한 사업환경의 극복과 부족한 자원 및 정보의 동원을 위해 타 기관 및 조직 간의 협력적 관계를 형성하는 것이 필요하다.

김기태 외(2019)는 사회적경제 생태계를 파악하는데 먼저 사회적경제 생태계의 중심에는 '주체 영역'이 있고, 다음으로 주체 영역을 둘러싸고 있는 환경들을 구분한 영역으로 구분하여 '사회적 여건', '시장 여건', '제도·정책 여건'을 제시하면서 크게 4가지 영역으로 나누어 사회적경제 생태계를 제시하고 있다.

여기서 '주체 영역'은 사회적경제 조직들과 그들의 네트워크, 사업적 연관 등을 다루는 영역으로 생태계에 있어 분석의 대상이 되는 개체군을 의미하는 것이며, 분석의 층위를 더 구체화 시키면 일종의 '군집'으로 이해할 수 있다. 모든 생태계 분석은 주체 영역이 어떤 환경에서 어떻게 작동하는가를 해명하기 위한 것이기 때문에 사회적경제 생태계를 분석하고, 파악하는 데에도 주체 영역의 분석이 가장 중요하다. 따라서 개별 사회적경제 조직은 그 자체로도 하나의 복잡계라고 할 수 있다.

사회적경제 생태계의 '주체 영역'에서 사회적경제 조직은 자원의 종속에 따라 기업의 지속가능성이 약화되는 것을 방지하기 위해 영리활동을 통한 자본 확충, 지원금 등 다수의 자원 공급원을 가지고 있어야 한다. 이러한 자원을 확보하기 위해 지속적으로 지역사회 내에서 자원 확보에 유리한 연결망 구조화에 끊임없는 노력을 해야 하며, 이에 적합한 조직의 역량을 갖추어야 한다.

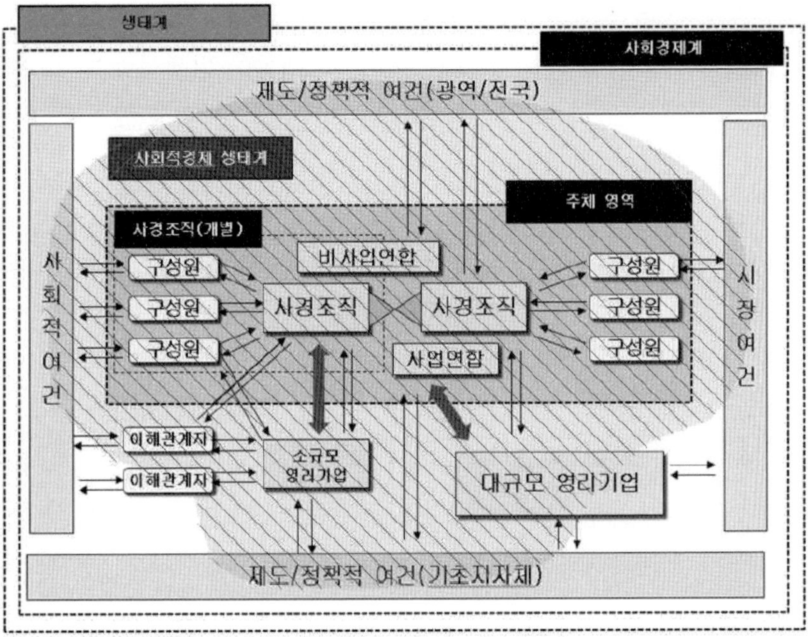

출처 : 김기태외(2019)

그림 1.3.1. 사회적경제 생태계 영역별 모식도

사회적경제 조직은 생산, 제조, 소비 활동 과정에서 여러 주체들과 상호작용하고 있으며, 사회적 가치 지향성도 유사한 가치를 추구하는 주체들과의 상호작용을 통해 형성·유지·심화되는 경향을 보인다.

사회적경제 조직이 추구하는 독특한 사회적 가치 지향성은 호혜와 배려에 기반한 연대, 협력, 그리고 사회적 자본의 형성 등을 가능하게 한다. 이러한 사회적 관계는 지역의 사회적경제 기업, 지역기업, 소비자, 중간지원조직, 공공기관 및 규제기관 등 다양한 주체들이 상호이익에 기반한 거래에서 나아가 가치를 거래하는 호혜 교환이나 사회적경제 기업간 상호거래 및 출자금 지원 등과 같은 다양한 거래관계와 네트워크 형태로 연계된다(이홍택, 2018).

특히 사회적 문제를 해결하기 위한 목적을 가지고 사회적 가치를 창출하는 사회적경제 조직 연계활동은 호혜성을 발생시키며 이것은 집합적 자산으로서 사회적 자본을 형성하여 지역사회의 발전에 기여한다(변장섭·나주몽, 2016).

2. 사회혁신의 매개체로서 지속가능한 사회적경제 생태계

사회적경제 생태계에서 사회혁신은 경제적 차원에서의 변화와 결합되며, 그 과정에서 사회적 차원의 변화가 일어난다. 사회혁신에 있어 가장 활발하게 혁신을 주도해온 주체인 정부 혹은 시민사회에서 광범하게 발달해 온 비영리 조직에 의해서도 일어나지만, 사회적경제 생태계의 주체영역인 사회적경제 조직을 통해 효율적으로 수행해 낼 수 있다.

사회혁신론 차원에서 보면 사회적경제 조직은 사회문제 해결을 위한 정부 주도 접근, 시장주도 접근의 실패에 대한 대응이라고 할 수 있다. 관료제와 시장을 통해 해결되지 않은 문제나 그로 인해 더 심화된 문제를 해결하고자 문제 당사자인 시민사회가 참여해 새로운 방식으로 문제를 해결하려는 움직임이기 때문이다. 따라서 해결되지 않는 사회적 난제나 새로운 사회문제를 해결하기 위해 새로운 아이디어를 적용하고 문제 해결 시스템을 구축하여 이를 통해 사회관계 변화와 주요 행위자들의 행동 변화가 나타난다. 사회혁신에서는 혁신의 목표와 수단이 사회적이고, 비즈니스나 경제적 목표보다 사회적 목표를 지향하며, 이해 당사자와 시민사회의 참여가 두드러지게 나타난다.

첫째 사회적경제 생태계를 통해 지역혁신을 위해서는 사회혁신의 주체로 공공, 시장, 사회적경제 영역이 사회혁신의 동일한 목표를 향하면서 혁신 주체 간의 영역 간 결합을 이루어가는 것이 필요하다(정서화, 2017).

시장영역은 기업가 정신에 기반을 둔 기업과 사회적기업가 정신에 지향하는 소셜벤처 등의 주요 주체에 의해 활동이 이루어지며, 시민사회 참여방식은 최종사용자 네트워크라고 할 수 있다. 혁신공간은 일시적이고 개별적인 공간에서 사용자의 니즈를 발굴하고, 충족하는 아이디어를 다각화하며, 기업의 사회적 책임과 사회문제의 솔루션을 제공하고 제품이나 사회의 혁신을 이룬다. 특히 사회적 가치 창출을 목표로 하는 사회적기업가 정신의 확대는 사회적경제 활성화를 불러오며, 시장실패의 교정 효과를 불러오기도 한다. 이러한 방식은 결과적으로 사회적경제 혁신을 불러오며, 공공과 시장을 넘어 사회적경제 영역으로 사회혁신 구조를 확장시켜 나가는 것이다.

공공영역은 지역 차원과 국가 차원으로 나뉘어 설명된다. 지역 차원은 지역사회와 거버넌스를 중심으로 지역 문제 해결과 활성화를 위한 노력에 대한 이론적 접근이다. 이는 지역 구성원과의 거버넌스 혁신, 그에 따른 공공서비스 혁신으로 세분화할 수 있다. 구체적 실천에 초점이 맞춰진 지역의 사회혁신과는 달리, 국가 차원에서는 사회혁신 생태계 활성화를 위한 제도 설계의 역할이 강조된다. 이는 수요지향정책의 지속성을 확보하기 위한 정부 자체의 혁신도 포함되며, 이때 정부혁신은 기존과 달리 사회 변화를 위한 제도적 유연성이 보장되고, 생태계의 자생력을 확보하기 위한 성찰적 모니터링이 강조된다.

사회적경제 영역은 사회적기업, 협동조합, 마을기업 등의 주요 주체에 의해 활동이 이루어지고 있으며, 시민사회 참여방식은 최종사용자 네트워크나 공동체라 할 수 있다. 혁신공간은 주로 소속된 삶의 공간에서 사용자의 니즈를 발굴하고 충족하면서 소통과 동질감에 의한 사회적 자본이 전제되며, 복지 사각지대에 있어 제품 및 서비스 혁신, 공공서비스 질적 개선을 통한 공공서비스 혁신, 공동체 혁신을 통해 사람들의 삶의 질을 개선하게 된다.

최근 들어 산업, 공공서비스, 복지 등 다양한 영역에서 포용적 지역 혁신을 위한 사회혁신 주체의 사회혁신 움직임이 활발하게 이뤄지고 있다. 예를 들어, 사용자의 욕구를 충족시키려는 노력인 '디자인 싱킹'은 문제에 대한 실용적이고 창의적인 해결법이다. 건설적인 미래의 결과를 생산하려는 의도를 가진 문제 중심 사고를 통해 현재와 미래의 상황과 문제의 특성을 숙고하고, 몇 가지 대안적 해결법을 도출해 사회문제를 해결하고자 한다. 또한 사용자 피드백이 가능한 플랫폼의 필요성을 강조하는 린스타트업[4] 방식으로 구현되기도 하고, 사회적 기업가 정신에 기반한 소셜벤처의 움직임도 나타난다.

사회의 지속가능성을 보전하고 도시와 지역의 문제를 해결하기 위해 사용자가 적극적으로 혁신활동에 참여할 수 있는 사용자 주도 개방형 혁신생태계 '리빙랩' 방식이 새로운 거버넌스 형태로 구현되어 공공서비스 질 확보에 노력하고 있다. 이것을 통해 혁신 주체 간에 상호작용을 촉진하고 사회 구성원 간 소통과 협업을 증대시키며, 연구개발 성과의 확산과 활용을 극대화할 수 있게 된다.

둘째 사회적경제 생태계는 사회혁신의 매개체로서 사회적경제 조직도 조직 생태계의 한 유형으로 복잡계의 변이, 선택, 복제, 공진화 등의 진화원리가 그대로 작동한다고 볼 수 있다. 사회적경제 조직은 공생과 순환관계의 진화를 통해 지속가능한 사회혁신을 도모해야 한다. 특히 공생관계는 특정된 시스템에서는 죽으면 다 같이 죽고 살면

---

4) 단기간 동안 제품을 만들고 성과를 측정해 제품 개선에 반영하는 것을 반복하며 시장에서의 성공 확률을 높이는 경영 방법론의 일종이다.

다 같이 살되 어지간한 외부의 교란은 흡수하여 전체 시스템의 지속 가능성을 높이는 작용이 존재하며, 결국 먹이사슬로 지칭되는 복잡한 관계망은 전체 생태계의 안정성을 높여서 외부의 충격에도 견디어 낼 수 있는 강인함을 내재시키게 된다.

사회적경제 조직이 해결하는 사회문제는 공공부문과 사회부문의 다양한 이해관계자가 개입하며, 사회적경제 조직의 문제 해결 과정은 다양한 조직의 서비스와 해결방안 및 기제가 상호작용하는 과정이기 때문에 생태계적 접근이 더욱 유용할 수 있다. 이러한 측면에서 볼 때 진화론적 관점은 사회적경제 조직의 생태계의 변화과정을 설명할 수 있는 이론적 도구가 될 수 있다(최조순·강현철, 2015).

조직 생태계 역시 기업, 고객, 공급자, 경쟁자, 이해관계자 등 다양한 경제주체(유기체)와 이를 둘러싼 환경으로 구성되며, 경제적 생산활동을 하는 과정에서 다양한 상호작용이 발생한다. 이렇듯 조직생태계에서도 생물학적 생태계에서 작동하는 진화원리가 유사하게 작동하고 있다. 다만, 인간은 의식적인 존재이기 때문에 목적에 의식적으로 진화과정에서 개입할 수 있다는 점이 생물학적 생태계의 주체가 구별될 뿐이다(Peltonniemi, 2005). 그렇다고 해서 인간의 의식적인 개입이 조직 생태계의 진화과정에서 진화속도와 방향성에는 일부 영향을 줄 뿐 맹목적이고 자연발생적인 진화론적 생물학적 생태계와 달리 진화원리인 변이, 선택, 복제, 공진화 등의 작동원리를 크게 벗어나지는 않는다.

특히 사회문제 해결을 위해 시장원리를 활용하는 사회적기업의 생태계도 결국 변이, 선택, 복제, 공진화의 진화원리가 원활하게 작동하도록 하여야 자율적·자생적으로 성장·발전할 수 있다(라영준, 2014).

사회적경제 조직에 변이, 선택, 복제, 공진화의 진화원리를 적용해 살펴 보면 변이[5]는 사회적기업가의 다양성과 혁신성이 높아지고, 새로운 비즈니스모델과 사회적 실험이 사회문제의 다양한 분야에서 출현하는 형태로 나타난다. 그리고 선택[6]은 사회적기업도 사회적으로 필요한 가치를 공급하는 생산조직이므로 상품시장과 자본시장에서의 선택과정이 필수적이다. 그래야 사회적기업이 자신의 가치창출 프로세스를 고도화하기 위해 노력하게 된다. 따라서 선택의 역할을 하는 시장 참여자의 현명한 개입이 필수적이다. 사회문제는 개별 사회적기업 혼자서만 풀 수 있는 것은 아니며, 다양한 이해관계자와 관련 기관의 제휴와 협력, 공동 사업이 동반되어야 해결될 수 있다. 다음으로 복제[7]는 사회적기업은 사회적 문제를 근본적으로 해결하는 사회혁신을 지향한다. 그래서 규모 확대와 성장은 사회적기업의 필수적 과제이다. 시장을 통해 선택된 사회적기업은 내부적으로는 성공한 모델을 지역적으로 복제함으로써 성장을 도모한다. 이를 통해 전문적인 사회문제 해결 전문기업으로 성장하게 된다. 또한 성공적인 사회적업 모델은 이전하기 쉬운 형태로 정리되어 다양한 모방을 통해 사회적으로 확산되는 것이 바람직하다.

마지막으로 공진화[8]는 경쟁적 공진화, 호혜적 공진화, 지배적 공진

5) 변이는 자연생태계에서 생물 종과 개체의 다양성을 창조하는 기제이다. 주로 유전자의 조합과 돌연변이에 의해 이루어지며, 특정 지역 생태계에서는 새로운 유전자의 유입을 통해 일어나기도 한다.

6) 선택은 자연생태계에서 다양한 생명 종과 개체 중 환경에 적합한 우수한 것을 선별하는 기제이다. 자연선택의 원리에 따라 환경에 적합한 종과 개체는 생존하고, 그렇지 못한 것은 도태된다. 그리고 환경은 계속 변화하므로 생명세계의 지배적인 종의 구성과 개체 수도 역동적으로 변화한다.

7) 복제는 자연생태계에서 선택된 종과 개체를 대량으로 재생산하는 기제이다. 주로 번식을 통해 유전물질을 후세에 전달하여 확산하는 방식으로 이루어진다.

8) 공진화는 여러 종류의 생물집단이 서로가 상대방에게 상호작용하면서 동시에 진화하는 현상을 말한다. 크게 생활양식과 소요자원이 비슷한 개체 간에 발생하는 경쟁적 공진화, 서로에게 해를 주지 않으면서 공존하는 호혜적 공진화, 포식자와 피식자 그리고 숙주와 기생의 관계처럼 관계가 일방적인 지배적 공진화

화의 세 가지 형태 공진화가 균형 있게 일어나야 한다. 최근에 사회적경제 생태계에서 호혜적 공진화만을 지나치게 강조하는데, 이럴 경우 사회적기업의 다양성이 줄어들어 제도적 동형화가 발생하고 영세성을 벗어나지 못할 가능성이 크다. 따라서 사회적경제 생태계에서 선택 기제를 담당하는 상품시장과 자본시장에서 세 가지 형태의 공진화가 동시에 일어날 수 있도록 촉진하는 것이 필요하다.

셋째, 사회적경제 생태계에 있어 주체영역인 사회적경제 조직이 사회혁신을 위한 자기조직화 역량을 강화해야 한다.

사회적경제 생태계에서 자기조직화는 새로운 위기에서 생존력을 높이는 협력의 기제로서 생태계의 '적응력(adaptation)'을 제고시키는 것이라고 할 수 있다. 여기서 적응력은 외부의 교란이나 충격을 겪었을 때 이를 계기로 더 성장할 수 있는 사회적 역량을 의미하며 이러한 적응력은 교란이나 충격이 때로는 생태계나 지역의 역량을 훨씬 뛰어넘는 것이라 하더라도, 새로운 대안을 창출하여 이를 극복하게 하는 힘이 되며, 지역의 사회경제적 회복력(resilience)을 구성하는 중요한 요소로 볼 수 있다(전대욱·최인수, 2014). 특히 자기조직화에 의한 학습은 개인적인 학습이라기보다는 조직적인 학습을 의미하며, 자기조직화된 집단이 공동의 목표와 의제를 발굴하고 이를 달성하기 위한 조직적 차원의 학습과 역량 강화가 이루어져야 한다. 이를 위해 생태계를 구성하는 개체들은 무리 혹은 자기조직화를 통해 스스로 학습하며 역량을 강화시키는 과정을 통해 전체 생태계를 건강하게 만들 수 있으며, 그 학습과정에서 새로운 혁신과 창의성을 발현시키고 차기의 리더를 키워내는 과정을 거쳐야 한다.

사회적경제 생태계는 이해당사자들 간의 끈끈하고 유기적인 관계

로 구분된다(Peltonniemi, 2005).

망을 형성하면서 지역사회가 직면한 다양한 위기를 극복할 수 있는 강인함을 내재시킨다. 즉 지역단위의 사회경제적 생태계는 구성원들 간 복잡한 관계망을 형성함으로써 서로가 따로 떨어지지 않고 남이 아닌 전체로서의 지속가능성을 높이는 운명공동체로 볼 수 있다. 따라서 지속가능한 사회적경제 생태계를 조성하기 위해서는 지역 내의 모든 개인이나 집단을 연결하여 이들이 모두 각각의 이해관계 하에서 서로가 서로를 필요하도록 관계망을 구성하고 장소성에 기반한 사회혁신을 통해 발전을 도모해야 한다.

1-4 결어

최근 뉴노멀시대의 패러다임 전환에 따른 지금까지 경험해 보지 못한 사회문제와 성장하지 않는 경제로 전환에 대비한 포용적 성장이 요구되고 있는 가운데 사회혁신을 통한 사회적 체질 변화를 통해 사람중심의 삶의 질을 향상시킬 필요가 있다. 이에 본고에서는 포용성장을 위한 사회혁신의 역할을 살펴보았고 포용성장을 위한 사회혁신의 매개체로서 지속가능한 사회적경제 생태계의 의미를 고찰하였다.

먼저 포용성장을 위한 사회혁신의 역할은 다음과 같다. 포용성장은 국가의 정부 정책으로 하여금 형평성과 포용성을 우선적인 가치로 설정하고 사람, 장소, 기업에 대한 포용적 정책을 통해 소득 불평등을 완화함과 동시에 혁신에 바탕을 둔 경제성장을 추진하려는 것이다. 이는 최근 부모 세대의 부가 다양한 자본과 네트워크를 통해 후속 세대에 계승되는 사회에서는 번영의 배당이 불평등할 수밖에 없다는 점에 주목하여 경제성장의 과정에서 구조적으로 배제되어 온 집단에 초점을 두고 분배의 형평성 증대, 고용 기회의 균등과 확대, 저소득층 및 소수집단을 위한 사회 안전망 확충 등을 통해 지속가능한 경제적 성장을 추구할 필요가 있다.

더욱이 기존의 기술 혁신과 경제성장 중심의 지역 혁신체계에서 벗어나 사회통합과 지속가능성 제고를 위한 사람 중심의 포용적 지역 혁신체계로 패러다임 전환이 필요하며, 사회혁신을 통해 사회적 수요와 문제에 대한 창의적이고 유용한 해결책을 통해 기존 방법보다 훨씬 효과적이고, 지속가능성과 정당성을 담보할 필요가 있다. 특히 지역사회가 성공적으로 사회혁신을 달성하기 위한 매개체로서 사회적경제의 역할은 중요하다고 할 수 있다.

사회적경제는 개별 산업이나 업종으로 한정되는 것이 아니라, 기업활동 중 사회경제적 문제를 해결하기 위해 사람 중심으로 운영되는 일체의 경제활동을 포괄하는 개념이다. 이에 복지, 지역개발, 일자리 창출, 양극화 해소 등의 공공적 문제 해결을 위해서는 여러 정책의 대상들이 혼합되고 융합될 때만이 사회적경제 활성화 정책이 제 역할을 할 수 있다. 따라서 포용성장을 위한 사회혁신의 매개체로서 지속가능한 사회적경제 생태계의 의미를 이해할 필요가 있다. 특히 포용성장을 위한 사회혁신을 하기 위해서는 사회적경제 조직이 사회혁신을 통해 성장할 수 있는 유기적 환경체계를 형성하고 진화할 수 있도록 사회적경제 조직들을 중심으로 다양한 이해 당사자 간의 네트워크 체계를 구축하고, 이를 통해 사회적경제 생태계가 매개체로서 사회혁신의 역할을 강화하여 진화할 수 있도록 정책적 환경 조성과 지원이 무엇보다도 중요하다.

참고문헌

강민정·강예원 (2013). "'사회적기업 생태계' 접근을 통한 연구경향 분석". 『사회적기업연구』, 6(2), pp.93-109.

국가균형발전위원회·한국산업기술진흥원 (2019). 『포용국가와 국가균형발전정책』. 국가균형발전위원회.

김기태·정지역·한근진·연제민·조은지·박유진 (2019). 『지역조사 및 사회적경제생태계 분석 연구』. 한국사회적기업진흥원.

김상민·이소영 (2018). 『사회혁신을 위한 참여적 지역 거버넌스 체계 구축 방안』. 한국지방행정연구원.

김선우·정미애·오승환·성지은·송위진·박찬수·임채윤·이윤준·박동배·전지은·정효정·김지은·홍정임·황은혜·김수은·허지수 (2019). 『전환시대 지역혁신생태계 분석과 과제』. 과학기술정책연구원.

김종선·송위진·성지은·김정원·정서화·한규영 (2016). 『디지털 사회혁신의 활성화 전략 연구』. 과학기술정책연구원.

노규성 (2020). "포용적 혁신성장과 일자리 창출을 위한 디지털 뉴딜 전략에 관한 연구". 『디지털융복합연구』, 18(1), pp.23-33.

나주몽 (2016). "저성장시대 사회적 경제의 의미와 지역정책방향". 『저성장시대 지역정책의 새로운 패러다임 모색』, 한국지역정책학회.

남기범 (2016). "'선택과 집중'의 종언: 포스트클러스터 지역산업정책의 논거와 방향". 『한국경제지리학회지』, 19(4), pp.764-781.

라영준 (2014). "사회적 기업 생태계와 정책 혁신: 진화론적 관점". 『한국협동조합연구』, 32(3), pp.27-57.

변장섭·나주몽 (2016). "사회혁신과 사회적경제 생태계의 활성화". 『사회적경제와 지역혁신』, 전남대학교출판부.

이홍택 (2018). "사회적경제 기업의 지속가능한 지역생태계에 관한 개념 틀: 호혜, 배려와 공공정책". 『한국경제지리학회지』, 21(3), pp.254-269.

장용석·이명진·신태영·김승현·성지은·김성아·최용인 (2016). 『포용적 혁신과 글로벌 협력 전략』. 과학기술정책연구원.

전대욱·최인수 (2014). “공공정책의 생태계 조성 전략과 회복력의 개념적 적용”. 『지방자치 FOCUS』, 86, pp.1-27.

정서화 (2017). “사회혁신의 이론적 고찰 : 개념의 유형화와 함의”. 『기술혁신학회지』, 20(4), pp.907-908.

최조순·강현철 (2015). “사회적경제 지역생태계사업의 진화론적 접근”. 『한국자치행정학보』, 29(3), pp.305-322.

CASE(Center for the Advancement of Social Entrepreneurship) (2008). *Developing the field of Social Entrepreneurship*. Duke University.

IMF (2018). *IMF Annual Report 2018*. Washington: IMF.

OECD (2014). *Focus on inequality and growth*. Paris: OECD.

OECD (2015). *All on board: making inclusive growth happen*. Paris: OECD.

EU (2015). *Growing A Digital Social Innovation for Europe*. EU.

OECD (2018). *The Framework for Policy Action on Inclusive Growth: Meeting of the OECD Council at Ministerial Level*. May, pp.14-15.

Peltoniemi, M. (2006). “Preliminary theoretical framework for the study of business ecosystems”. *Emergence: Complexity & Organization*, 8(1), pp.10-19.

Tansley, A. G. (1935). “The Use and Abuse of Vegetational Concepts and Terms”. *Ecology*, 16(3), pp.284-307.

World Bank (2019). *What is inclusive growth?*. Washington: World Bank.

제**2**장

한국 사회적경제 기업의 현황과 분포

변장섭

본 장에서는 한국 사회적경제 기업의 대표 유형인 사회적기업, 협동조합, 마을기업, 자활기업의 추이 및 기본적인 현황을 살펴보고, 그간 어떻게 양적 성장을 이루었는지, 그리고 질적 성장의 한계를 고찰해본다. 또한 협동조합을 중심으로 사회적경제 기업의 공간적 분포를 살펴봄으로써, 사회적경제 기업이 지역의 어떠한 특성에 따라 발현하는지 살펴보고, 사회적경제 생태계 측면에서 이를 활성화시킬 수 있는 방향을 제시해보고자 한다.

2-1 서론

한국의 사회적경제는 정부주도로 급격한 양적 성장을 기록하였다. 실제 사회적경제 기업(사회적기업, 협동조합, 마을기업, 자활기업) 수는 2012년 2,394개에서 2021년 29,873개로 12배 가량 증가하였다. 그럼에도 불구하고, 한국의 사회적경제 기업은 정부의 지원에 의존하는 경향이 강하여 아직 질적인 수준이 향상되지 못하고 있다. 실제 기획재정부의 협동조합 실태조사에 의하면, 설립·인가된 협동조합 중 54.2%만 사업을 운영하고 있다. 기업 평균 당기순이익은 2014년 1,935만 원에서 오히려 2018년 1,458만 원까지 감소하였다. 또한 부채는 기업 당 2014년 162만 원에서 2018년 12,094만 원까지 증가하였다(기획재정부, 2020). 사회적기업도 마찬가지로 기업 당 평균 매출액(중위값)이 2007년 911백만 원에서 2020년 554백만 원으로 감소하였으며, 기업당 평균 유급근로자수도 2007년 50.8명에서 2020년 20.2명으로 감소하였다(고용노동부, 해당연도).

이렇게 사회적경제 기업의 질적 성장이 정체되고 있는 이유에 대해 많은 원인이 제시되고 있다. 대한민국 정부는 다수 기업의 영세화, 성과가 수도권에 집중되는 지역 편중 현상, 진출업종·분야의 제한 등을 그 원인으로 제시한다(관계부처 합동, 2020). 따라서 이러한 현상을 직시하기 위하여 사회적경제 기업의 유형별 현황을 본 장에서 살펴보고자 한다.

또한 사회적경제 기업은 지역에 착근하여 발현하기 때문에, 공간적인 의미로 살펴볼 필요가 있다. 이에 대해 이홍택(2018)은 사회적경제가 갖는 공간의 의미를 다음과 같이 정리한다. 첫째, 사회적경제의 태동과 성공은 지리적 요인에 영향을 받는다(Teasdale, 2012). 둘째, 한 장소에서 나타나는 사회적경제 기업의 태동과 성공을 이해하기 위해서는 그 지역의 정치적, 사회적, 경제적 배경을 고려하는 것이 중요하다(Purvis, 1990). 셋째, 그 지리적 차이는 동일한 국가 내에서도 지역에 따라 사회적경제의 활성화에 영향을 미친다(Mazzei, 2016). 따라서 지역에 착근하여 발현·확산되는 사회적경제에 대한 연구는 공간의 관점에서 접근해야 한다.

그렇다면, 사회적경제 기업은 특정 지역에 집적하여 나타나는가? 그렇다면 왜 집적하게 되는 것인가? 본 장은 이러한 물음에 근본적인 답을 찾아보고자, 우선 한국 사회적경제 기업의 일반 현황을 살펴보고, 그 다음으로 공간적 분포 특성을 파악하고자 한다. 특히 한국 사회적경제 기업의 양적 성장을 주도한 협동조합을 중심으로 공간적 분포 특성을 살펴보고, 기존 산업과의 연관성을 살펴보기 위해, 한국표준산업분류(KSIC) 기준 대분류를 적용하여 업종별 공간적 분포도 비교 분석해본다. 이를 통해 향후 사회적경제 기업의 공간 분포에 영향을 미치는 요인을 파악하기 위한 기본적인 데이터를 제시할 수 있을 것이다. 또한 궁극적으로 지역에 착근하여 나타나는 사회적경제 기업에 대한 지역 차원의 활성화 방안을 제시할 수 있을 것이다.

2-2 한국 사회적경제 기업의 기본 현황

1. 한국 사회적경제 기업의 유형별·지역별 현황

본 절에서는 한국 사회적경제 기업의 실태를 파악하기 위해 가장 대표적인 사회적경제 기업 유형인 사회적기업, 협동조합, 마을기업, 자활기업의 기본 현황을 살펴본다.

그림 2-2-1.은 2021년 말 기준 전국의 사회적경제 기업(사회적기업, 협동조합, 마을기업, 자활기업)의 유형별 설립 현황이다[1]. 2021년말 기준 전국에 29,873개 사회적경제 기업이 설립되어 있으며, 이 중에서 74.1%인 22,137개가 협동조합이 차지하고 있다. 그 다음으로 사회적기업 5,022개소(16.8%), 마을기업 1,652개소(5.5%), 자활기업 1,062개소(3.6%) 순으로 많다. 이 네 유형 중에서 관련 법률이 가장 늦게 제정되어서 설립이 늦게 진행된 협동조합이 2012년 이후로 급격히 증가하면서 한국 사회적경제 기업의 양적성장을 주도했다고 볼 수 있다.

지역별로 보면, 인구가 기본적으로 많은 서울과 경기가 각각 5,794개소, 5,366개소로 많다. 인천 635개소까지 포함하면 전체 사회적경제

1) 단, 각 사회적경제 기업 유형을 관리하는 부처(또는 기관)마다 통계자료를 집계하는 기준연도가 상이하여, 마을기업(행정안전부)과 자활기업(보건복지부 또는 한국자활복지개발원)은 2020년 말 기준으로 현황을 정리하였다.

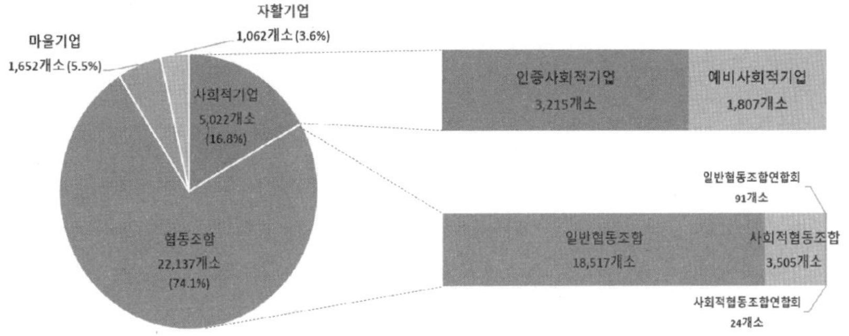

그림 2-2-1. 한국 사회적경제 기업의 유형별 현황 (2021년말 기준)

기업의 40.6%가 수도권에 있다. 전체 인구의 50.4%가 수도권에 집중되어 있는 것[2)]을 감안하면, 오히려 사회적경제는 비수도권 지역으로 더 확산되어 있다고 볼 수 있을 것이다. 실제 인구 10만명 당 사회적경제 기업 수를 비교해보면, 강원이 116.2개소로 가장 많고, 그 다음으로 전북 108.7개소, 전남 97.0개소, 광주 91.9개소 순으로 나타났다.

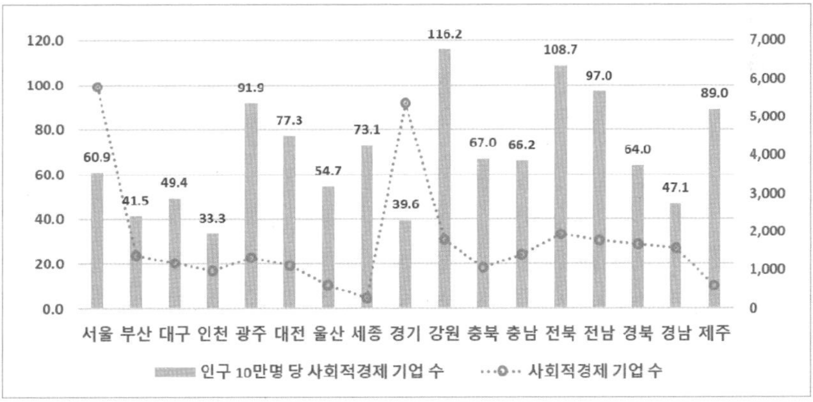

그림 2-2-2. 한국 사회적경제 기업의 지역별 현황 (2021년말 기준)

2) 통계청, 2021년말 주민등록인구 기준.

표 2-2-1. 한국 사회적경제 기업의 유형별·지역별 현황 (2021년 말 기준)

(단위 : 개소, 명)

지역	사회적경제 기업 수											인구(천명)	인구 10만 명당 사회적경제
	사회적기업			협동조합					마을기업	자활기업	합계		
	인증	예비	소계	일반 협동조합	사회적 협동조합	일반 협동조합 연합회	사회적 협동조합 연합회	소계					
서울	565	220	785	3,991	745	39	6	4,781	96	132	5,794	9,509	60.9
부산	152	88	240	918	78	8	1	1,005	77	70	1,392	3,350	41.5
대구	118	68	186	760	90	3	1	854	92	47	1,179	2,385	49.4
인천	202	53	255	510	124	1	0	635	56	37	983	2,948	33.3
광주	136	38	174	911	123	4	1	1,039	65	47	1,325	1,442	91.9
대전	92	98	190	711	133	7	4	855	59	18	1,122	1,452	77.3
울산	110	33	143	316	89	1	0	406	44	20	613	1,122	54.7
세종	23	19	42	154	32	2	0	188	32	10	272	372	73.1
경기	561	309	870	3,274	829	9	7	4,119	197	180	5,366	13,565	39.6
강원	182	135	317	1074	205	0	0	1,279	125	67	1,788	1,538	116.2
충북	135	110	245	583	105	5	0	693	92	41	1,071	1,597	67.0
충남	126	91	217	873	116	2	1	992	140	55	1,404	2,119	66.2
전북	183	94	277	1291	176	2	0	1,469	106	91	1,943	1,787	108.7
전남	172	98	270	1082	169	2	1	1,254	174	80	1,778	1,833	97.0
경북	217	130	347	908	204	1	0	1,113	134	86	1,680	2,627	64.0
경남	158	128	286	852	232	4	1	1,089	125	61	1,561	3,314	47.1
제주	83	95	178	309	55	1	1	366	38	20	602	677	89.0
합계	3,215	1,807	5,022	18,517	3,505	91	24	22,137	1,652	1,062	29,873	51,639	57.8

주 : 각 유형별로 중복된 사회적경제 기업은 계상하지 않음.

자료 : 사회적기업은 한국사회적기업진흥원 자료 (2021년 말 기준), 협동조합은 한국사회적기업진흥원 자료 (2021년말 기준), 마을기업은 행정안전부 자료 (2020년 말 기준), 자활기업은 한국자활복지개발원 자료 (2020년 말 기준), 인구는 통계청 자료 (주민등록인구, 2021년 말 기준)

2. 사회적기업 현황

일반적으로 사회적기업은 영리기업과 비영리조직의 중간형태로 사회적 목적을 우선적으로 추구하면서 재화·서비스의 생산·판매 등 영업활동을 수행하는 기업·조직을 말한다(한국사회적기업진흥원, 2021a). 그러나 한국에서 사회적기업은 2007년 제정된 「사회적기업육성법」에 의해 인증된 기업을 의미하는 경우가 많다. 즉 법적인 의미의 사회적기업은 취약계층에게 사회서비스 또는 일자리를 제공하거나 지역사회에 공헌함으로써 지역주민의 삶의 질을 높이는 등의 사회적 목적을 추구하여 재화 및 서비스의 생산·판매 등 영업활동을 하는 기업으로 법에 따라 인증을 받은 자로 규정하고 있다(「사회적기업육성법」 제2조 제1항).

이렇게 동 법률에 의해 고용노동부장관으로부터 인증받은 기업을 인증사회적기업이라 부른다. 또한 사회적기업으로 인증받기 위한 법적 요건을 일부 충족하지 못하였지만, 향후 사회적기업으로 인증받을 가능성이 충분한 기업을 예비사회적기업으로 지정하고 있다. 다시 예비사회적기업은 지역형과 부처형으로 구분된다. 전자는 사회적 목적 실현, 영업활동을 통한 수익창출 등 사회적기업 인증을 위한 최소한의 법적 요건을 갖추고 있으나 수익구조 등 일부 요건을 충족하지 못하고 있는 기업을 지방자치단체장이 지정하여 장차 요건을 보완하는 등 향후 사회적기업 인증이 가능한 기업을 말한다. 후자는 부처 주관 분야 별로 특화된 사업을 육성하기 위해 중앙부처 특성에 맞는 별도의 지정요건을 갖춘 기업을 말한다.

사회적기업은 인증·지정되면서 각 기업은 성과보고서를 관리부처에 제출하기 때문에, 협동조합, 마을기업, 자활기업 등 다른 사회적경제 기업 유형에 비해 관련 데이터가 상대적으로 잘 구축되어 있다. 한국사회적기업진흥원이 제공하는 한국 사회적기업의 현황은 다음과 같다.

「사회적기업육성법」이 제정된 2007년 55개소 인증을 시작으로, 2020년 말 기준 2,777개 사회적기업이 인증되어 활동 중이다.[3] 사회적기업의 총 고용자 수는 2007년 2,539명에서 2020년 54,659명까지 증가하였다. 특히 사회적기업은 전술한 바와 같이 취약계층에게 사회서비스 또는 일자리를 제공하는 것을 목적으로 하고 있다. 이에 따라 사회적기업에 고용된 취약계층은 2007년 1,403명에서 2020년 33,123명으로 증가하였다. 2020년 기준으로는 전체 사회적기업 근로자 중 60.6%가 취약계층 근로자인 것이다. 즉 사회적기업은 장애인·경력단절여성·고령자 등 노동시장 진입이 어려운 사람들에게 일자리를 제공하는 중요한 사회적 역할을 수행하고 있다는 것을 알 수 있다.

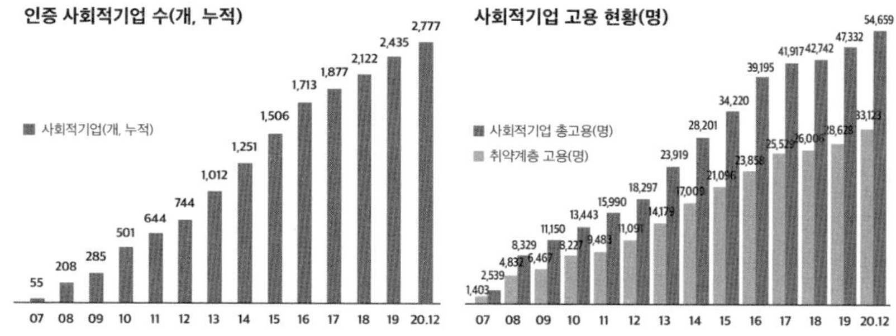

출처 : 한국사회적기업진흥원(2021a)

그림 2-2-3. 인증사회적기업의 연도별 추이(기업 수, 고용)

3) 전술한 한국 사회적경제 기업의 유형별·지역별 현황(표 2-2-1.)은 가장 최근 자료를 기준으로 데이터를 정리하였다. 즉 사회적기업은 2021년말 기준으로 인증·지정된 기업 수를 파악하였다. 그러나 이러한 리스트는 각 개별 기업의 기본적인 정보(기업명, 유형, 사업내용, 주소 등)만 제공할 뿐, 고용, 경영 지표 등은 제공하고 있지 않다. 그래서 매년 한국사회적기업진흥원에서 제공하는 사회적기업 성과분석보고서를 참고하여 한국 사회적기업의 기본 현황을 정리한다.

이렇게 사회적기업에 의한 취약계층 고용이 증가한 것은 사회적기업의 인증유형에서도 살펴볼 수 있다. 즉, 2020년 기준 사회적기업의 인증유형을 보면, 일자리제공형이 66.1%를 차지하였다(표 2-2-2. 참조). 즉 기본적으로 일자리제공을 주 목적으로 하는 사회적기업이 대다수를 차지하기 때문에, 더욱 취약계층의 고용이 증가할 수 있었던 것이다.

표 2-2-2. 인증유형별 사회적기업 현황

(단위 : 개소, %)

인증유형	사회적기업 수	비율
일자리제공형	1,809	66.1
사회서비스제공형	175	6.4
혼합형	196	7.2
기타(창의·혁신)형	349	12.7
지역사회공헌형	209	7.6
합계	2,738	100.0

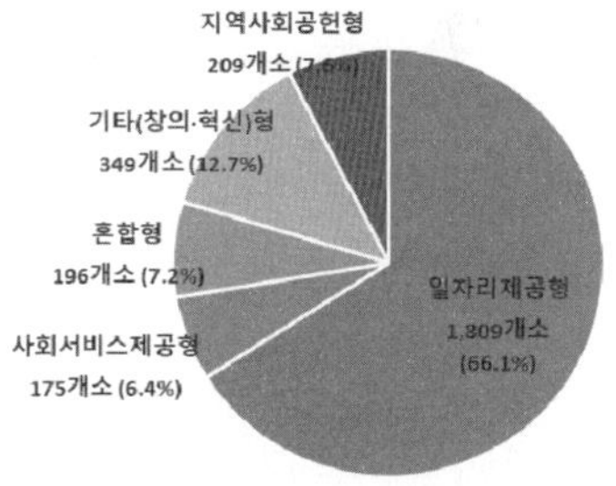

주 : 2020년도 사업보고서를 제출한 인증사회적기업에 한하여 집계한 수치임.
자료 : 한국사회적기업진흥원(2021b)

사회적기업이 주로 활동하는 사회서비스 분야는 문화·예술 9.9%, 청소 9.1%, 교육 8.9%, 사회복지 4.5%, 환경 4.4%, 간병·가사지원 3.5%, 관광·운동 2.4%, 보건 1.6%, 보육 0.6%, 산림보전 및 관리 0.5%, 문화재 0.4%, 고용 0.4%, 기타 54.8% 순으로 나타났다. 사회적기업은 주로 서비스 부문에서는 다양한 영역에서 활동하는 것으로 볼 수 있다. 그러나 가장 큰 비율을 차지하고 있는 기타는 주로 제조·판매업, 식품업(식음료, 도시락 등), 생활용품(화장품, 비누 등) 등이 해당하는데, 영세한 규모 및 기술적 한계로 제조업 부문에서는 진출 분야가 한정적인 것으로 판단된다.

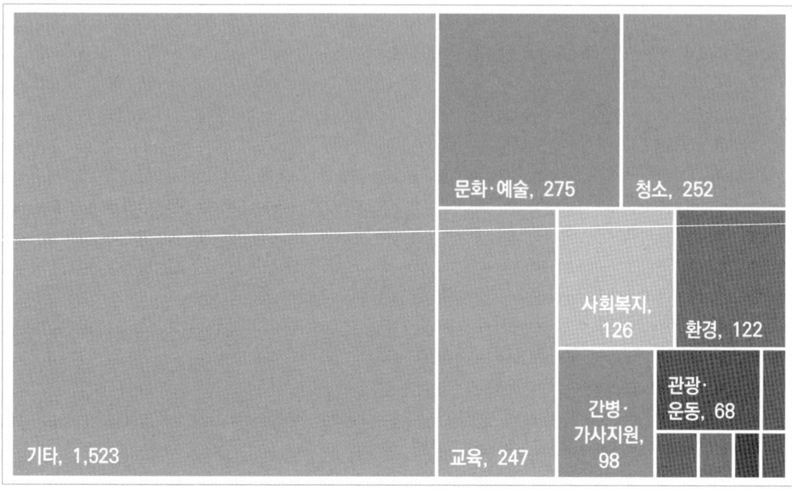

자료 : 한국사회적기업진흥원(2021b)

그림 2-2-4. 인증사회적기업의 사회서비스 분야

지역별 사회적기업을 보면, 전국의 57.9%가 비수도권에 위치하고 있다. 전체 인구의 50.4%가 수도권에 집중되어 있는 것[4]을 감안하면, 오히려 사회적경제는 수도권 이외 지역으로 더 확산되어 있다고 볼 수 있을 것이다. 그러나 이러한 사회적경제 기업의 양적 분포만으로 한국의 사회적기업이 수도권과 비수도권 간 격차가 적다고 볼 수는 없다. 사회적기업의 질적 지표는 오히려 여전히 비수도권이 상대적으로 더 좋지 않기 때문이다.

2020년 기준 사회적기업의 유급근로자 수는 전체 55,407명이며, 이 중에서 53.8%인 29,797명이 수도권에서 고용되어 있다. 반면 비수도권에는 46.2%인 25,610명의 유급근로자가 있다. 또한 사회적기업의 평균 영업이익을 보면, 수도권의 사회적기업은 평균 724만 원

4) 통계청, 2021년말 주민등록인구 기준.

으로 나타난 반면, 비수도권의 사회적기업은 평균 187만 원으로 나타났다(한국사회적기업진흥원, 2021b).

이렇듯 사회적경제 기업의 양적성장에도 불구하고, 질적 지표는 특히 비수도권에서 개선되지 않고 있다고 볼 수 있다.

표 2-2-3. 지역별 인증사회적기업 현황

(단위 : 개소, 명, 백만 원)

구분	기업 수[1)]	유급근로자 수	연 매출액	영업이익	기업당 평균 영업이익[2)]
서울	507	13,461	2,085,421	5,924	11.8
부산	136	2,197	116,066	-2,897	-21.5
대구	97	1,221	82,649	-1,163	-12.1
인천	168	2,606	179,911	-7,773	-46.8
광주	124	1,827	140,895	-494	-4.0
대전	76	1,309	91,426	412	5.4
울산	97	1,442	81,821	-2,273	-24.2
세종	16	804	32,646	-1,120	-70.0
경기	478	13,730	1,053,140	10,106	21.5
강원	150	3,153	197,387	-2,802	-19.1
충북	113	1,750	181,420	2,046	18.3
충남	110	1,726	134,947	4,462	40.6
전북	155	2,282	224,671	9,250	60.1
전남	151	1,568	171,359	691	4.6
경북	173	3,166	315,212	1,597	9.2
경남	125	2,135	139,818	1,124	9.1
제주	62	1,030	65,124	-5,887	-96.5
합계	2,738	55,407	5,293,914	11,203	4.1

주1 : 2020년도 사업보고서를 제출한 인증사회적기업에 한하여 집계한 것임.
주2 : 사업보고서에서 영업이익을 응답한 기업의 평균값임.
자료 : 한국사회적기업진흥원(2021b)

한편 예비사회적기업은 2020년말 기준 총 2,984개소가 지정되었다. 여기서 부처형은 1,229개소이며, 지역형은 1,755개소이다. 부처형 예비사회적기업은 고용노동부가 568개소로 가장 많고, 국토교통부 130개소, 산림청 125개소, 문화체육관광부 110개소, 보건복지부 94개소 순으로 많다. 부처형 예비사회적기업은 전술한 바와 같이, 해당 부처의 특화된 사업을 수행하기 위한 목적을 갖고 있다. 예를 들어 국토교통부의 예비사회적기업은 주로 도시재생사업을 수행할 기업을 지정하고 있다. 사회적 목적 유형을 보면, 인증사회적기업이 대부분 일자리제공형인 반면에 부처형 예비사회적기업은 기타(창의·혁신)형이 834개소로 67.9%를 차지하고 있다. 즉 이 유형은 주관 부처의 특화된 사업을 수행하기 때문에, 그에 따른 사회적 목적도 이 유형으로 지정된 것으로 파악된다.

지역형 예비사회적기업은 경기가 250개소로 가장 많고, 그 다음으로 서울 243개소, 경북 166개소, 강원 149개소, 전남 114개소 순으로 많다. 인증사회적기업이 수도권에 42.1%가 분포하는 것에 비해 지역형 예비사회적기업은 31.3%에 불과하다. 즉 비수도권에 68.7%가 소재하고 있다. 이것은 예비사회적기업의 특성상 비수도권에서 전략적으로 사회적기업을 활성화시키기 위해, 인증될 가능성이 높은 기업을 예비사회적기업으로 지정하여 육성하는 정책을 적극적으로 추진한 것으로 판단된다. 특히 강원은 전체 지역형 예비사회적기업의 8.5%에 이르는 기업을 지정할 정도로 예비사회적기업을 집중적으로 육성하고 있다. 사회적 목적 유형을 보면, 일자리제공형이 568개소로 가장 많고, 그 다음으로 기타(창의·혁신)형 514, 지역사회공헌형 310개소, 사회서비스제공형 288개소, 혼합형 75개소 순으로 나타났다.

표 2-2-4. 부처형·지역형 예비사회적기업 현황

(단위 : 개소)

부처형 예비사회적기업				지역형 예비사회적기업			
부처	현황	유형	현황	지역	현황	유형	현황
교육부	0	일자리제공형	167	서울	243	일자리제공형	568
문화재청	20	사회서비스제공형	97	부산	74	사회서비스제공형	288
농림축산식품부	64	지역사회공헌형	105	대구	79	지역사회공헌형	310
보건복지부	94	혼합형	26	인천	56	혼합형	75
여성가족부	73	기타(창의·혁신)형	834	광주	31	기타(창의·혁신)형	514
환경부	36	합계	1,229	대전	98	합계	1,755
통일부	9			울산	40		
산림청	125			세종	17		
국토교통부	130			경기	250		
문화체육관광부	110			강원	149		
고용노동부	568			충북	95		
합계	1,229			충남	63		
				전북	94		
				전남	114		
				경북	166		
				경남	104		
				제주	82		
				합계	1,755		

자료 : 한국사회적기업진흥원(2021a)

3. 협동조합 현황

협동조합은 국제협동조합연맹(International Co-operative Alliance, ICA)에서 공동으로 소유되고 민주적으로 운영되는 사업체를 통하여 공통의 경제적, 사회적, 문화적 필요와 욕구를 충족시키고자 하는 사람들이 자발적으로 결성한 자율적인 조직으로 정의하고 있다. 한국은 2012년에 제정한 「협동조합기본법」 제2조 제1호에서 재화 또는 용역

의 구매·생산·판매·제공 등을 협동으로 영위함으로써 조합원의 권익을 향상하고 지역사회에 공헌하는 사업조직으로 정의하고 있다. 동법에서는 협동조합을 다음과 같이 구분하고 있다. 협동조합 이외에 협동조합연합회는 협동조합의 공동이익을 도모하기 위하여 설립된 협동조합의 연합회이다. 사회적협동조합은 협동조합 중 지역주민들의 권익·복리 증진과 관련된 사업을 수행하거나 취약계층에게 사회서비스 또는 일자리를 제공하는 등 영리를 목적으로 하지 않는 협동조합이다. 사회적협동조합연합회는 사회적협동조합의 공동이익을 도모하기 위하여 설립된 사회적협동조합의 연합회이다. 마지막으로 이종(異種)협동조합연합회는 동법 또는 다른 법률에 따른 협동조합이 공동이익을 도모하기 위하여 설립한 연합회를 말한다.

한국의 대표적인 협동조합은 바로 여기서 (일반)협동조합과 사회적협동조합이다. 설립요건(5인), 의결권, 조합원자격 등은 동일하지만, 이 두 유형의 가장 큰 차이점은 사회적협동조합이 상술한 바와 같이 영리를 목적으로 하지 않는다는 것이다. 즉 협동조합은 이용실적 및 출자액에 따라 조합원에게 배당이 가능하지만, 사회적협동조합은 이를 금지하고 있다. 따라서 그 목적도 협동조합이 조합원의 권익을 향상하는 것이라면, 사회적협동조합은 공익적인 측면과 비영리성을 강조하고 있다.

협동조합은 기본법이 시행된 2012년 12월 1일 이후부터 많은 조직들이 설립·인가되고 있다. 2012년에 51개소가 설립·인가된 이후 2021년말 기준 누적 22,137개소가 설립·인가되었다. 연도별 추이를 보면, 기본법이 시행된 직후인 2013년에 3,023개소로 가장 많은 협동조합이 설립·인가되었지만, 2017년까지 매년 다소 감소하는 추이였다. 그리고 2017년 문재인정부에서 사회적경제 활성화 정책을 주요 국정과제로 추진한 이후 다시 증가 추세로 전환되어, 2021년에는 2,884개소의 협동조합이 설립·인가되었다.

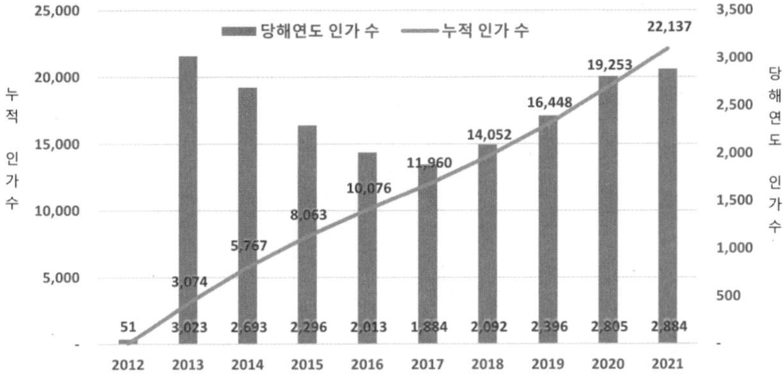

주 : 2021년말 기준 공시자료에서 수리(인가)일로 정리한 것이며, 설립·인가 이후 해산된 협동조합은 집계되지 않음.
자료 : 한국사회적기업진흥원 공시자료

그림 2-2-5. 협동조합 설립·인가 추이

유형별로 보면, 일반협동조합이 전체 22,137개소 중 83.6%인 18,517로 가장 많고, 사회적협동조합은 15.8%인 3,505개소가 설립·인가되었다. 일반협동조합은 사업자협동조합이 61.4%로 가장 큰 비중을 차지하고 있다.

표 2-2-5. 유형별 협동조합 현황

(단위 : 개소, %)

구분	합계	일반협동조합					사회적 협동조합	일반 협동조합 연합회	사회적 협동조합 연합회
		소계	사업자	다중이해 관계자	직원	소비자			
조합 수	22,137	18,517	13,592	3,724	658	543	3,505	91	24
비중	100.0	83.6 (100.0)	61.4 (73.4)	16.8 (20.1)	3.0 (3.6)	2.5 (2.9)	15.8	0.4	0.1

자료 : 한국사회적기업진흥원 공시자료

업종별로 보면, 도매 및 소매업이 4,093개소(18.5%)로 가장 많고, 교육서비스업 3,341개소(15.1%), 보건업 및 사회복지서비스업 2,068개소(9.3%), 예술, 스포츠 및 여가 관련 서비스업 2,014개소(9.2%), 농업, 어업 및 임업 1,926개소(8.7%), 제조업 1,776개소(8.0%) 순으로 많이 설립·인가되어 있다.

표 2-2-6. 업종별 협동조합 현황

(단위 : 개소, %)

구분	합계	도매 및 소매	교육서비스	보건 및 사회복지	예술스포츠 및 여가	농업어업 및 임업	제조업	협회 및 단체 등	사업시설관리	전문과학 및 기술	출판영상방송통신 및 정보	숙박 및 음식점	전기가스증기 및 수도	건설	운수	부동산 및 임대	하수폐기물처리	기타
조합수	22,137	4,093	3,341	2,068	2,041	1,926	1,776	1,241	947	845	832	761	508	497	464	321	250	226
비중	100.0	18.5	15.1	9.3	9.2	8.7	8.0	5.6	4.3	3.8	3.8	3.4	2.3	2.2	2.1	1.5	1.1	1.0

자료 : 한국사회적기업진흥원 공시자료

그러나, 기획재정부(2019)에 의하면, 2018년 기준 사업을 운영 중[5]인 협동조합은 54.2%에 불과하다. 즉 제4차 협동조합 실태조사에서 응답한 13,016개소 중 실제 사업이 운영 중인 협동조합은 7,050개소였으며, 사업자 미등록, 사업중단, 폐업 등 운영하지 않는 협동조합이 5,966개소(45.8%)로 파악되었다.[6] 이렇게 운영되지 않는 이른바 휴면 협동조합은 이전까지 그대로 방치되어 관리가 전혀 되지 않는 문제가

5) 2018년 귀속 법인세·부가가치를 신고하였거나 2018년말 고용보험에 가입한 사업장 기준.

6) 여기서 사업자 미등록은 설립은 하였으나, 아직 사업 준비단계로 사업자를 등록하지 않은 협동조합이며, 사업중단은 사업 수행경험은 있으나, 수익모델 미비, 자금부족 등으로 사업이 중단된 협동조합이다. 또한 폐업은 실제 폐업은 하였으나, 복잡한 해산절차 등으로 해산신고가 미이행되어, 인가 목록에는 등록되어 있는 협동조합을 의미한다.

있었다. 그래서 정부는 2020년 「협동조합기본법」을 개정하면서, 해산 간주 제도를 도입하였다. 이 제도는 5년 이상 등기를 하지 않은 (휴면)협동조합을 해산 및 청산한 것으로 간주할 수 있는 근거를 마련한 것이다.

표 2-2-7. 협동조합 운영 여부 및 미운영 사유

(단위 : 개소, %)

구분	합계 (법인등기)	운영	미운영	사업자 미등록	사업중단	폐업
조합 수	13,016	7,050	5,966	1,404	1,698	2,864
비중	100.0	54.2	45.8 (100.0)	(23.5)	(28.5)	(48.0)

자료 : 기획재정부(2019)

협동조합에 대한 고용 및 재무적 데이터는 기획재정부에서 2년마다 실시하는 협동조합 실태조사를 통해 파악할 수 있다. 2019년까지 총 4회차 실태조사가 이루어졌으며, 2차 조사 이후의 주요 지표를 비교하면 다음과 같다(표 2-2-8. 참조). 운영률은 54.6%에서 54.2%로 다소 낮아졌다. 그러나 조합원 수(46.8명에서 67.0명)는 물론 취업자수, 피고용자수, 임금근로자 등의 고용지표는 증가하거나 개선되고 있는 것으로 파악되었다. 특히 총 취업자수는 2014년 11,605명에서 2018년 42,712명으로 대폭 증가하였으며, 임금근로자의 월평균임금은 130.4만 원에서 158.2만 원으로 상승, 주당 근로시간은 36.1시간에서 31.4시간으로 하락하여, 일자리의 양뿐만 아니라 질적인 부분도 많이 개선된 것으로 나타났다.

그러나 재무·영업 지표를 보면, 자산과 자본, 매출액 등은 증가하였음에도 불구하고, 조합당 평균 부채가 162만 원에서 1억 2,094만 원

까지 대폭 증가하여, 협동조합의 운영이 갈수록 어려워지고 있는 것으로 나타났다.

표 2-2-8. 협동조합 실태조사 결과 비교(조합당 평균)

구분		2차 조사 (2014년말 기준)	3차 조사 (2016년말 기준)	4차 조사 (2018년말 기준)
운영 조합 수 (운영률)		2,957개 (54.6%)	5,100개 (53.4%)	7,050개 (54.2%)
조합원 수		46.8명	61.6명	67.0명
고용	취업자수	3.9명 (총 11,605명)	5.3명 (총 27,129명)	6.1명 (총 42,712명)
	피고용자	2.7명 (총 7,967명)	4.0명 (총 20,409명)	4.4명 (총 31,335명)
	임금근로자	2.2명 (총 6,484명)	3.5명 (총 17,707명)	3.8명 (총 26,579명)
	월평균임금	130.4만원	131.3만원	158.2만원
	주당 근로시간	36.1시간	34.4시간	31.4시간
	취약계층 비율(인원)	26.8% (1,787명)	43.3% (7,662명)	42.3% (11,243명)
재무·영업	자산	5,630만원	14,022만원	23,454만원
	자본 (출자금)	4,007만원	4,607만원 (4,695만원)	11,361만원 (5,744만원)
	부채	162만원	9,415만원	12,094만원
	매출액	2억 1,039만원	2억 7,272만원	3억 6,794만원
	당기순이익	1,935만원	373만원	1,458만원

주1 : 운영 협동조합 = 해당연도에 조세신고 또는 고용보험 가입 실적이 있는 협동조합
운영률 = (운영 협동조합 / 법인 등기 협동조합) * 100

주2 : 임금근로자 = 임금을 목적으로 1시간 이상 협동조합 일을 하는 자
피고용자 = 임금근로자 + 유급형 임원(소득을 목적으로 1시간 이상 종사)
취업자 = 피고용자 + 무급형 상근인원 + 유급형 자원봉사자(실비지원)

주3 : 취약계층 = 55세 이상 고령자, 경력단절여성, 장애인, 고용취약청년, 기초생활수급자 등

출처 : 기획재정부(2019)

4. 마을기업 현황

마을기업은 2009년 희망근로 프로젝트 실시 이후 2010년 12월 「마을기업 육성계획」 수립, 2011년 「마을기업 육성사업 시행지침」에 의해 육성사업이 본격적으로 추진되었다. 동 지침에서는 마을기업을 지역주민이 각종 지역자원을 활용한 수익사업을 통해 공동의 지역문제를 해결하고, 소득 및 일자리를 창출하여 지역공동체 이익을 효과적으로 실현하기 위해 설립·운영하는 마을단위의 기업으로 정의하고 있다.7)

2010년 170개 마을기업이 지정된 이후, 2019년 말 기준 1,556개소가 지정되었다. 총 매출액은 2011년 196억 원에서 2019년 1,928억 원으로 증가하였으며, 기업당 매출액도 2011년 3,564만 원에서 2019년 1억 2,391만 원으로 증가하였다. 고용인원은 2011년 3,145명에서 2019년 20,062명으로 증가하였다.

표 2-2-9. 연도별 마을기업 매출 및 일자리 현황

(단위 : 개소, 억 원, 명)

구분	'10년	'11년	'12년	'13년	'14년	'15년	'16년	'17년	'18년	'19년
기업 수 (누계)	170	550	787	1,119	1,249	1,342	1,377	1,442	1,497	1,556
매출	-	196	492	736	1,003	1,183	1,266	1,599	1,645	1,928
고용	-	3,145	6,533	10,117	10,218	11,500	16,101	17,438	19,261	20,062

자료 : 행정안전부(2021)

7) 여기서 지역자원은 지역에 존재하는 유·무형의 자연적·문화적·역사적 자산이며, 지역문제는 전체 주민의 생활의 질 향상을 위해 필요한 사항을 의미한다. 또한 지역공동체 이익은 마을기업의 이익뿐만 아니라 지역사회 전체가 얻게 되는 편익의 총합이며, 마을은 지리적으로 타 지역과 구분되는 경계를 가지면서 지역 내부에 상호관계나 정서적 공감대가 형성되어 있는 곳을 의미한다(행정안전부, 2021).

지역별로 보면, 경기가 179개소로 가장 많고, 그 다음으로 전남 160개소, 충남 134개소, 경북 125개소, 경남 120개소 순으로 많다. 다른 사회적경제 기업 유형과 비교하여, 마을기업은 특히 광역자치도에서 많이 지정되었다. 광역자치도에서는 총 1,063개소로 68.3%를 차지하고 있고, 수도권과 비교하면, 비수도권에는 79.0%가 지정되어 있다. 즉 마을기업은 지역공동체를 기반으로 하기 때문에 지역의 정체성이 상대적으로 더욱 뚜렷한 농촌지역의 마을단위에서 많이 설립되는 것으로 볼 수 있다.

업종별로 보면, 일반식품이 44.3%로 가장 많고, 그 다음으로 전통식품 13.5%, 관광체험 12.7% 순으로 높게 나타났다. 대부분 농업의 6차산업[8] 측면에서의 식품 제조가공, 관광체험, 문화예술, 유통판매 등에서 활동하는 것으로 보인다.

법인형태는 영농조합법인과 협동조합 등이 많은 것으로 나타났다.

표 2-2-10. 지역별·업종별·법인형태별 마을기업 현황

(단위 : 개소, %)

지역	서울	부산	대구	인천	광주	대전	울산	세종	경기	강원	충북	충남	전북	전남	경북	경남	제주
1,556개소	95	74	88	53	61	52	41	29	179	120	84	134	105	160	125	120	36

업종	계	일반식품	전통식품	관광체험	공예품	교육	문화예술	재활용	유통기업	의류신발	물류배송	사회복지	에너지	기타
비율	100.0	44.3	13.5	12.7	5.8	4.4	4.1	2.4	1.4	1.0	0.8	0.7	0.3	8.6

법인형태	계	영농조합법인	협동조합	주식회사	농업회사법인	사단법인	영어조합법인	사회적협동조합	재단법인	기타
비율	100.0	40.2	25.5	19.2	3.7	2.3	1.6	1.0	0.2	6.3

주 : 업종에서 기타는 제조, 출판, 포장, 숙박, 축산 등 포함
자료 : 행정안전부(2021)

8) 농촌에 존재하는 자원을 바탕으로 1차산업(농업)과 2차산업(식품 및 특산품 제조가공) 및 3차산업(유통·판매·관광·체험·문화서비스) 등이 연계되는 활동을 의미함.

5. 자활기업 현황

「국민기초생활보장법」에 근거하여 시행되는 자활기업은 2인 이상의 수급자 또는 차상위자가 상호협력하여, 조합 또는 사업자의 형태로 탈빈곤을 위한 자활사업을 운영하는 업체를 의미한다. 즉 동 법에 의한 자활기업 요건을 갖추고 보장기관으로부터 인정을 받은 기업을 자활기업이라 말한다.

2012년 이후 자활기업의 추이를 보면, 2012년 1,340개소가 설립된 이후, 2020년 1,062개소로 완만하게 감소하고 있다. 다른 유형의 사회적경제 기업이 동 기간 크게 성장한 것에 비해 자활기업은 주로 자활근로사업단이 자활기업으로 전환되는 형태로 설립되기 때문에 새로운 사업 영역이 진입하는 것이 쉽지 않은 것으로 판단된다.

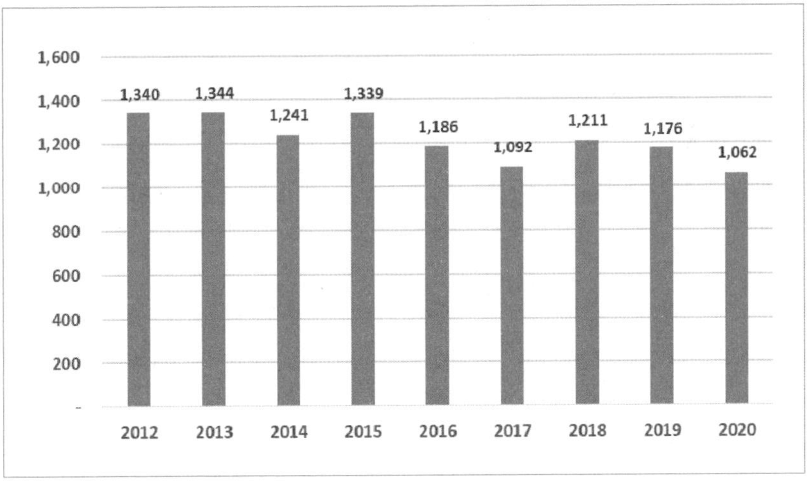

자료 : 한국자활복지개발원 공시자료

그림 2-2-6. 자활기업 수 추이

지역별로 살펴보면, 2020년말 기준 경기와 서울이 각각 180개소, 127개소로 가장 많고, 그 다음으로 전북 91개소, 경북 86개소, 전남 80개소 순으로 많이 설립되었다. 주로 지역자활기업이 많지만, 광역단위와 전국단위의 자활사업을 추진하는 광역자활기업과 전국자활기업도 각각 37개소와 3개소가 활동 중이다.

자활사업의 서비스유형별로 살펴보면, 청소가 22.6%로 가장 많다. 그 다음으로 집수리 19.0%, 배송 13.8%, 음식점 12.3%, 사회서비스 7.8%, 유통·판매 5.7%로 높게 나타났다. 자활기업의 활동영역은 주로 사업시설관리 및 사업서비스업과 운수업 등의 서비스부문인 것으로 볼 수 있다.

표 2-2-11. 지역별·서비스유형별 자활기업 현황

(단위 : 개소, %)

지역	서울	부산	대구	인천	광주	대전	울산	세종	경기	강원	충북	충남	전북	전남	경북	경남	제주
광역자활	3	5	3	3	1	1	0	0	5	1	2	2	5	1	3	2	0
전국자활	2	0	0	0	0	0	0	0	0	0	0	0	1	0	0	0	0
지역자활	127	65	44	34	46	17	20	10	175	66	39	53	85	79	83	59	20
1,062개소	132	70	47	37	47	18	20	10	180	67	41	55	91	80	86	61	20
비중	12.4	6.6	4.4	3.5	4.4	1.7	1.9	0.9	16.9	6.3	3.9	5.2	8.6	7.5	8.1	5.7	1.9

서비스유형	청소	집수리	배송	음식점	사회서비스	유통·판매	식품생산	재활용	생활용품생산	세탁	농산물생산·가공	기타
1,022개소	231	194	141	126	80	58	56	35	29	24	14	34
비중	22.6	19.0	13.8	12.3	7.8	5.7	5.5	3.4	2.8	2.3	1.4	3.3

주 : 서비스유형의 기타는 홍보물, 축산물생산·가공, 취미·여가, 공산품생산, 이·미용·건강, 위탁생산, 환경정비, 해당없음 등을 포함.

자료 : 한국자활복지개발원 공시자료, 2020년말 기준

2-3 한국 사회적경제 기업의 분포

1. 사회적경제 기업의 공간 분포와 확산에 대한 논의

1) 사회적경제 기업의 공간 분포와 확산에 대한 주요 이론

사회적경제 확산 현상을 설명하는 이론은 이질성 이론, 상호의존이론, 공급측면이론, 자원의존이론, 사회교환이론으로 설명할 수 있다(Salamon et al., 2000; 권성문 외, 2016; 최유진, 2016).

이질성 이론(Heterogeneity Theory)은 주민의 다양성(이질성)이 커질수록 정부실패가 발생할 가능성이 커지게 되며, 공공재 공급 수준에 만족하지 않는 주민들은 비영리기구나 사회적기업의 활동을 통해서 부족한 수요를 충당하려는 경향이 있다. 상호의존이론(Interdependence Theory)에서는 사회적경제가 효율적으로 사회문제를 해결하고 있다면, 정부는 유사한 사회문제의 해결을 위해 정책을 형성하여 집행하기보다 사회적경제를 지원하는 의사결정을 내린다. 즉 이런 의사 결정이 비용의 측면이나 신뢰 형성 측면에서 훨씬 유리하게 된다. 공급측면이론(Supply-side Theory)에서는 국가나 지역사회에서 사회적기업가 정신의 수준이 높거나 사회적기업가가 될 수 있는 정신을 소유한 집단이 많이 거주한다면 사회적경제 영역의 확장은 필연적이라고 본다. 자원의존이론(inter-organization resource dependency)에서 조직 간의 상호관계는 조긴 간의 자원교환에 따라 형성하며 조직의 타 조직에 대한 의존도는 타 조직이 제공하는 자원의 중요성과 자원의 대체가능성에 따라 결정된다. 결국 내부 자원이 풍족하지 않은 지역에서 네트워크와 협력을 기반으로 한 협동조합이 활성화된다. 마지막으로 사회교환이론(social exchange theory)에서는 경제적 관점으로 개인의 사회적 관계는 비용편익을 인지하여 지속 여부 결정한다. 또한 사회·정서적 관점으로 조직과 개인의 관계 지속은 사회·정서적 욕구 충족에 의해 결정한다.

이렇게 사회적경제 관련 연구에서 공간적 사고가 필요한 이유는 다음의 4가지 측면에서 설명할 수 있다(Muńoz, 2010; 구양미, 2016). 첫째, 사회적경제 행위자(조직, 개인) 및 활동의 분포, 입지, 군집의 분석과 공간적 지도화 중요하다. 사회적경제에 대한 대부분의 연구에서 공간은 피상적으로 다룬다. 사회적경제 기업의 출현부터 성장과 쇠퇴에 이르는 생애주기는 공간에서 이루어진다. 둘째, 사회적경제 조직(활동)의 지역 및 장소 기반 특성이 중요하며, 사회적경제가 작동하는 환경을 도출할 수 있다. 즉 사회적경제 기업이 설립되고 발전하는 과정에 지역적 요소가 어떠한 역할을 하는가? 창의적이고 도시화경제 효과를 누릴 수 있는 대도시, 또는 수혜자들이 많은 낙후된 지역이나 지방 농촌지역에서 나타날 확률이 높은가? 사회적기업가나 수혜자들이 지리적으로 근접해 있는 다양성이 높은 지역에서 사회적경제 기업이 출현할 가능성이 높은가? 아니면 공동체의식이 강하고, 동질성이 높은 지역에서 나타날 가능성이 높은가? 이러한 질문에 대한 답을 공간적 사고를 통해 제시할 수 있는 것이다. 셋째, 사회-공간적 영향(socio-spatial impact)과 효과의 공간성(spatiality)에 대한 분석이 가능하다. 성공적인 사회적기업을 위해서 기업활동의 대상지역 내에 입지해야 하는가? 직원이나 자원봉사자들이 해당 로컬지역에 관련되어야 하는가? 사회적기업이 해당 로컬지역 사람들에 의해 설립되고 주도되어야 하는가? 이러한 질문에 대한 답을 내리기 위해서는 공간적 사고가 필요하다는 것이다. 즉 사회적경제에 대한 평가는 근린지역에의 경제적 활력과 사회문화적 차원에서 평가되어야 한다. 넷째, 사회적경제의 공간에 대한 심층적인 연구가 필요하다. 사회적경제 활동에 의해 창출되고 형성되는 공간 분석, 이러한 공간이 사회적경제 활동에 영향을 주는지에 대한 쌍방향적 논의가 필요하다.

2) 사회적경제 기업의 공간 분포와 확산에 대한 주요 선행 연구

Peattie & Morley(2008)는 사회적기업의 상당수가 런던 대도시에 입지하며, 농촌보다는 도시지역에 많이 나타난다는 것을 밝혀냈다. 즉 사회적기업은 관련 지원기관 주변에 집적되어, 유사한 유형끼리 모여 있었다. Buckingham et al.(2012)은 기업가적 활동이 활발한 지역에서 사회적기업과 같은 유형도 발전할 수 있다고 주장한다. Díaz-Foncea & Marcuello(2015)은 근로자 협동조합(worker cooperatives)의 설립에 영향을 미치는 지역 결정요인을 분석하여, 실업률과 임금 수준, 인구증가가 근로자 협동조합 설립에 양의 영향을 미친다고 분석되었다. 또한 그 외 지역 결정요인으로 기성 협동조합의 존재, 정부 내 우파 정당의 영향이 있다고 주장한다. 특히 자본주의 기업과의 비교하여, 일반 기업은 한 지역의 실업률이 높을수록 설립이 더 적으며, 일반 기업은 인구밀도가 높은 중심지에서 설립이 더 많지만, 협동조합은 오히려 인구밀도가 낮은 농촌지역에서도 활발히 이루어진다고 주장한다. Filippi et al.(2015)은 프랑스 농업협동조합의 1995~2005년 공간적 역학관계를 분석하였다. 분석 결과, 특정 지역에서 강한 군집화 역학 관계를 확인하였으며, 활동영역과 생산활동 및 구성원의 현지화가 성공하였다고 주장한다. Jammulamadaka & Chakraborty(2018)는 인도 안드라 파라데시(Andhra Pradesh)주의 1,100개 지역구 4,859개 사회적기업 분포 특성을 연구하였다. 이를 위해 각 개별기업의 위치(위도/경도)정보를 사용하였다. 분석 결과, 지역차원에서 개별적인 강력한 집적이 존재하였다. 그 집적의 이유에 대해 이 연구자는 일반적인 집적경제의 요인인 고임금, 지식 또는 기술 집약적 요소는 없지만, 인도 AP지역의 사회적기업은 지원에 대한 정보 확보 및 자금 조달이 용이한 지역에서 집적이 발생한다고 주장한다. 이 연구를 통해 우리는 다음과 같은 시사점을 얻을 수 있다. 우선 사회적기업은 초기에 지원조직을 중심으로 클러스터를 형성한다. 또한 사회적기업의 생존 가능성을 향상시킬 수 있다. 그러나 이러한 집적은 사회적기업이 적은 지역에서 복지 전달에 필요한 조직 기반이 부족하기 때문에, 새로운 종류의 불평등을 초래할 수 있다.

이러한 국외 연구와 비교하여, 한국의 관련 연구는 아직 부족한 실정이다. 남승연(2014)은 2013년 7월말 기준, 전국 16개 광역시도의 협동조합 설립에 대해 퍼지셋 결합영향요인분석(Fs/QCA)을 통해 그 요인을 밝혀냈다. 즉 협동조합 설립 활성화에 영향을 미치는 지역적 요인으로, 인구수가 많고 경제적 여건이 비교적 좋은 지역, 경제적 여건이 다소 좋지 않지만 야당의원의 비율과 지방의회 투표율이 높은 지역, 인구수가 적고 경제적 요인과 정치적 요인의 통일된 영향은 없지만, 시민단체와 사회적기업이 활발한 지역이라고 주장한다. 임은숙·이희정(2016)은 2007년~12년, 인증사회적기업이 입지한 63개 지자체를 대상으로 LQ(Location Quotient)분석 및 공간적 분포를 분석하였다. 그 결과사회적기업이 집적한 지역은 기본적으로 소득수준이 낮지만 인구밀도가 높은 곳이라는 특성이 나타났다. 또한 인적특성(인구밀도, 교육수준)은 양의 영향을 미치지만, 지역특성(자가보유율, 주택

보급률)은 오히려 음의 영향을 미치는 것으로 나타났다. 특히 사회적기업의 업종별 입지 특성을 살펴보면, 일반기업과 유사한 공간분포 업종은 교육, 문화예술, 보육, 간병업종이였으며, 일반기업과 상이한 공간분포 업종은 보건, 사회복지, 환경, 기타(제조업) 업종으로 나타났다. 권성문 외(2016)는 2015년 6월말 기준, 수도권 협동조합 3,418개를 대상으로 협동조합 활성화지역의 공간적 특성을 분석하였다. 분석 결과 협동조합 설립은 지역적으로 공간적 자기상관이 존재하였다. 이를 통해 공간회귀모형을 이용한 협동조합 설립에 영향을 미치는 요인을 분석하였는데, 지역자산(복지비지출비율, 재정자립도)은 음의 영향 관계가 있었으며, 인적자산(천명 당 종사자 수, 석·박사비율)은 양의 영향 관계가 있었다.

최유진(2016)은 사회적기업의 지역 내 확산 요인을 살펴보기 위해, 225개 기초자치단체(시, 군, 구로 구분)를 대상으로 공간회귀모형으로 분석하였다. 사회적기업의 지역 내 확산 요인을 살펴보면, 전체 인구 대비 젊은이 인구 비율(20-34세)은 양의 영향 관계가 있었지만, 전년 대비 인구증가율은 음의 영향 관계가 있었다. 또한 1인당 사회복지비 지출은 인구 1,000명당 비영리민간단체의 수는 양의 영향 관계가 있었다. 최유진(2017)은 공간회귀모형을 이용하여, 사회적경제 증진 조례의 협동조합 활성화의 효과를 살펴보았다. 그 결과, 기초조례가 광역조례보다 더 협동조합을 활성화시키는 요인으로 나타났다. 이 외에 기존 연구와 마찬가지로 비영리민간단체의 집적과 지방자치단체의 사회복지비 지출이 협동조합을 활성화시키는 것으로 나타났다.

3) 선행연구의 한계와 본 절의 차별성

선행연구들은 기본적으로 공간데이터의 한계가 존재한다. 대부분 인구 당 사회적경제 기업 수를 종속변수로 사용하였다. 그런데, 이러한 데이터는 절대치와 비율의 차이가 존재한다. 즉 서울, 경기와 광주, 강원, 전북은 절대치에서는 전자가 크지만, 오히려 비율은 후자가 더 크게 나타난다. 즉 사회적경제 기업 데이터를 변수로 사용할 때에 절대치로 적용할 것인지, 비율을 적용할 것인지에 따라 분석결과가 상이하게 나타난다는 한계가 있다. 또한 비율(1/1,000=10/10,000)의 한계가 있다. 즉 10개 기업이 집적하였을 경우는 다르게 분석결과가 나타날 수 있는 것이다. 또한 선행연구들은 공간단위의 한계가 존재한다. 즉 대부분 광역 또는 기초(시군구)자치단체 단위로 설정하였다. 그러나 기초 단위에서도 하위 단위인 읍면동 또는 집계구 별로 집적도가 다를 수 있다. 이러한 사회적경제 기업의 공간분석에 대한 한계에 대해 구양미(2016)는 다음과 같이 지적한다. 첫째, 사회적경제 기업의 지리적 차이를 고찰하기 위해서는 좀 더 작은 공간단위가 필요하다. 둘째, 사회적경제의 수요와 공급 간의 공간적 불일치(spatial mismatch) 확인이 필요하다.

이러한 측면에서 본 장에서는 한국 사회적경제 기업의 공간 분포를 살펴보기 위해 다음과 같은 차별성을 두고 분석하였다. 첫재, 사회적경제 기업에 대한 실질적 공간데이터(위치정보, 위도/경도)를 활용하였다. 둘째, 사회적경제 기업의 지역별·업종별 공간적 분포 차이를 확인하였다.

2. 분석 방법 및 자료

1) 분석방법

분석의 범위 중 대상은 2018년 말 현재, 우리나라 사회적경제 기업으로 한정하였다. 여기서 사회적경제 기업은 사회적기업(인증, 지역형 예비, 부처형 예비), 협동조합, 마을기업, 자활기업으로 구분할 수 있다. 공간적 범위는 전국, 광역시도 (수도권, 광주광역시)로 구분하였다.

분석절차는 다음과 같다. 첫째, DB를 구축한다. 우선 유형별 사회적경제 기업에 대한 기본 데이터를 수집하였으며, 각 사회적경제 기업의 좌표 측정(geocoding)을 하였다. 단, 동일 기업은 필터링하였으며, 각 사회적경제 기업의 세부정보를 한국기업데이터 등의 자료를 이용하여 보완하였다. 둘째, 사회적경제 기업의 공간적 분포 특성을 파악한다. 이를 위해, 협동조합의 위치자료(위도/경도)를 활용하여 점(point) 형태의 공간객체를 생성하였다. 그 후 업종 구분 없이 kernel density를 추정한다. 여기서는 전국과 수도권, 광주광역시를 비교해본다. 마지막으로 한국표준산업분류(KSIC)에 의거한 21개 업종별 kernel density를 추정한다. 여기서도 마찬가지로 전국과 수도권, 광주광역시를 비교분석하였다.

사회적경제 기업 분포도를 분석하는 것은 Kernel Density를 이용하였다. 이것은 관측된 개별 사회적경제 기업(협동조합)의 위치를 중심으로 표준편차가 h인 정규분포 설정한다. 여기서 측정된 객체 지점에 가장 높은 점수가 부여되며, 측정지점에서 멀어질수록 점수가 낮아지게 된다. 또한 각각의 협동조합의 위치에서 추정되는 정규분포함수를 선형결합하여 최종밀도함수를 도출한다. 단, 본 연구에서는 측정된 협동조합의 위치로부터 1km 범위까지 단계적 점수를 부여하고, 1km를 벗어나면 점수를 부여하지 않도록 설정하였다.

2) 분석자료

한국 사회적경제 기업의 분포는 협동조합 데이터를 이용하였다. 전술한 바와 같이, 사회적경제 기업의 분포는 업종별 특성에 따라 분포가 차이가 나타날 것으로 판단되는데, 사회적기업과 마을기업, 자활기업은 각 개별 기업에 대한 업종을 명확히 지정하지 않고 있다. 이에 반해 협동조합은 설립·인가 당시 한국표준산업분류(Korea Standard Industry Code, KSIC) 대분류를 지정하기 때문에, 다른 유형에 비해 업종분류가 상대적으로 명확하다.[9]

3. 한국 사회적경제 기업의 공간 패턴

지역별·업종별 협동조합 분포 특징을 살펴보면 다음과 같다. 첫째, 전국 분포에서는 대부분 업종이 수도권에 집적하고 있다(그림 2-3-1. 참조). 업종별로 보면, 농업, 임업 및 어업은 생산지까지 고르게 분포하고 있으며, 전기, 가스, 증기 및 수도사업은 업체 간에 이격을 두고 분산되고 있다. 둘째, 서울은 업종별로 협동조합 분포가 상이하게 나타났다(그림 2-3-2. 참조). 즉 제조업은 도심권과 동북권(도심 경공업: 출판업, 공구업, 의류봉제업 등)에서 집적되고 있고, 건설업은 주거환경개선이 필요한 지역에서 집적되고 있으며, 도매 및 소매업은 유동인구가 많은 지역에 집적되고 있다. 또한 운수업은 양곡택배의 특징 때문에, 저소득층이 많은 지역에 많이 설립되었으며, 숙박 및 음식점업은 유동인구 많은 강북 대학가 중심으로 집적되고 있다. 출판, 영상, 방송통신 및 정보서비스업은 각 세부 업종이 강한 을지로(출판인

9) 물론 협동조합의 업종 분류 또한 정확한 것은 아니다. 즉 협동조합들이 각각 활동하는 영역 및 사업을 하나의 대표 업종으로 특정하기가 어렵고, 또한 협동조합의 설립·인가 시 한국표준산업분류에 대한 이해도가 낮아 불명확하게 업종을 지정한 경우도 많다. 예를 들어, 협동조합을 기타 서비스업에서 세세분류 산업단체(91110)로 지정한 사례가 많은 것은 각 개별 협동조합의 사업영역을 고려하지 않고 협동조합 자체의 특성만 반영한 산업분류라고 볼 수 있다. 이러한 한계는 있지만, 대분류로 구분되는 협동조합을 통해 업종별 분포를 보는 것이 보다 명확한 결과를 도출할 것으로 판단된다.

쇄업), 테헤란로(IT업), 상암미디어시티(방송통신업)에 집적되고 있다. 부동산 및 임대업은 사무실임대(서초, 강남), 주택임대(서북권)로 구분할 수 있으며, 전문, 과학 및 기술서비스업은 테헤란로, 가산미디어시티 등에서 집적되었다. 교육서비스업은 학원가가 많은 지역에 집적되고 있으며, 예술, 스포츠 및 여가관련서비스업은 대학로, 홍대 등에서 집적되었다. 마지막으로 지방 대도시는 구도심지역에 강하게 집적되는 것을 확인할 수 있다.[10)]

이러한 협동조합의 공간적 분포는 도시의 규모에 따라 차이가 나타날 수 있다. 즉 서울은 업종에 따라 공간적 분포가 다르게 나타난다. 그러나 광주, 대구, 대전, 인천, 울산 등은 일부 업종을 제외하면 거의 구 도심에 집적하고 있다. 이것은 도시의 공간구조 측면에서 접근할 필요가 있다. 서울은 자치구 단위로 사회적경제 생태계 조성사업이 진행되고 있기 때문에, 자치구 별로 협동조합이 집적되는 경향이 있다. 즉 자치구 사회적경제 활성화 공간(클러스터)가 조성된 은평구, 동작구, 서대문구 등에서 집적이 강한데, 소위 coworking space가 있는 지역이다. 또한 업종도 지역에 따라 공간적 분포가 상이하게 나타난다. 예를 들어, 숙박 및 음식점업은 일반적으로 대도시에서는 유동인구가 많은 도심지역에 집적된다. 그러나 광주는 하남산단을 중심으로 도시락업 가능성이 있으며, 전남은 도서지역에 숙박업이 밀집되었을 가능성이 있다.

10) 본 절에서는 협동조합의 분포를 각 광역자치단체별로 모두 분석하였지만, 지면의 한계로 전국과 서울, 광주만 사례로 보여주고 있다. 본문에서도 언급하였지만, 서울 이외의 지방 대도시는 거의 유사한 형태로 협동조합이 분포한 것으로 판된되어, 광주를 중심으로 그 분포를 설명해도 분석결과 및 의의를 전달하는 데 무리가 되지 않을 것으로 판단된다.

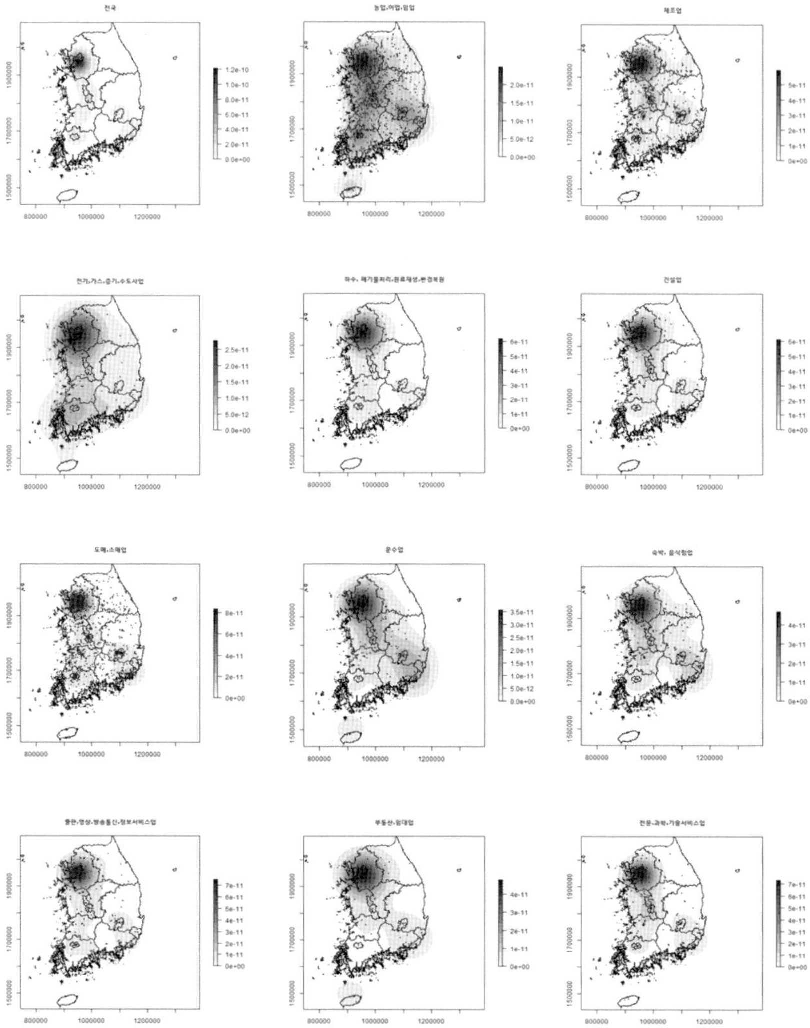

그림 2-3-1. 전국 사회적경제 기업(협동조합) 분포

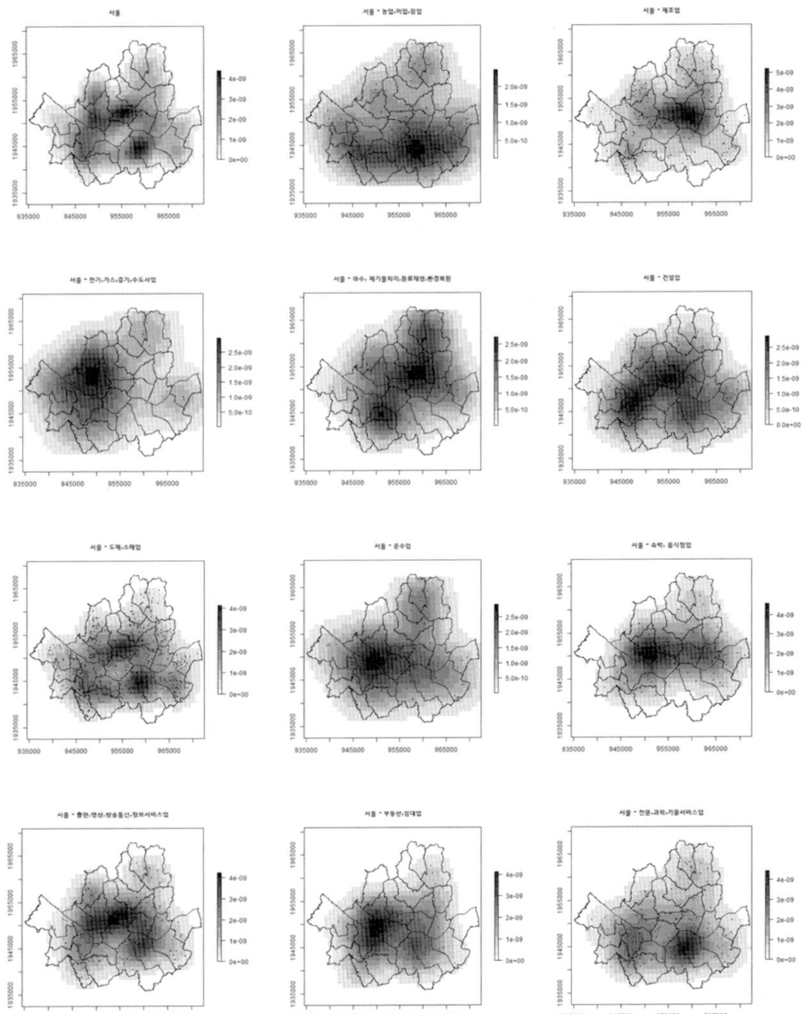

그림 2-3-2. 서울 사회적경제 기업(협동조합) 분포

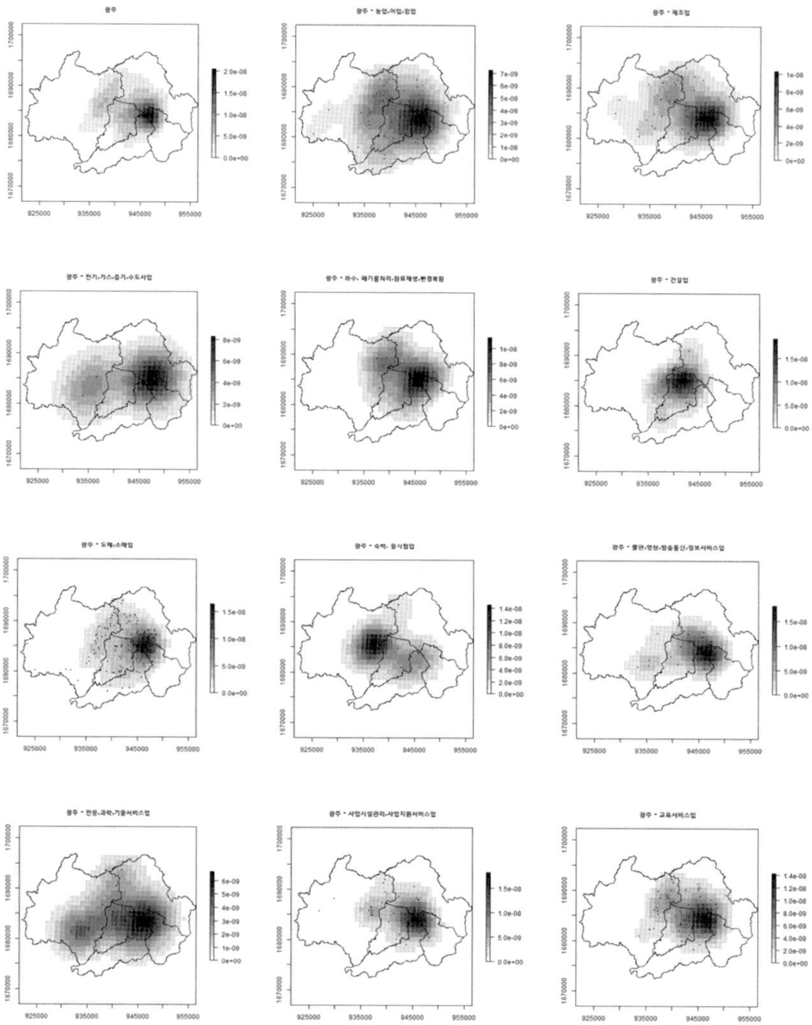

그림 2-3-3. 광주 사회적경제 기업(협동조합) 분포

2-4 결론 및 시사점

본 장에서는 한국 사회적경제 기업의 기본 현황을 각 유형별로 살펴보고, 협동조합을 중심으로 사회적경제 기업의 분포 특성을 도출하였다.

우선 한국 사회적경제 기업의 기본 현황을 보면, 2021년말 기준 협동조합의 비중이 74.1%로 상당히 크다는 것을 알 수 있다. 즉 2012년에 「협동조합기본법」이 제정되면서, 협동조합이 큰 폭으로 증가한 것이다. 이것은 두 가지 의미를 갖고 있다. 첫째, 기본법과 같은 제도적인 뒷받침이 되면, 사회적경제에 대한 일반인들의 인식제고는 물론 실질적인 사업영역의 성장이 이루어질 수 있다는 것이다. 둘째, 기본법을 통해 일반인들의 사회적경제에 대한 진입장벽이 낮춰져 협동조합의 양적 성장에 크게 기여하였다는 점이다. 즉 사회적기업이나 마을기업, 자활기업은 인증 또는 지정제도로 운영·관리되기 때문에, 실제 사회적경제 영역으로 진입하려면 상당한 준비를 해야 가능하다. 반면 협동조합은 기본법을 통해 인가제도로 서류만 잘 갖추어지면 설립이 가능하도록 하였다. 이것이 결국 협동조합의 양적성장을 이루는데 큰 일조를 했다고 볼 수 있다.

그러나 이러한 양적성장과 더불어 정부의 강력한 지원정책에도 불구하고, 각 사회적경제 기업 유형의 질적 지표는 개선되지 않고 있다. 사회적기업은 특히 비수도권에서 영업이익이 수도권에 비해 매우 낮게 나타났다. 또한 협동조합은 자산과 자본, 매출액이 증가하였음에도 불구하고, 부채가 급격히 증가하는 등 재무적인 성과는 결코 개선되지 않고 있다.

그러나, 사회적경제 기업은 특히 일자리 영역에서 확실한 성과를 보인 것으로 판단된다. 사회적기업의 총 고용은 2007년 2,539명에서 2020년 54,659명까지 증가하였으며, 이 중에서 취약계층 고용은 2020년 33,123명까지 증가하였다. 협동조합은 조사 기간(2014년, 2016년, 2018년) 동안 취업자수, 피고용자수 등의 양적 고용지표가 증가한 것은 물론 월평균임금, 주당 근로시간, 취약계층 비율 등의 고용의 질적지표도 많이 개선되었다. 마을기업에서도 고용자 수가 2011년 3,145명에서 2019년 20,062명까지 증가하였다.

이러한 점은 유럽에서 2008년 금융위기 시기에 일반 사적영역보다 사회적경제 영역에서 고용의 회복력이 더 강하게 나타난 것처럼(EESC, 2012), 한국의 사회적경제도 고용의 양과 질의 개선에 크게 기여하고 있다고 볼 수 있다.

본 장에서는 지역별·업종별 협동조합의 분포도 살펴보았다. 그 결과를 정리하면, 첫째, 일반적으로 대부분 업종이 수도권에 집적하고 있다. 절대적인 조합 수가 수도권에 집중되어 있기 때문일 것이다. 그러나 일부 업종에서는 다소 차이가 나타난다. 즉 농업, 임업 및 어업은 전국적으로 생산지까지 고르게 분포하고 있으며, 전기, 가스, 증기 및 수도사업은 시장영역이 경쟁적으로 입지하기 어렵기 때문에 조합들 간의 이격을 두고 분산되고 있다. 둘째, 서울을 제외한 지방대도시는 주로 구도심지역에 협동조합이 강하게 분포하는데, 서울은 업종별로 분포가 상이하게 나타났다. 서울의 각 자치구별로 일반 기업 또는 산업이 집적된 곳에 협동조합도 유사한 업종이 분포하는 것이다.

서울의 이러한 특징은 크게 두 가지로 의미를 둘 수 있다. 첫째, 서울은 자치구 단위로 2010년대 초반부터 사회적경제 생태계 조성사업이 진행되었기 때문에 자치구별로 협동조합이 집적되거나 확산되는 경향이 있다. 즉 자치구별로 사회적경제 관련 사업이 적극적으로 추진된 자치구에서 협동조합의 집적이 더욱 강하게 나타나는 것이다. 도시의 산업구조 측면에서 보면 결국 협동조합도 사업을 위해 일반 기업과 경쟁하여 유사한 업종끼리 집적경제가 나타났다고 볼 수 있다.

본 장에서의 사회적경제 기업의 현황과 분포는 사회적경제 기업이 발현하고 확산하는 과정을 살펴보고, 양적성장뿐만 아니라 질적성장을 도모하고 지역의 사회적경제 생태계를 활성화 정책의 방향을 찾아가기 위한 기본적인 근거자료로 활용될 수 있을 것이다.

참고문헌

관계부처합동 (2020). 『사회적경제기업 일자리 창출 지원방안』. 대한민국 정부.

구양미 (2016). “사회적경제와 지리학적 사고”. 『사회적경제의 혼종성과 다양성』, 김의영 외, 서울: 푸른길.

기획재정부 (2019). 『2019년 협동조합 실태조사 및 정책수립을 위한 기초연구』. 기획재정부.

권성문·김리영·양광식 (2016). “협동조합 활성화지역의 공간적 특성 분석”. 『한국지역개발학회지』, 28(2), pp.173-194.

남승연 (2014). “협동조합기본법 시행 이후 우리나라 협동조합 설립 활성화 요인에 관한 연구”. 『현대사회와 행정』, 24(1), pp.25-48.

이홍택 (2018). “사회적경제의 지속가능성에 대한 경제지리적 결정 요인: 충청남도를 사례로”. 『한국경제지리학회지』, 21(1), pp.34-52.

임은숙·이희정 (2016). “수도권 사회적기업의 공간분석을 통한 입지특성 연구”. 『국토계획』, 51(3), pp.5-24.

최유진 (2016). “사회적 기업의 지역 내 확산 요인 분석”. 『지방정부연구』, 20(3), pp.111-132.

최유진 (2017). “사회적 경제 증진 조례의 협동조합 활성화 효과: 공간회귀모형의 활용”. 『지방행정연구』, 31(2), pp.299-326.

최유진 (2018). “공간회귀모형을 활용한 사회적경제 규모의 결정요인 분석”. 『지방정부연구』, 22(2), pp.455-476.

한국사회적기업진흥원 (2008). 『2007년 사회적기업 성과분석』. 한국사회적기업진흥원.

한국사회적기업진흥원 (2021a). 『2021 한 손에 잡히는 사회적기업』. 한국사회적기업진흥원.

한국사회적기업진흥원 (2021b). 『2020년 사회적기업 성과분석』. 한국사회적기업진흥원.

행정안전부 (2021). 『2021 마을기업 육성사업 시행지침』. 행정안전부.

황정윤·조희진 (2016). "사회적 기업 설립의 영향요인 분석: 기능주의와 제도주의 관점을 중심으로". 『정부학연구』, 22(3), pp.237-277.

Buckingham, H., Pinch, S., & Sunley, P. (2012). "The enigmatic regional geography of social enterprise in the UK: a conceptual framework and synthesis of the evidence". *Area*, 44(1), pp.83-91.

Díaz-Foncea, M. & Marcuello, C. (2015). "Spatial patterns in new firm formation: are cooperatives different?". *Small Business Economics*, 44, pp.171-187.

EESC(European Economic and Social Committee) (2012). *The Social Economy in the European Union*. European Union.

Filippi, M., Tribuoulet, P., Chantelot, S., & Peres, S. (2015). "The Spatial Distribution of French Agricultural Cooperatives: An Exploratory Spatial Data Analysis". *European Planning Studies*, 23(4), pp.710-732.

Jammulamadaka, N. & Chakraborty, K. (2018). "Local geographies of developing country social enterprises". *Social Enterprise Journal*, 14(3), pp.367-386.

Peattie, K. & Morley, A. (2008). *Social Enterprise: Diversity and Dynamics, Contexts and Contributions*. A Research Monograph, Social Enterprise Coalition, Economic & Social Research Council.

Salamon, L. M., Sokolowski, S. W., & Anheier, H. K. (2000). *Social origins of civil society: An overview*. Working Paper of the Johns Hopkins comparative nonprofit sector project no. 38, The Johns Hopkins Center for Civil Society Studies.

Muńoz, S. A. (2010). "Toward a geographical research agenda for social enterprise". *Area*, 42(3), pp.302-312.

제3장

한국 사회적경제 기업의 가치사슬 구조

변장섭

본 장에서는 한국 사회적경제 기업의 생태계에 대한 정량적인 정보가 부족한 상황에서, 각 개별 기업의 구매·판매 데이터를 구축하고, 가치사슬 측면에서의 생태계 구조를 파악하였다. 특히 사회적경제 기업 간 네트워크는 물론 지역과 산업 측면에서의 가치사슬 구조로 확장하여 그 생태계를 파악하였다. 분석 결과, 한국 사회적경제 기업은 크게 5가지 유형의 비즈니스 모형이 확인되었고, 각 광역자치단체별로 지역 내 생태계가 식별되었으며, 산업측면에서는 지역 내 공공기관에 대한 의존성이 재차 확인되었다.

* 본 장은 “한국 사회적경제 기업의 생태계 구조: 구매·판매 거래의 가치사슬을 중심으로”(『지역개발연구』, 53(3), pp.211-240)을 수정한 것임을 밝힙니다.

3-1 서론

한국의 사회적경제는 정부의 주도하에 법률적 제도화[1])가 이루어지며 이에 기반한 지원정책에 힘입어 사회적경제 기업 수가 급격히 증가하는 양적 성장을 이루었다. 그러나 개별 사회적경제 기업들의 질적 수준은 저하되고 있다.[2])

이렇게 한국 사회적경제 기업의 질적 성장이 정체되는 원인에 대해서는 다양한 의견들이 있다[3]). 그중에서 가장 주목할 만한 원인은 사회적경제 기업이 정부 자본에 과도하게 의존하는 것이다. 즉 조직이 자체적으로 자원을 충당할 수 없기에 외부로부터 자원을 조달하지 못하면 조직을 지속할 수 없다는 것이다(민윤경, 2016; 김형돈, 2020 재인용).

따라서 많은 연구들이 사회적경제 기업의 질적 성장을 위해서는 사회적경제 생태계가 활성화되어야 한다고 제안한다(강대성 외, 2015; 변장섭·나주몽, 2016; 오단이 외, 2017; 이홍택, 2018; 송원근·이은선, 2020). 즉 사회적경제 기업이 외부 이해관계자의 자원에 의존하

---

1) 2006년 「사회적기업육성법」과 2012년 「협동조합기본법」이 제정·시행되면서 사회적경제 기업을 지원하는 정책의 법률적 기반이 본격적으로 마련되었다.

2) 사회적경제 기업의 양적 성장과 질적 수준 저하 등은 2장의 내용으로 갈음한다.

3) 문다영(2021)은 이에 대해 주민들의 사회적경제에 대한 인식 부족, 지역의 특수성을 반영하지 못하는 정책, 정부 자본에 대한 과도한 의존, 사회적경제 기업에 대한 성과평가의 한계 등을 지적한다.

지 않고, 생태계에서 다양한 조직들과의 유기적인 거래를 통해 다양한 지식과 경험, 자원을 획득하면 결국 기업의 생산성 향상을 기대할 수 있다(Lieberman & Demeester, 1999; 변장섭·유창호, 2021 재인용). 따라서 한국 사회적경제 기업의 질적 성장을 위해서는 다른 조직들과의 유기적인 관계를 통해 자생력과 역량을 향상시킬 수 있는 생태계 활성화가 필요할 것이다.

사회적경제 생태계를 활성화시키기 위한 정책적 제안을 하기 위해서는 기본적으로 그 생태계 구조에 대한 실태파악이 우선되어야 할 것이다. 그러나 현재 사회적경제 생태계에 관한 선행연구들에서는 한국 전체의 그 구조를 파악한 연구가 없다. 전국적인 수준에서 사회적경제 기업이 다른 조직들과 어떠한 관계를 형성하고 있는지에 대한 정량적인 데이터가 없기 때문이다[4].

이러한 관점에서 본 장에서는 한국 사회적경제 기업의 생태계 구조 실태를 파악하기 위해 전국에 소재한 사회적경제 기업들이 다른 조직들과 거래하는 데이터를 구축하였다. 그리고 사회네트워크분석(Social Network Analysis)을 통해 한국 사회적경제 기업의 생태계 구조를 시각적이고 정량적으로 보여주고자 한다. 단 사회적경제 기업은 일반적으로 사회적 가치와 경제적 가치를 모두 추구하기 때문에(Borzaga & Defourny, 2004), 그 생태계 구조를 파악하기 위해서는 엄밀한 의미에서 사회적인 연계활동도 고려해야 한다. 그러나 전국적인 수준에서 사회적경제 기업들의 이러한 연계활동에 대한 조사가 이루어지지 않고 있으며, 결국 관련 데이터도 없는 실정이다. 단, 후술할 ㈜한국기업데이터의 자료를 이용하면 경제적인 거래에 대해서는 데이터를 확

4) 단, 일부 선행연구들에서는 설문조사를 통해 특정 지역의 사회적경제 기업이 다른 조직들과 연계활동을 하는 데이터를 구축하여 사회적경제 지역생태계 구조 실태를 파악하기도 한다. 이에 대해서는 후술하기로 한다.

보할 수 있다. 따라서 본 장에서는 가치사슬 측면에서 한국 사회적경제 기업의 생태계 구조를 분석하고자 한다.

3-2 사회적경제 생태계와 가치사슬 구조

1. 이론적 논의

사회적경제는 그 본질에 대한 개념적 정체성의 결핍과 기업 및 조직 등 서로 다른 유형의 특징에 대한 엄격한 정의가 명확하지 않은 비가시성 때문에 그 개념과 범주를 명확히 정의하기 어렵다(EESC, 2012). 또한 역사와 그 전개과정이 제각각 달랐기 때문에 국가와 지역별로 사회적경제의 정의가 상이하며, 사회적경제의 목적과 조직형태, 운영원칙 및 규범적 원리 등 어느 것에 초점을 맞추느냐에 따라 학자들마다 그 정의가 다르게 나타난다(신명호, 2021). 이러한 관점에서 신명호(2021)는 사회적경제의 개념을 '기업 및 조직들' 차원과 '경제활동' 차원, 그리고 이들보다 훨씬 상위차원의 '경제체제(생산양식)'으로 "혼란스러운 사회적경제 개념의 층위"를 설명한다. 이 세 가지 층위 중에서 '기업 및 조직들'은 다른 차원과 비교하여 개념의 범주가 상대적으로 좁지만, 사회적경제의 비가시성과 그 개념적 추상성이 다소 해소되어 조작적 정의를 더욱 수월하게 한다.

그래서 사회적경제의 생태계를 개념적으로 정의하기에는 매우 어렵지만, '기업 및 조직들'로 한정하여 사회적기업의 생태계를 정의하는 연구들이 다소 있다. CASE(2008)는 사회적기업 생태계를 사회적기업이 유기적 환경체로 발전할 수 있는 다양한 이해당사자와의 네

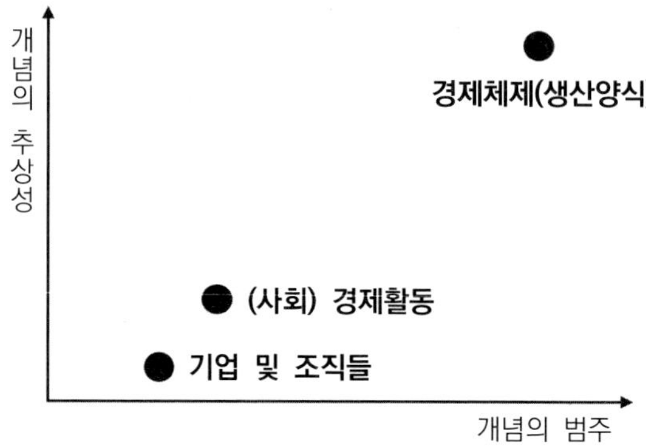

출처 : 신명호(2021)

그림 3-2-1. 사회적경제 개념의 유형별 차이

트워크 체계로 정의하고 있다(이인재·황주희, 2013; 변장섭·나주몽, 2016 재인용). 또한 라준영(2014)은 사회적기업도 일반 비즈니스와 마찬가지로 사회적으로 필요한 재화와 서비스를 생산하는 기업조직이므로, 사회적기업 생태계도 일종의 비즈니스 생태계로 정의한다. 여기서 비즈니스 생태계는 개별 기업을 대상으로 가치의 창출과 제공에 영향을 미치고 또한 그것으로부터 영향을 받는 기업들(공급자, 유통업자, 아웃소싱 기업, 관련 제품 생산자, 기술 제공자 등)의 느슨한 네트워크를 의미한다(Iansiti & Levien, 2004; 박웅·박호영, 2014 재인용). 즉 사회적경제 기업의 생태계는 이를 구성하는 조직간 네트워크가 중요하다고 볼 수 있다. 사회네트워크이론에 따르면, 협력은 조직 성과에 긍정적인 영향을 미치며(Burt, 1992). 사회적경제 기업이 더 많은 연계활동을 수행할수록 그 성과는 더 좋아질 수 있다(Squazzoni, 2009). 실제 사회적경제 기업의 네트워크 활동이 사회적·경제적 성과에 긍정적인 영향을 미친다는 연구는 많이 이루어져 왔다(최석현 외, 2012; 이재희·조상미, 2015).

특히 생태계의 관점에서 보면, 김영수 외(2012)는 비즈니스 생태계에서 핵심조직(keystone player)이 안정적이고 예측 가능한 공통자산(common assets)을 제공하여 생태계 전체의 건강을 향상시키는 가장 중요한 역할을 한다고 주장한다. 즉, 사회적기업 생태계의 건강성을 위해서는 규모가 큰 성공적인 사회적기업이 필요하다. 규모가 큰 기업이 출현할수록 소규모의 작은 기업이 늘어나 비즈니스 생태계의 다양성이 높아진다(Carroll, 1985; 라준영, 2014 재인용). 이러한 관점에서 강대성 외(2015)는 사회적기업 생태계의 안정적 조성과 장착을 위해 일반 기업과 사회적기업의 파트너십 형성의 연계모델을 사회적기업 행복나래㈜를 통해 제시하고 있다. 이 연구에서는 대기업에 기반한 사회적기업 행복나래㈜가 다른 사회적기업의 자립을 돕는 역할을 하고 있으며, 파트너십과 지속성 측면에서 좋은 모델이라고 주장한다. 따라서 사회적경제 생태계를 지속가능하게 활성화시키기 위해서는 이렇게 민간영역에서 생태계의 핵심조직의 역할을 할 수 있는 사회적경제 기업이 중요하다고 볼 수 있다.

한편 라준영(2014)은 사회적기업 생태계를 혁신생태계와 시장생태계로 구분한다. 전자는 사회적경제 기업의 혁신이 연계협력 활동을 통해 지식과 정보를 교류하고 혁신적인 아이디어를 창출하면서 이루어진다. 후자는 사회적기업이 생산활동을 위해 자본을 투입하고 상품을 거래하면서 이루어진다. 즉 사회적경제 기업의 경제적 가치는 일반 기업과 마찬가지로 상품의 거래를 통해 이루어지는 일종의 가치사슬 구조에서 창출되는 것이다. 가치사슬(value chain)이란 특정 제품 혹은 서비스가 아이디어 단계에서부터 연구개발, 생산, 판매되어 최종소비자에게 도달하기까지 수행되는 모든 기술적 활동과 경제활동을 의미한다(이승철, 2007). 따라서 경제적 가치 측면에서 사회적경제 기업의 생태계는 결국 다른 조직들과의 상품거래를 통해 이루어지는 가치사슬 구조가 얼마나 유기적으로 작동하는 것인지가 중요하다고 볼 수 있다.

2. 사회적경제 기업의 생태계에 대한 선행연구

한국 사회적경제 기업의 생태계에 대한 선행연구는 크게 두 가지의 유형으로 구분할 수 있다. 첫 번째 유형은 사회적경제 기업의 네트워크 활동을 하나의 변수로 보고, 그 효과를 측정하는 연구이다(문주상 외, 2020). 이러한 연구들은 사회적경제 기업의 사회적 네트워크 활동이 사회적·경제적 성과에 영향을 미친다는 것을 실증하여 주장한다. 박현희·박은영(2017), 문주상 외(2020) 등의 연구는 사회적경제 기업의 네트워크 활동을 설문조사를 통해 척도로 가중치를 추정한다. 이양복·최항석(2016)은 사회적기업의 자율경영공시자료에서 네트워크 다양성을 척도로 측정하여 사회적기업의 성과에 미치는 영향을 분석한다. 반면 이재희·조상미(2015), Bae et al.(2018), 민윤경·홍경준(2020) 등의 연구는 사회적경제 기업이 네트워크 활동을 하고 있는 다른 조직을 특정하여, 사회네트워크를 재구성하고 그 네트워크에서의 중심성을 추정하여 개별 모형의 변수로 활용한다.

대부분의 연구는 사회적경제 기업의 사회적 네트워크 활동의 정도를 설문조사를 통해 파악한다. 이것은 전술한 바와 같이 사회적경제 기업의 네트워크 활동에 대한 기본적인 데이터가 부재하기 때문이다. 그러나 이러한 연구들은 사회적경제 기업이 네트워크 활동을 하는 다른 조직을 특정할 수 없기 때문에, 엄밀한 의미에서의 생태계 구조를 파악하는 것은 아니다.

이에 반해 두 번째 유형으로 사회적경제 기업의 생태계 실태를 직접적으로 파악하는 연구가 있다. 권용덕·김덕주(2011)는 사회적기업의 생태계를 연대영역(공공경제, 시장경제, 사회적경제)과 연대유형(재정지원, 시장제공, 기타 지원), 연대주체(시·군, 광역자치단체, 정부)로 구분하고, 경상남도의 57개 사회적기업 및 자활공동체를 대상으로 한 설문조사를 통해 네트워크 구조를 파악하였다. 그 결과 경상남도의 사회적기업은 연대영역에서는 공공영역, 연대유형에서는 시장제공, 연대주체별로는 해당 시군과의 관계가 높게 형성되어 있었다. 김찬미·김경민(2014)은 서울특별시 관악구에 소재한 27개 인증(예비)사회적기업을 대상으로 사회네트워크를 재구성하여, 설문조사를 통해 기업 간 교류의 정도를 파악하였다. 이 연구에서는 사회적기업의 교류 대상이 공공기관 및 비영리 부문으로 제한적이며, 수요가 적고 업종간 격차로 인해 실질적인 협업이 미흡하다고 지적한다. 그러나 공공부문의 육성 프로그램 등에 참여한 사회적기업 간의 네트워크는 인지나 교류가 많이 이루어지고 있다고 주장한다. 변장섭·나주몽(2016)은 광주광역시의 144개 사회적경제 기업(사회적기업, 협동조합, 마을기업)의 가치사슬과 혁신자원 및 혁신활동, 재정지원 등에 대한 설문응답 자료를 활용하여 사회네트워크분석으로 그 연계구조를 파악하였다. 이유리·이명훈(2017)은 서울특별시 성수동의 21개 사회적경제 조직을 대상으로 대인면접설문조사를 수행하고, 커뮤니티 네트워크의 구조적 특성과 중추조직을 도출하였다. 이 연구는 근린 단위에서 사회적경제 조직 커뮤니티를 물리적으로 구축하는 조직과 지역·주민단체 등 지역사회와 활발한 활동을 전개하는 조직이 중추조직이며, 이들이 근린 단위에서 커뮤니티의 네트워크 관계를 확장하고 형성해 나간다고 주장한다. 송미·윤희정(2019)은 강원도 춘천시의 15개 문화·관광 분야 사회적경제 조직을 대상으로 한 사회네트워크분석으로, 총 8개 협력네트워크에 대한 특성을 파악하였다. 그 결과, 협력강도가 낮은 연계활동에서는 핵심조직을 중심으로 한 네트워크가 형성되나, 협력강도가 낮은 연계활동에서는 소규모의 산발적인 네트워크가 형성되어 있다고 밝혀냈다.

이러한 연구들은 모두 설문조사를 통해 사회적경제 기업이 네트워크 활동으로 직접 연계하는 조직을 특정하고, 사회네트워크분석을 활용하여 그 정도를 정량적으로 제시하고 있다. 단, 설문조사의 한계로 모두 특정 지역의 특정 유형으로 한정하여 연구가 이루어졌다는 한계가 있다.

본 장의 연구는 선행연구들과 비교하여 다음과 같은 차별성을 두고 있다. 첫째, 전국 규모의 사회적경제 기업의 생태계를 파악하는 것이다. 기존 선행연구들은 설문조사 등의 한계로 특정 지역을 대상으로 한 연구에 그쳤다는 한계가 있다. 본 장은 이와 달리 전국 규모의 사회적경제 기업의 데이터를 구축하고 이를 통해 한국 사회적경제 기업의 생태계 모형을 일반화시킬 수 있다는 장점이 있다. 둘째, 설문조사의 주관적 인식의 한계를 극복하고자, ㈜한국기업데이터라는 공식적인 기관에 등록된 데이터를 활용하였다. 셋째, 사회적경제 기업의 가치사슬 구조를 다양한 관점에서 살펴보기 위해, 기업 간 네트워크는 물론 지역과 산업(업종)간 네트워크로 확장하였다. 이것은 간접적으로 각 지역별 생태계의 실태를 파악할 수 있고, 또한 가치사슬 측면에서 상품과 서비스의 산업(업종) 간 흐름을 파악할 수 있는 장점이 있다.

3-3 분석자료 및 방법

1. 분석자료

한국 사회적경제 기업의 가치사슬 구조를 파악하기 위해, 다음과 같은 과정으로 데이터를 구축하였다. 첫째, 유형별 사회적경제 기업에 대한 기본 데이터를 수집한다. 이를 위해, 사회적경제의 각 유형별로 해당하는 관리 부처(기관)의 공시자료를 확보하였다. 단, 부처형 예비사회적기업은 통합 자료가 존재하지 않기 때문에, 각 부처별로 공고문을 확인하여 한국 사회적경제 기업의 기본 리스트를 정리하였다. 이렇게 각 유형별로 사회적경제 기업에 대한 1차 데이터를 수집한 결과, 다음의 표 3-3-1.과 같이 총 20,809개 사회적경제 기업이 확인되었다.

표 3-3-1. 1차 데이터 수집 결과: 각 유형별 사회적경제 기업 현황

구분	기업 수	기준년도	출처
예비사회적기업(지역형)	919	2018년 12월 말	한국사회적기업진흥원(고용노동부)
예비사회적기업(부처형)	497	2018년 12월 말	각 해당 부처
인증사회적기업	2,122	2018년 12월 말	한국사회적기업진흥원(고용노동부)
협동조합	14,543	2018년 12월 말	한국사회적기업진흥원(고용노동부)
마을기업	1,514	2018년 03월 말	행정안전부
자활기업	1,214	2018년 12월 말	보건복지부
합계	20,809		

주 : 시기별로 각 부처(기관)가 공시하는 자료 및 공고문의 집계방식이 상이하여, 일부 데이터는 공시자료와 약간의 오차가 있을 수 있음.

둘째, 동일 기업을 필터링한다. 사회적경제 기업은 여러 부처로부터 지원·관리받기 때문에, 특정 기업들은 여러 유형을 중복하여 인증·지정·인가 받는 사례가 많다. 또한 각 유형별로 관리 부처(기관)가 상이하여, 동일 기업임에도 다른 기업으로 인식될 수 있다. 따라서 1차 수집된 데이터를 토대로 동일 기업을 필터링하였다. 이를 위해, 우선 각 유형별 기업 정보를 기업명 기준으로 정렬하여, 기업명이 동일하거나 유사한 기업을 표기하였다. 그 다음으로 기업명이 동일하거나 유사한 기업은 대표자명, 주소, 사업자번호 등을 비교하여 동일 기업임을 판별한다[5].

표 3-3-2. 2차 데이터 수집 결과: 각 유형별 사회적경제 기업 현황

구분	1차 기업 수	단일 유형	2중 유형	3중 유형	4중 유형	2차 기업 수
예비사회적기업(지역형)	919	656	818	65	4	19,821
예비사회적기업(부처형)	497	389				
인증사회적기업	2,122	1,828				
협동조합	14,543	13,755				
마을기업	1,514	1,256				
자활기업	1,214	1,050				
합계	20,809	18,934				

5) 동일 기업을 판별하는 기준은 다음과 같이 적용하였다. ① 주소가 같고, 대표자가 같은 경우는 동일 기업으로 판별한다. ② 주소가 같고, 대표자가 같으나, 사업자번호가 다른 경우는 다른 기업으로 판별한다. ③ 대표자는 같으나, 소재 지역이 다른 경우: 사업장 이전 여부를 확인하여 판별하되, 사업장을 이전하였으면 동일기업, 사업장을 확장한 경우 다른 기업으로 분류한다. ④ 대표자와 소재지역은 같으나, 주소가 일부 다른 경우에는 우선 사업장 이전 여부를 확인하여 판별하되, 사업장을 이전하였으면 동일기업, 사업장을 확장한 경우 다른 기업으로 판별한다. ⑤ 주소가 같고 사업내용은 유사하나, 대표자가 다른 경우는 동일 기업으로 판별한다. 이 사례는 대표자가 바뀌거나, 동일 사업장을 다른 유형으로 인증(지정·인가)받을 때 가족 또는 지인명으로 대표자를 신고하는 경우가

이렇게 동일 기업을 필터링한 결과, 20,809개 기업이 19,821개 기업으로 줄어들며, 최종 기업 리스트를 확보하였다.

셋째, 각 사회적경제 기업의 세부정보를 보완한다. 각 기업의 정보는 이를 공시하는 부처(기관)마다 상이하나, 일반적으로 기업명, 대표자, 주소, 업종 등의 데이터를 제공한다. 그런데 여기서 업종은 대부분 한국표준산업분류(Korean Standard Industrial Classification) 등으로 명확히 제공하지 않고, 각 케이스별로 매우 상이하게 제공하고 있다[6]. 이에 본 장에서는 산업(업종)간 가치사슬 구조를 명확히 파악하기 위해 각 사회적경제 기업의 업종을 한국표준산업분류 기준 세세분류로 최대한 세분화시켰다. 업종 데이터는 우선 ㈜한국기업데이터의 K리포트(http://www.kreport.co.kr/)와 채용정보사이트 사람인(https://www.saramin.co.kr)에 등록된 업종 정보를 확보하였다. 단, 이러한 사이트에 정보가 등록되지 않은 기업이나 '산업 단체' 등으로 업종이 불명확하게 지정된 협동조합은 각 기업의 사업내용 및 홈페이지의 정보를 확인하여, 한국표준산업분류 세세분류로 업종을 지정하였다.

마지막으로, 사회적경제 기업의 구매·판매 거래자료를 확보한다. 이것은 ㈜한국기업데이터의 DB를 이용하였다. 여기서 각 기업별로 최대 구매 거래처 3개, 판매 거래처 3개 등 총 6개 거래정보를 확인할 수 있었다. 이렇게 정리한 결과, 전체 19,821개 기업 중 863개 사회적경제 기업의 거래 자료를 확보할 수 있었다. 863개 사회적경제 기업이 구매 및 판매를 위해 거래한 업체(또는 기관) 수는 3,636개가 확인

있다. 일부 기업의 경우, 각 유형 내에서도 동일한 기업이 중복된 경우가 있다. 예를 들어, 사업장 주소는 다르나 사업장이 이전된 경우나 협동조합 정보에서는 동일한 기업이 인가일이 상이하여 다른 기업으로 인식된 경우도 있다.

6) 협동조합은 한국표준산업분류의 중분류로 업종을 제공하고 있으나, 사회적기업과 마을기업, 자활기업은 각 기업별로 업종이 아니라 사업내용을 제공하고 있다.

되었고[7], 최종적으로 사회적경제 기업과 그 거래업체(또는 기관)는 총 4,499개로 정리되었다. 또한 총 4,499개 노드(사회적경제 기업과 그 거래업체)가 구매 및 판매를 위해 거래한 링크는 구매 거래 2,189개, 판매 거래 2,130개로 확인되었다.

2. 분석방법

상술한 한국 사회적경제 기업의 거래자료를 토대로 구성한 사회적경제 기업의 생태계의 특성을 파악하기 위해, 사회네트워크분석을 이용한다. 사회네트워크는 사회적 현상을 구성하는 행위자들인 노드(node)와 노드들 간의 사회적 관계인 링크(link)로 표현하는 구조이며, 이러한 사회네트워크의 구조적 속성을 분석하는 것이 사회네트워크분석이다(이수상, 2012). 따라서 본 장에서는 사회적경제 기업이 노드가 되고 사회적경제 기업 간 구매·판매 거래관계를 링크로 정의한다. 그리고 이러한 노드와 링크로 구성된 사회적경제 기업의 네트워크를 구조적으로 파악하기 위해 중심성(Centrality) 지표를 추정한다.

중심성은 네트워크 내에서 특정한 노드가 가지는 영향력의 정도를 나타내는 것이기 때문에 주로 네트워크에서 중요한 노드들을 판별해내는 용도로 활용이 된다(이수상, 2018). 이러한 점에서 본 장에서는 한국 사회적경제 기업의 생태계에서 핵심조직을 판별하기 위해 다음과 같은 중심성 지수를 추정한다.[8][9] 첫째, 연결된 노드의 수를 의미

7) 한편 사회적경제 기업 이외 거래업체의 정보도 불명확한 경우가 있다. 예를 들어, 미상, 일반수요자, 수입, 수출, 기타 등 정보가 불확실한 거래 업체는 제외하였고, 각 업체에 대한 정보는 다시 ㈜한국기업데이터, 취업정보사이트(사람인 등)를 통해, 업종(세세분류 기준)과 소재지역 등을 보완하였다.

8) 중심성의 가장 대표적인 지표는 Freeman(1979)이 제시한 연결중심성(Degree Centrality)과 근접중심성(Closeness Centrality), 매개중심성(Betweenness Centrality)

하는 연결정도(degree)를 이용한 연결중심성(Degree Centrality)을 추정한다. 사회네트워크에서 행위자 i와 다른 모든 행위자들 j와의 관계인 연결중심성은 다음과 같이 계산한다.

$$\mathrm{deg}ree_{ik} = \sum_{i=1}^{N} Z_{ijk} = Z_{jk} \tag{1}$$

여기서 연결중심성은 방향성이 있는 네트워크의 경우, 그 방향에 따라 내향연결중심성(In-degree Centrality)과 외향연결중심성(Out-degree Centrality)으로 구분된다. 본 연구에서의 네트워크도 이렇게 방향에 따라 구분한다. 즉 한국 사회적경제의 각 개별 기업들이 제품 또는 서비스를 생산하기 위해 필요한 원료 및 부품 등을 구매할 때에는 이를 제공하는 거래처에서 구매하는 사회적경제 기업으로 가는 관계로 방향성이 정의된다. 즉 이 경우에는 사회적경제 기업 측면에서 거래처에서 재화가 이동하여 오는 In-degree로 정의할 수 있다. 또한 사회적경제 기업이 생산한 제품 또는 서비스를 판매할 때에는 이를 제공하는 사회적경제 기업에서 이를 구매하는 거래처로 가는 관계로 방향성이 정의된다. 이 경우에는 사회적경제 기업 측면에서 거래처로 재화가 이동하기 때문에 Out-degree로 정의할 수 있다.

둘째, 매개중심성(Betweenness Centrality)을 추정한다. 이 지표는 한

이다. 또한 Bonacich(1972)는 위세중심성(Prestige Centrality)를 개발하는데, 그 중 하나가 아이겐벡터(Eigenvector Centrality)이다. 이 중심성은 근접중심성을 보완한 것으로, 근접중심성이 네트워크의 전역적 수준에서 연결거리의 값을 근거로 계산한다면, 아이겐벡터 중심성은 노드들 간의 연결거리에서 나타나는 패턴과 그 패턴에서 각 노드의 위치(eigenvector)를 토대로 중심성 값을 추정한다(이수상, 2012). 이러한 측면에서 본 연구는 연결중심성과 매개중심성을 추정하고, 근접중심성보다 이를 보완한 위세중심성(Eigenvector)도 함께 추정한다.

9) 각 중심성 지표의 수식은 이수상(2012)과 김용학·김영진(2016)을 참조하여 요약 정리하였다.

노드가 네트워크 내의 다른 노드들 사이에 위치하는 정도를 의미한다. 따라서 한 노드가 다른 노드들 사이의 최단 거리를 연결하는 선, 즉 최단 경로(geodesic) 위에 위치하면 할수록 그 노드의 매개중심성은 높아진다(김용학·김영진, 2016). 매개중심성은 다음과 같이 계산한다.

$$C_B(p_m) = \sum_{i}^{N}\sum_{j}^{N}\frac{g_{imj}}{g_{ij}},\ 단\ i < j, i \neq j \quad (2)$$

여기서 g_{ij}는 노드 i, j를 연결하는 최단 경로의 수이고, g_{imj}는 노드 m이 i, j 사이의 최단 경로 위에 위치하는 경우의 수이다.

셋째, 위세중심성(Eigenvector Centrality)을 추정한다. 이 지표는 개별 노드의 중심성과 해당 노드의 이웃한 노드들의 중심성 지표를 고려한 것으로, 연결된 노드들의 중심성에 가중치를 부여하여 노드의 중심성을 측정하게 된다(이수상, 2012). 위세중심성은 다음과 같이 계산한다.

$$P_i = \sum_{j=1}^{N-1} P_j Z_{ji},\ 0 \leq p_i \leq 1 \quad (3)$$

지금까지 설명한 중심성은 한국 사회적경제 기업의 생태계에서 핵심 조직을 판별하기 위해 사용하는 지표이다. 다음은 이 생태계에서 응집력이 강한 서브 그룹을 구분해 내기 위해 E-I Index(External-Internal Index)와 SMI(Segregation Matrix Index), Cohesion Index를 추정한다.

E-I Index는 특정 그룹에 대한 외부 링크와 내부 링크 간의 관계에 대한 지수를 의미한다(Krackhardt & Stern, 1988). 즉 동일한 그룹 내의 노드 간 링크와 다른 그룹 간의 노드 간 링크를 비교한다. 이 지수는 다음과 같이 계산한다.

$$E-I\,index = \frac{EL-IL}{EL+IL} \tag{4}$$

여기서 EL은 외부 그룹의 노드와 연결된 링크 수이며, IL은 내부 그룹의 노드와 연결된 링크 수이다. 결과 값은 -1과 1 사이의 값을 갖는데, -1은 모든 링크가 동일한 그룹에서 연결된다는 것을 의미하고, 1은 모든 링크가 다른 그룹의 노드와 연결되어 있다는 것을 의미한다.

Fershtman & Chen(1993)에 의해 제안된 SMI는 다음과 같이 추정한다.

$$SMI = \frac{D_{A,A}-D_{A,B}}{D_{A,A}+D_{B,B}} \tag{5}$$

여기서 $D_{X,Y}$는 그룹 X에서 그룹 Y로의 링크 밀도를 의미한다. 따라서 SMI는 같은 그룹 내에 밀도가 다른 그룹 내에 밀도보다 큰 경우에 1에 가까운 값을 가지며, 그렇지 않은 경우에는 -1의 값을 가진다.

Bock & Husain(1950)은 사회적 네트워크에서 서브 그룹 내 결속 강도와 서브 그룹간 결속 강도의 비율을 측정하는 Cohesion Index를 제안한다. 이 지수는 각 그룹 간 보다는 같은 그룹 내에 링크들이 얼마나 집중되어 있는지를 의미하며, 다음과 같은 수식으로 계산된다.

$$Cohesion\ Index = \frac{\dfrac{\sum_{i\in N_s}\sum_{j\in N_s} x_{ij}}{g_s(g_s-1)}}{\dfrac{\sum_{i\in N_s}\sum_{j\notin N_s} x_{ij}}{g_s(g-g_s)}} \tag{6}$$

여기서 N은 전체 네트워크이고, N_s는 N의 서브 그룹이며, g와 g_s는 각각 전체 네트워크와 서브 그룹을 구성하는 노드를 의미한다. 즉 전체 네트워크 N에 g 노드가 있고, 서브 그룹 N_s에 g_s 노드가 있는 경우, 외부에 있는 관계 대신 내부에 강한 유대 관계가 있는 정도에 대한 척도가 이 비율에 의해 제공된다(Wasserman & Faust, 2006).

Krackhardt & Stern(1988)은 E-I Index에서 주목할 점이 단순히 외부 그룹과의 연계를 측정하는 것이 아니라 내부 그룹에 대한 외부 그룹의 지배력을 측정할 수 있다고 주장한다. 즉 이 지수는 외부와의 연계가 감소함에 따라 측정값이 떨어질 수도 있지만, 내부에서의 연대를 증가시킴으로써 이 지수의 측정값이 떨어질 수도 있다. 이와 반대로 SMI는 내부 그룹의 밀도가 외부 그룹의 밀도보다 클수록 지수가 1에 가깝게 증가한다. 즉 내부 그룹에서의 결속력이 강해질수록 지수가 상승하는 것이다. Cohesion Index는 서브 그룹 간의 응집력을 직접적으로 제시하고 있다.

종합해보면, 이러한 지수들은 사회적경제의 지역생태계 관점에서 적용했을 때, 지역 외부와의 연계와 지역 내부에서의 연계를 비교하여 지역생태계가 얼마나 결속력 있게 잘 형성되어 있는지를 측정할 수 있다. 따라서 본 장에서는 E-I Index, SMI, Cohesion Index를 측정해서 한국 사회적경제 기업의 생태계가 17개 광역자치단체별로 어떠한 차이가 있는지, 각 지역별로 내부 생태계가 얼마나 잘 형성되어 있는지 비교분석하고자 한다.

3-4 한국 사회적경제 기업의 가치사슬 구조

1. 기업간 거래 네트워크

본 절에서는 기본적으로 한국 사회적경제 기업의 가치사슬 구조를 파악하기 위해 기업간 구매·판매 거래 네트워크에서 중심성이 높은 핵심 조직을 확인하였다(표 3-4-1.과 그림 3-4-1. 참조). 표 3-4-1.에서 내항연결중심성은 거래의 방향에 따라 주로 사회적경제 기업이 생산한 제품 및 서비스를 판매하는 대상 조직이 되며, 외항연결중심성은 주로 사회적경제 기업이 제품 및 서비스를 생산하기 위해 필요한 원료 및 부품을 구매하는 대상 조직에 해당한다. 매개중심성은 구매와 판매 거래를 연결해주는 역할이 강한 조직들이며, 위세중심성은 전체 네트워크에서 파급효과가 가장 큰 핵심적인 조직을 의미한다.

한국 사회적경제 기업의 가치사슬 구조에서 가장 핵심적인 조직은 행복나래㈜로 나타났다[10]. 이것은 강대성 외(2015)가 제안한 바와 같이, 민간영역에서 한국 사회적경제 기업의 생태계를 활성화시키는 핵심역할을 행복나래㈜가 수행하고 있는 것으로 보인다. 행복나래㈜는 사회적기업을 지원하기 위해 SK가 설립한 구매서비스 회사로서 협력

10) 외항연결중심성과 매개중심성, 위세중심성이 가장 높은 조직은 한국전력공사이다. 이것은 사회적경제 기업의 활동에 필요한 기본적인 전력 구매 거래가 반영된 것으로 판단되어, 분석결과의 해석에서는 제외하였다.

사와 고객사의 효율적인 공급망 관리 체계를 구축하는 SCM 전문기업이다. 즉 한국 사회적경제 기업의 산업 자재의 공급망 측면에서 가치사슬의 흐름을 행복나래㈜가 주도하고 있다고 볼 수 있다. 결국 이러한 민간영역의 사회적경제 핵심기업이 생태계를 유기적으로 작동시키는 중요한 역할을 할 수 있다는 것을 증명한다.

구매 네트워크에서는 현대자동차㈜와 기아㈜, ㈜아워홈, 삼성웰스토리㈜와 같은 대기업의 연결중심성이 높게 나타났다. 제품 및 서비스를 생산하기 위해 필요한 원료 및 부품을 주로 대기업을 통해 조달하는 것으로 보인다. 즉 현대자동차㈜와 기아㈜는 제조업 부문에서 활동하는 사회적경제 기업들이 이러한 대기업으로부터 하청받아 부품을 조달하며, ㈜아워홈과 삼성웰스토리㈜는 식자재 공급과 관련한 원료 흐름에 핵심적인 역할을 하는 것으로 판단된다. 씨제이대한통운㈜은 사회적경제 기업의 구매 거래를 위한 택배물류의 핵심적인 역할을 하는 것으로 보인다.

판매 네트워크에서는 행복나래㈜를 제외하면, 크게 세 가지 유형이 나타난다. 첫째, 롯데쇼핑㈜과 ㈜농협하나로유통과 같은 유통플랫폼이다. 즉 사회적경제 기업들이 생산한 제품을 판매하기 위해 온·오프라인에서 대규모의 유통채널을 확보하고 있는 이러한 플랫폼을 활용하는 것이다. 둘째, 서울특별시청, 국민건강보험공단, 한국농어촌공사, 한국수자원공사, 한국토지주택공사 등 자치단체와 공사의 연결중심성이 높게 나타났다. 즉 공공구매를 통해 사회적경제 기업의 제품이 많이 판매되고 있는 것이다. 권용덕·김덕주(2011)의 연구처럼 한국 사회적경제 기업은 공공영역과의 연대가 높다고 볼 수 있다. 셋째, 한살림소비자생활협동조합연합회와 두레소비자생활협동조합연합회의 연결중심성도 높게 나타났다. 이것은 사회적경제 기업이 연합체의 형태로 자체적인 판매 네트워크를 구축한 것이다.

한편 위세중심성에서는 영농조합법인 등 농식품 부문에서 활동하는 사회적경제 기업이 많이 나타났다. 이러한 사회적경제 기업들의 주요 거래처를 살펴보면, 구매 거래에서는 지역 내외의 다양한 농수산물 거래처로부터 원료를 구매하지만, 판매 거래에서는 롯데쇼핑㈜, ㈜농협하나로유통 등의 대규모 유통채널을 활용하고 있다.

표 3-4-1. 기업간 거래 네트워크에서 중심성이 높은 사회적경제 기업 및 거래업체

순위	기업명	내항연결 중심성	기업명	외항연결 중심성
1	행복나래㈜	0.003557	한국전력공사	0.004669
2	롯데쇼핑㈜	0.003112	현대자동차㈜	0.002668
3	서울특별시청	0.003112	기아㈜	0.002223
4	㈜농협하나로유통	0.002668	㈜아워홈	0.002001
5	국민건강보험공단	0.002446	삼성웰스토리㈜	0.001556
6	한국농어촌공사	0.002223	씨제이대한통운㈜	0.001556
7	한국수자원공사	0.002223	(유)상우산업개발	0.001334
8	한국토지주택공사	0.002223	㈜영진크린	0.001334
9	한살림소비자생활협동조합연합회	0.001779	㈜드림미즈	0.001334
10	두레소비자생활협동조합연합회	0.001556	행복나래㈜	0.001334
11	한국수력원자력㈜	0.001556	네이버㈜	0.001334
순위	기업명	내항연결 중심성	기업명	외항연결 중심성
1	한국전력공사㈜	0.000164	한국전력공사	0.557170
2	행복나래㈜	0.000134	행복나래㈜	0.222031
3	㈜농협하나로유통	0.000047	해풍영농조합법인	0.166343
4	㈜새벽	0.000045	황수연전통식품영농조합법인	0.162303
5	에스케이네트웍스㈜	0.000045	(유)효송그린푸드	0.139432
6	㈜두성	0.000044	국민건강보험공단	0.138305
7	㈜우리누리	0.000044	㈜청코리아	0.137973
8	㈜인스케어코어	0.000042	㈜새벽	0.130904
9	한국남동발전㈜	0.000041	꽃뫼영농조합법인	0.126512
10	해풍영농조합법인	0.000039	(유)가이아	0.123702
11	현대자동차㈜	0.000037	㈜일터	0.123702

주 : 사회적경제 기업 및 당사자 협의체는 음영으로 표기함.

이와 관련하여, 네모토 마사쯔구(2014)는 로컬푸드 운동이 발전하기 위해서는 사회적경제 기업이 지자체와 대등한 관계로 참여하면서 새로운 공공영역을 확대해 나가야 한다고 주장한다. 이러한 측면에서 보면 농식품 부문에서 활동하는 한국 사회적경제 기업은 로컬푸드 운동에 크게 기여하는 가에 대해서 본 연구에서는 확인되지 않고 있다[11].

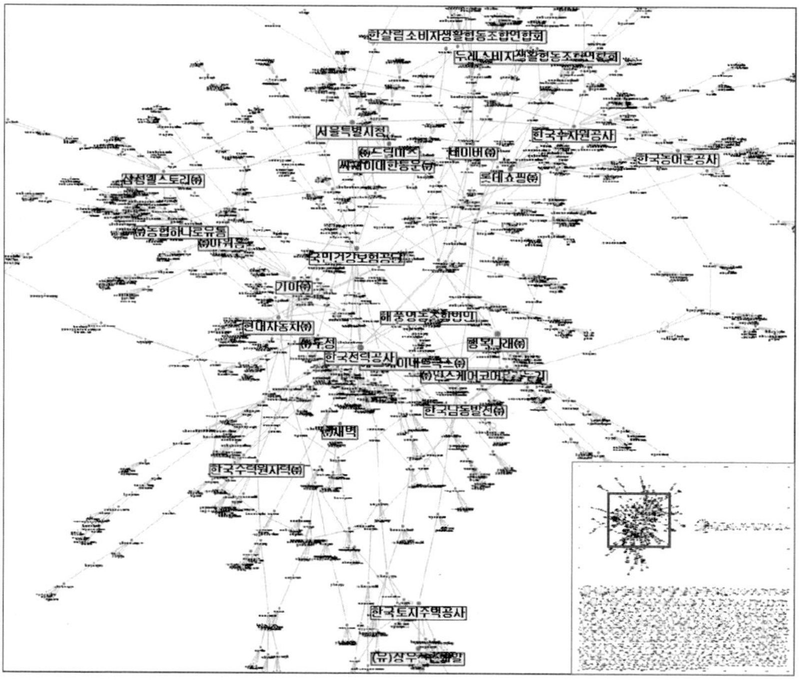

주 : 기업간 거래 전체 네트워크(우하단 작은 사각형)와 메인 네트워크(큰 사각형)를 의미하며, 노드의 라벨은 중심성(연결, 매개, 위세)이 높은 사회적경제 기업 및 거래업체(기관)를 표기한 것임.

그림 3-4-1. 기업간 거래 네트워크

11) 단, 위세중심성이 높은 농식품 부문의 사회적경제 기업 중 황수연전통식품영농조합법인은 생산품을 판매하기 위해 로컬푸드직매장 및 지역의 단위농협과 거래를 주로 하고 있지만, 그 외 위세중심성 상위 그룹 중 로컬푸드 측면에서 적극적으로 활동하는 농식품 부문의 사회적경제 기업은 확인되지 않고 있다.

물론 개별 사회적경제 기업의 경제적 가치 측면의 이윤창출을 위해서는 전국 규모의 유통채널을 확보하는 것이 중요할 수 있으나 지역의 사회적 가치 창출 측면에서는 로컬푸드 운동에 기여하는 것도 사회적경제의 사명일 수도 있을 것이다.

2. 지역간 거래 네트워크

지역간 거래 네트워크는 사회적경제 기업의 기본적인 거래 데이터를 각 기업의 소재지역으로 블록모델링(blocking modeling)하여 측정하였다[12].

표 3-4-2.는 한국 사회적경제 기업의 광역자치단체 간 거래 네트워크의 중심성 추정 결과이다. 가장 중심성이 높은 지역은 서울특별시와 경기도이다. 이것은 절대적인 사회적경제 기업의 수가 많기 때문이다. 이 외에 강원도와 전라북도는 매개중심성과 위세중심성이 높게 나타났다. 이러한 지역은 인구 당 사회적경제 기업 수가 많으며, 사회적경제 기업의 활동이 상대적으로 강한 것으로 볼 수 있다.

그런데 그림 3-4-2.를 살펴보면, 호남권과 영남권 간의 거래가 매우 미흡하다는 것을 알 수 있다. 즉 두 권역이 최근 달빛동맹으로 경제·문화적인 교류를 적극적으로 추진하고 있지만, 아직 사회적경제 기업의 실질적인 거래가 매우 부족한 실정이다. 호남권과 영남권은 해당 권역 내에서의 거래는 물론 주로 서울특별시와 경기도 등 수도권과의 거래가 더욱 높게 나타났다.

12) 블록모델링(blocking modeling)은 속성이 동일한 노드들을 그 속성 값을 기준으로 같은 그룹으로 압축하는 것으로 복잡한 네트워크를 단순화할 수 있다(구양미, 2008; 변장섭·나주몽, 2016 재인용). 본 절에서는 사회적경제 기업의 소재지역의 속성 값으로 블록모델링을 하였으며, 다음 절에서는 사회적경제 기업의 대표업종으로 기업간 거래 데이터를 단순화시켰다.

표 3-4-2. 지역(광역자치단체)간 거래 네트워크의 중심성 추정 결과

순위	지역	내향연결중심성	지역	외향연결중심성
1	서울특별시	23.529412	서울특별시	23.588235
2	경기도	17.470588	경기도	23.470588
3	경상북도	7.000000	인천광역시	5.823529
4	전라북도	5.705882	경상북도	5.764706
5	전라남도	5.058824	전라북도	5.294118
6	인천광역시	5.000000	전라남도	5.235294
7	경상남도	4.705882	충청남도	4.117647
8	충청북도	4.529412	광주광역시	4.000000
9	광주광역시	4.294118	충청북도	3.705882
10	강원도	4.117647	부산광역시	3.588235
11	충청남도	3.764706	대전광역시	3.529412
12	부산광역시	3.647059	대구광역시	3.294118
13	대전광역시	3.588235	울산광역시	3.000000
14	대구광역시	3.294118	강원도	2.941176
15	울산광역시	2.823529	경상남도	2.705882
16	제주특별자치도	2.294118	제주특별자치도	1.058824
17	세종특별자치시	0.941176	세종특별자치시	0.764706
18	해외	0.294118	해외	0.176471
순위	**지역**	**매개중심성**	**지역**	**위세중심성**
1	강원도	0.070717	경기도	0.757051
2	서울특별시	0.050121	서울특별시	0.611388
3	경기도	0.029900	전라북도	0.098467
4	경상북도	0.022456	경상북도	0.093388
5	전라남도	0.021848	인천광역시	0.091294
6	인천광역시	0.020698	충청북도	0.075497
7	경상남도	0.020353	강원도	0.059338
8	대전광역시	0.015620	충청남도	0.055417
9	충청남도	0.014920	전라남도	0.054891
10	부산광역시	0.012079	광주광역시	0.047634
11	전라북도	0.011433	부산광역시	0.044332
12	울산광역시	0.009631	대전광역시	0.042936
13	대구광역시	0.009333	경상남도	0.037233
14	광주광역시	0.008814	울산광역시	0.036005
15	충청북도	0.005521	대구광역시	0.032679
16	세종특별자치시	0.003776	제주특별자치도	0.032357
17	제주특별자치도	0.003661	세종특별자치시	0.011969
18	해외	0.000000	해외	0.001839

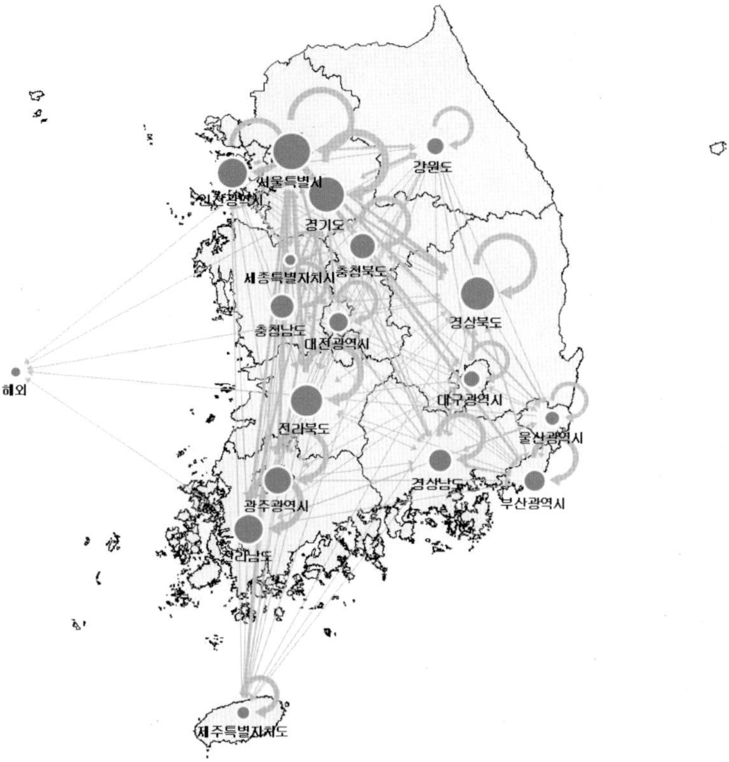

주 : 노드의 크기와 링크의 굵기는 거래의 정도(Degree)를 표현한 것임.

그림 3-4-2. 지역(광역)간 거래 네트워크

지역 단위를 기초자치단체로 더욱 세밀하게 살펴보았다(표 3-4-3. 참조). 한국 사회적경제 기업의 가치사슬 구조에서 연결중심성과 매개중심성이 가장 높은 기초자치단체는 서울특별시 중구와 강남구, 경기도 성남시이다. 이경미·정원오(2017)의 연구에서는 서울특별시 중구와 강남구 등이 민간의 네트워크 역량과 자치구의 정책 추진 역량이 매우 낮은 수준이라고 주장한다. 그런데 본 연구에서는 오히려 이러한 자치구가 거래 네트워크에서 중심성이 매우 높게 나타났다. 이것

표 3-4-3. 지역(기초자치단체)간 거래 네트워크에서 중심성이 높은 기초자치단체

순위	지역	내향연결중심성	지역	외향연결중심성
1	서울특별시_중구	0.364807	서울특별시_중구	0.321888
2	서울특별시_강남구	0.304721	경기도_성남시	0.296137
3	경기도_성남시	0.244635	서울특별시_강남구	0.287554
4	서울특별시_종로구	0.193133	경기도_용인시	0.210300
5	전라북도_전주시	0.193133	서울특별시_서초구	0.206009
6	충청북도_청주시	0.184549	경기도_안양시	0.188841
7	서울특별시_마포구	0.180258	광주광역시_북구	0.184549
8	서울특별시_송파구	0.180258	경기도_화성시	0.180258
9	광주광역시_북구	0.167382	경기도_파주시	0.180258
10	경기도_용인시	0.158798	전라북도_전주시	0.175966
11	전라북도_익산시	0.154506	서울특별시_영등포구	0.175966
12	서울특별시_성동구	0.154506	서울특별시_송파구	0.175966
13	경기도_파주시	0.150215	서울특별시_용산구	0.167382
14	서울특별시_서초구	0.150215	서울특별시_마포구	0.163090
15	제주특별자치도_제주시	0.145923	서울특별시_금천구	0.158798
순위	지역	매개중심성	지역	위세중심성
1	서울특별시_중구	0.094012	제주특별자치도_제주시	0.562689
2	경기도_성남시	0.065565	경기도_성남시	0.245028
3	서울특별시_강남구	0.065062	서울특별시_강남구	0.234398
4	충청북도_청주시	0.040546	서울특별시_중구	0.228934
5	서울특별시_송파구	0.037817	충청북도_청주시	0.205562
6	경기도_용인시	0.036343	경기도_고양시	0.158005
7	전라북도_전주시	0.034365	경기도_용인시	0.139672
8	광주광역시_북구	0.032518	경기도_수원시	0.135967
9	서울특별시_금천구	0.032105	경기도_화성시	0.134866
10	서울특별시_영등포구	0.026939	전라북도_전주시	0.133365
11	경기도_남양주시	0.026266	경기도_파주시	0.132943
12	서울특별시_서초구	0.025953	서울특별시_서초구	0.125642
13	서울특별시_성동구	0.024983	전라북도_익산시	0.118502
14	전라남도_나주시	0.022294	서울특별시_성동구	0.117952
15	경기도_화성시	0.021540	경기도_남양주시	0.116962

은 사회적 연계활동 측면에서는 민간의 네트워킹과 자치구의 관련 정책추진 역량이 약하지만, 상품시장 측면에서 보면, 경제적 거래 활동은 활발하다고 볼 수 있다. 수도권 이외의 지역에서는 광주광역시 북구와 전라북도 전주시, 전라북도 익산시 등도 강한 네트워크가 형성되어 있다. 이러한 지역들은 해당 지역에서 사회적경제 기업의 수도 많고 활발한 활동을 하는 것으로 인식되는 곳들이다.

표 3-4-4. 지역(광역자치단체)별 커뮤니티분석 추정 결과

순위	자치단체명	Size	Density	E-I	SMI	Cohesion Index
1	서울특별시	857	0.000	0.392	0.481	1.455
2	부산광역시	141	0.003	0.302	0.928	13.671
3	대구광역시	127	0.003	0.345	0.931	13.826
4	인천광역시	169	0.003	0.426	0.880	8.473
5	광주광역시	159	0.003	0.252	0.930	13.413
6	대전광역시	119	0.003	0.437	0.918	11.913
7	울산광역시	84	0.006	0.338	0.955	21.586
8	세종특별자치시	30	0.016	0.333	0.987	63.414
9	경기도	844	0.001	0.255	0.556	2.016
10	강원도	100	0.005	0.384	0.951	16.232
11	충청북도	128	0.004	0.405	0.927	11.934
12	충청남도	121	0.003	0.475	0.908	10.643
13	전라북도	227	0.003	0.146	0.920	11.490
14	전라남도	163	0.003	0.313	0.914	11.444
15	경상북도	204	0.003	0.352	0.902	8.276
16	경상남도	144	0.003	0.313	0.949	13.037
17	제주특별자치도	83	0.009	0.017	0.984	42.709
18	해외	8	0	1	−1	0
합계		3,708				

주 : 소재지역(광역자치단체)이 확인되지 않는 노드(사회적경제 기업 및 거래업체(기관))는 제외하고 커뮤니티분석을 수행함.

한편 위세중심성을 보면 제주특별자치도 제주시가 매우 높게 나타났다. 이것은 지리적인 접근성의 제한으로 제주특별자치도가 타 지역과의 거래가 어렵기 때문에 지역 내 네트워크가 강하게 형성되었다고 볼 수 있다.

한국 사회적경제 기업의 지역생태계 실태를 파악하기 위해 광역자치단체를 기준으로 지역별 커뮤니티분석을 실시하였다.

표 3-4-4.에서 E-I Index는 -1에 가까울수록 지역 내 그룹에서 거래가 많이 이루어지는 것이고, 1에 가까울수록 다른 지역과의 거래가 더 활발하게 이루어진다는 것이다. SMI는 반대로 1에 가까울수록 같은 지역 내의 거래 밀도가 높다는 것이고, -1에 가까울수록 다른 지역과의 거래 밀도가 높다는 것이다. 마지막으로 Cohesion Index는 지역 내 거래가 얼마나 집중되어 있는지를 의미한다.

지역별 커뮤니티분석 추정 결과를 보면, 제주특별자치도와 세종특별자치시가 사회적경제 기업의 지역생태계의 결속력이 강한 것으로 나타났다. E-I Index를 기준으로 보면 제주특별자치도가 지역 내 거래가 가장 많으며, SMI와 Cohesion Index로 보면 세종특별자치시가 지역 내 거래 밀도 및 집중도가 높다. 제주특별자치도의 경우 전술한 바와 같이, 지리적인 이격으로 타 지역과의 거래가 어렵기 때문에, 불가피하게 사회적경제 기업의 지역생태계에서 강한 유대 관계가 나타난 것으로 판단된다. 세종특별자치시의 경우는 샘플 Size가 30개로 상대적으로 적기 때문에 명확한 해석을 하기 어렵지만, 지역 내에 소재한 주요 정부부처와의 공공구매 네트워크가 집중되었다고 볼 수 있다.

반대로 서울특별시와 경기도는 타 지역과의 거래가 많기 때문에 주요 지표에서 지역생태계의 결속력이 낮게 나타났다. 그렇다고 해서 이 두 지역의 지역생태계가 활성화되지 않았다고 할 수는 없다. Krackhardt & Stern(1988)의 주장을 뒤집어 적용해보면, 수도권 이외 지역에서의 거래 수요가 많기 때문에, 상대적으로 지역 내부의 연대가 감소한 것처럼 측정값이 변화할 수 있을 것이다.

3. 산업간 거래 네트워크

한국표준산업분류(KSIC) 세세분류 업종을 기준으로 산업간 거래 네트워크를 살펴보았다(표 3-4-5. 참조). 외항연결중심성(구매 네트워크)을 제외하면, 모든 중심성에서 지방행정 집행기관이 높게 나타났

주 : 링크의 굵기는 거래의 정도(Degree)를 표현한 것임.

그림 3-4-3. 산업(중분류)간 거래 네트워크

표 3-4-5. 산업(KSIC 세세분류 업종)간 거래 네트워크에서 중심성이 높은 업종

순위	지역	내항연결 중심성	지역	외항연결 중심성
1	지방행정 집행기관	0.195089	건축물 일반 청소업	0.079127
2	건축물 일반 청소업	0.065484	기타 과실·채소 가공 및 저장 처리업	0.075034
3	그 외 기타 협회 및 단체	0.064120	응용 소프트웨어 개발 및 공급업	0.069577
4	상품 종합 도매업	0.062756	기타 가공식품 도매업	0.062756
5	기타 과실·채소 가공 및 저장 처리업	0.061392	도배, 실내장식 및 내장 목공사업	0.053206
6	응용 소프트웨어 개발 및 공급업	0.061392	지방행정 집행기관	0.053206
7	전자상거래 소매업	0.058663	전자상거래 소매업	0.050477
8	채소류, 서류 및 향신작물류 도매업	0.058663	기타 인쇄업	0.049113
9	기타 가공식품 도매업	0.055935	경영 컨설팅업	0.047749
10	사업시설 유지·관리 서비스업	0.053206	기타 교육지원 서비스업	0.047749
11	기타 교육지원 서비스업	0.050477	컴퓨터 및 주변장치, 소프트웨어 도매업	0.046385
12	그 외 기타 비거주 복지 서비스업	0.043656	시스템 소프트웨어 개발 및 공급업	0.043656
13	도배, 실내장식 및 내장 목공사업	0.043656	채소류, 서류 및 향신작물류 도매업	0.040928
14	기타 신선식품 및 단순 가공식품 도매업	0.039563	기타 목재가구 제조업	0.039563
15	백화점	0.039563	컴퓨터 제조업	0.039563
순위	지역	매개중심성	지역	위세중심성
1	지방행정 집행기관	0.093057	지방행정 집행기관	0.423743
2	응용 소프트웨어 개발 및 공급업	0.057805	전자상거래 소매업	0.222464
3	기타 과실·채소 가공 및 저장 처리업	0.051051	건축물 일반 청소업	0.210272
4	전자상거래 소매업	0.048505	응용 소프트웨어 개발 및 공급업	0.206875
5	상품 종합 도매업	0.047434	기타 과실·채소 가공 및 저장 처리업	0.195385
6	사업시설 유지·관리 서비스업	0.044383	기타 교육지원 서비스업	0.190693
7	건축물 일반 청소업	0.042612	도배, 실내장식 및 내장 목공사업	0.185484
8	도배, 실내장식 및 내장 목공사업	0.038681	그 외 기타 협회 및 단체	0.146670
9	시스템 소프트웨어 개발 및 공급업	0.031822	사업시설 유지·관리 서비스업	0.144565
10	기타 인쇄업	0.031074	기타 가공식품 도매업	0.139568
11	경영 컨설팅업	0.028416	전시, 컨벤션 및 행사 대행업	0.136759
12	그 외 기타 비거주 복지 서비스업	0.026597	채소류, 서류 및 향신작물류 도매업	0.132603
13	기타 가공식품 도매업	0.026015	상품 종합 도매업	0.126066
14	근무복, 작업복 및 유사의복 제조업	0.024555	컴퓨터 및 주변장치, 소프트웨어 도매업	0.124118
15	기타 교육지원 서비스업	0.024214	공연 기획업	0.122077

다. 지방행정 집행기관은 광역시·도청, 시군구청, 읍면사무소, 동 행정복지센터 등이 해당한다. 즉 이 업종이 높다는 것은 권용덕·김덕주(2011)의 연구처럼 한국 사회적경제 기업이 지역 내 자치단체와의 연대가 높다는 것을 알 수 있다. 가치사슬 측면에서 보면, 공공구매의 의존성이 높다고 볼 수도 있다. 한편 박현희·박은영(2017)의 연구에서는 사회적기업이 중앙정부의 네트워크는 사회적·경제적 성과에 직·간접적인 영향이 없었지만, 지방자치단체와의 네트워크가 성과에 간접적으로 긍정적인 영향을 미쳤다고 추정되었다. 즉 지역에 착근하여 발현하고 활동하는 사회적경제 기업의 측면에서 지역 내 자치단체와의 거래도 지역생태계를 활성화시키는 중요한 요인이 될 수도 있다.

이 외에 중심성이 높은 업종을 살펴보면 건축물 일반 청소업과 사업시설 유지·관리 서비스업은 사회적경제 기업의 주요 활동영역인 건축물의 청소와 관리 서비스에 해당하는 것이다. 또한 농수산식품 관련 저장 처리업과 도·소매업이 높게 나타났으며, 전자상거래 도·소매업과 백화점 등 온·오프라인 유통과 관련된 업종도 높게 나타났다.

3-5 결론 및 시사점

본 장에서는 한국 사회적경제 기업의 구매·판매 거래자료를 확보하여 가치사슬 구조 측면에서 생태계를 파악하였다. 특히 기업간 네트워크를 확장하여 지역과 산업 간의 가치사슬 구조도 파악하였다.

분석 결과를 정리하면 다음과 같다. 우선 기업간 네트워크를 분석한 결과, 한국 사회적경제 기업의 가치사슬 구조에서는 여러 서브네트워크가 확인된다. 첫째, 행복나래㈜를 중심으로 한 사회혁신을 추구하는 민간영역의 사회적경제 기업군이다. 행복나래㈜는 사회적경제 기업의 산업 자재 공급망을 직접적으로 지원하는 역할을 하고 있다. 즉 이러한 민간영역의 핵심기업이 공공영역의 지원을 받지 않고도 사회적경제 기업의 생태계를 활성화시키는 성과가 나타날 수 있는 것이다. 둘째, 대기업에 원·하청을 받는 제조업 부문의 사회적경제 기업군이다. 이것은 특히 구매 네트워크에서 현대자동차㈜와 기아㈜, ㈜아워홈, 삼성웰스토리㈜ 등 대기업으로부터 원료 및 부품을 조달받아 생산활동을 하는 그룹으로 판단된다. 셋째, 대규모 유통채널을 이용하는 농수산식품 부문의 사회적경제 기업군이다. 롯데쇼핑㈜과 ㈜농협하나로유통 등 온·오프라인의 대규모 유통채널을 통해 판로를 확보하려는 사회적경제 기업들이 해당한다. 특히 농수산식품 부문의 사회적경제 기업들이 많이 분포하는데, 그만큼 로컬푸드와 같은 지역 생태계에서는 판로가 확보되지 않는다는 것으로 볼 수 있다. 넷째, 공공기관에 의존하는 사회적경제 기업군이다. 대부분 공사를 중심으로 한 핵심 네트워크가 형성되어 있고, 개별적으로 소재 지역의 자치단체와 거래도 많다. 즉 공공구매를 통해 사회적경제 기업의 제품이 많이 판매되고 있는 것이다. 마지막으로, 사회적경제 기업 연합체를 통한 자체 거래 네트워크를 형성하는 기업군이다. 다른 유형에 비해 상대적으로 많지 않은 사회적경제 기업들이 해당한다. 주로 한살림과 두레의 소비자생활협동조합연합회를 통해 판로를 확보하는 사회적경제 기업들이다.

지역간 거래 네트워크에서는 다음과 같은 특징이 발견되었다. 첫째, 일반적인 민간영역의 거래와 마찬가지로 비수도권의 사회적경제 기업은 서울특별시와 경기도 같은 수도권에 입지한 조직들과 구매 및 판매 거래를 많이 하고 있다. 사회적경제 기업의 절대적인 수도 수도권에 많이 위치하기 때문에 이 지역들의 중심성이 더욱 높게 나타난 것도 있다. 둘째, 호남권과 영남권 간의 가치사슬이 잘 연계되어 있지 않다. 최근 광주광역시와 대구광역시를 중심으로 달빛동맹이 추진되고 있는데, 일반적인 경제·문화적 교류뿐만 아니라 사회적경제 영역에서도 실제적인 연계가 필요할 것이다. 셋째, 지역생태계를 보면, 제주특별자치도와 세종특별자치시 등에서 지역 내 사회적경제 기업의 결속력이 강하게 나타났다. 이것은 지리적 이격에 따른 고립과 공공기관과의 공공구매를 통한 지역생태계가 형성된 것으로 해석된다. 그렇다고 다른 지역에서도 사회적경제 기업의 지역생태계가 형성되지 않았다고 볼 수는 없다. 타 지역과의 거래가 상대적으로 많은 것이지 지역 내에서의 거래가 적기 때문에 그러한 결과가 나타난 것은 아니기 때문이다.

산업 간 거래 네트워크에서는 지방행정 집행기관이 구매 거래를 제외하면 매우 높은 중심성이 나타났다. 즉 한국 사회적경제 기업은 공공구매를 통한 지역 내 공공기관에 대한 의존성이 여전히 강한 것으로 판단된다. 그러나 송원근·이은선(2020)은 지역의 사회적경제 생태계를 발전시키기 위해서는 공공매출을 증가시켜 시장을 더욱 확대하고 기업의 규모를 키워야 한다고 주장한다. 물론 분석결과에서도 나타나지만, 아직 공공기관의 지원에 의존하는 경향이 강하기 때문에 공공매출을 확대하여 단기적으로 사회적경제 기업의 질적성장을 유도할 수 있다. 그러나 본 연구의 기업간 거래 네트워크에서도 확인된 바와 같이, 한국 사회적경제 기업은 공공기관과의 가치사슬 구조가 강하게 나타나기도 하지만, 자체적인 판로를 확보하여 경제적인 성과를 창출하는 여러 서브네트워크가 형성되고 있다. 저성장 기조, 인구 저성장에 따른 정부 및 공공부문의 부담이 확대되고 있는 시점에서 오히려 민간영역에서 행복나래㈜와 같은 핵심적인 사회적경제 기업을 육성하거나 자체적인 판로 네트워크를 확보할 수 있는 방안이 필요할 것이다.

본 장의 연구는 한국 사회적경제 기업의 가치사슬 구조를 전국 규모로 파악하였다는 것에 정책적인 의미가 있다. 그러나 이러한 연구는 사회적경제에 대한 정책을 수립하기 위한 기본적인 데이터를 제공한 것에 불과하다. 기업과 지역·산업 간 네트워크에서 확인되는 결과들을 보다 면밀하게 분석할 필요가 있다. 특히 기업 간 네트워크에서 확인되는 한국 사회적경제 기업의 다섯 가지 가치사슬 구조 유형은 한국형 모형으로 정립해 나갈 수 있는 기초적인 자료를 제공할 수 있다. 따라서 각 유형별로 심도 있는 조사 및 분석과 함께 주요 사례를 통한 질적인 연구가 병행될 필요가 있다. 또한 정부는 물론 많은 연구자들이 사회적경제는 지역생태계가 중요하다는 것에 공감하고 있다. 사회적경제는 지역에 착근하여 지역문제를 해결하는 사회적 사명이 강하게 나타나는 경향이 있기 때문일 것이다.

참고문헌

강대성·조영복·류정란 (2015). "사회적기업 생태계 조성을 위한 모범적 상생모델 -행복나래(주)의 성과분석 및 발전방안". 『인적자원관리연구』, 22(4), pp.247-260.

관계부처 합동 (2020). 『사회적경제기업 일자리 창출 지원방안』. 대한민국 정부.

구양미 (2008). "고령친화산업 행위주체 네트워크의 구조적·공간적 특성: 사회 네트워크 분석을 중심으로". 『대한지리학회지』, 43(4), pp.526-543.

권용덕·김덕주 (2011). "경남 사회적 기업의 운영 및 생태계 분석". 『사회적기업연구』, 4(2), pp.107-136.

기획재정부 (2022). 『제4차 협동조합 실태조사 결과』. 기획재정부.

김영수·박재곤·정은미 (2012). 『산업융합시대의 지역산업생태계 육성방안』, 산업연구원.

김용학·김영진 (2016). 『사회 연결망 분석』. 제4판, 서울: ㈜박영사.

김찬미·김경민 (2014). "서울시 사회적기업의 사회적 네트워크 연구". 『서울도시연구』, 15(3), pp.165-178.

김형돈 (2020). "사회적경제 단일유형 조직과 복합유형 조직의 경제적·사회적 성과에 관한 연구". 『한국사회복지행정학』, 22(2), pp.81-113.

네모토 마사쯔구 (2014). "사회적 경제 네트워크를 통한 로컬푸드 운동의 활성화 방안: 한·일 비교를 중심으로". 『지방정부연구』, 18(1), pp.57-73.

라준영 (2014). "사회적 기업 생태계와 정책 혁신: 진화론적 관점". 『한국협동조합연구』, 32(3), pp.27-57.

문다영 (2021). "사회적 경제 활성화에 대한 주민의 주관적 인식유형 연구". 『사회적경제와 정책연구』, 11(1), pp.131-158.

문주상·김완민·배은진 (2020). "사회적기업가 정신과 네트워크가 성과에 미치는 영향에 관한 연구 -부산시 사회적기업을 중심으로". 『동북아문화연구』, 63, pp.293-310.

민윤경 (2016). "이중멤버십 사회적기업가의 지원체계에 대한 경험 연구: 자원의존이론의 관점으로". 『한국사회복지행정학』, 18(1), pp.53-85.
민윤경·홍경준 (2020). "사회적협동조합의 조직역량이 협력네트워크에 미치는 영향 -사회네트워크 분석을 활용하여". 『한국사회복지학』, 72(2), pp.65-95.
박웅·박호영 (2014). "기술사업화의 비즈니스 생태계 모형에 관한 연구: 공공 연구개발성과 사업화에의 적용을 중심으로". 『기술혁신학회지』, 17(4), pp.786-819.
박현희·박은영 (2017). "사회적기업의 네트워크 활동과 사회적·경제적 성과의 관계: 지역관계의 매개효과를 중심으로". 『한국조직학회보』, 14(3), pp.61-87.
변장섭·나주몽 (2016). "광주지역 사회적경제 조직의 연계구조에 관한 연구: 사회네트워크분석을 중심으로". 『한국지역경제연구』, 35, pp.105-126.
변장섭·유창호 (2021). "광주 에너지산업의 생태계 분석 -기업간 거래 네트워크를 중심으로-". 『지역개발연구』, 53(1), pp.167-200.
송미·윤희정 (2019). "문화·관광분야 사회적 경제 조직의 협력네트워크 밀도 및 협력구조 유형". 『관광경영연구』, 23(3), pp.419-438.
송원근·이은선 (2020). "사회적경제 생태계 분석: 경남의 사례를 중심으로". 『산업경제연구』, 33(1), pp.11-32.
신명호 (2021). "사회적경제는 세상을 어떻게 바꿀 수 있을까?". 장원봉 외 (편), 『한국 사회적경제의 거듭남을 위하여』, 서울: 협동조합 착한책가게, pp.100-127.
오단이·원도연·전예지 (2017). "지역 사회적경제 생태계 실상과 고찰: 동작구를 중심으로". 『사회적경제와 정책연구』, 7(3), pp.1-26.
이경미·정원오 (2017). "서울시 사회적경제 생태계의 유형 및 특성 연구 -퍼지셋 이상형 분석의 적용-". 『사회복지정책』, 44(1), pp.135-160.
이수상 (2012). 『네트워크 분석 방법론』. 서울: 논형.
이수상 (2018). 『네트워크 분석방법의 활용과 한계』. 서울: 도서출판 청람.
이승철 (2007). "전환경제하의 해외직접투자기업의 가치사슬과 네트워크: 대베트남 한국 섬유·의류산업 해외직접투자 사례 연구". 『한국경제지리학회지』, 10(2), pp.93-115.
이양복·최항석 (2016). “지배구조 및 네트워크 다양성이 사회적기업의 성과에 미치는 영향”. 『경상논총』, 34(3), pp.57-77.
이유리·이명훈 (2017). “사회적경제조직의 네트워크 효과에 따른 지역사회 영향 분석: 성수동 소셜벤처 밸리를 중심으로”. 『한국지역개발학회지』, 29(2), pp.161-187.
이인재·황주희 (2013). “사회적기업 생태계 활성화 방안과 정책적 함의”. 『한국사회와 행정연구』, 24(1), pp.137-161.
이재희·조상미 (2015). “사회적기업간 네트워크 특성이 조직성과에 미치는 영향: 네트워크 중심성을 중심으로”. 『한국사회복지행정학』, 17(2), pp.89-125.
이홍택 (2018). “사회적경제 기업의 지속가능한 지역생태계에 관한 개념 틀: 호혜, 배려와 공공정책”. 『한국경제지리학회지』, 21(3), pp.254-269.
최석현·조창현·정무권 (2012). “사회적기업의 지속가능성을 위한 지역사회 자본 형성전략에 대한 이론적 고찰 -연결망 재구축과 지속가능성을 중심으로”. 『한국거버넌스학회보』, 19(1), pp.125-151.
한신대학교 산학협력단 (2012). 『사회적기업 성과분석』. 고용노동부, 한국사회적기업진흥원.
한국노동연구원 (2020). 『2019 사회적기업 성과분석』. 고용노동부, 한국사회적기업진흥원.
Bae, J., Cho, H. S., & Caplan, M. A. (2018). “Network Centrality and Performance of Social Enterprises: Government Certified Social Enterprises in Seoul, South Korea”. *Asian Social Work and Policy Review*, 12, pp.75-85.
Bock, R. D. & Husain, S. Z. (1950). “An Adaptation of Holzinger's B-Coefficients for the Analysis of Sociometric Data”. *Sociometry*, 13(2), pp.146-153.
Bonacich, P. (1972). “Factoring and Weighting Approaches to Status Scores and Clique Identification”. *Journal of Mathematical Sociology*, 2, pp.113-120.
Borzaga, C. & Defourny, J. (2004). *The Emergence of Social Enterprise*. London:

Routledge.

Burt, R. S. (1992). *Structural Holes: The Social Structure of Competition.* MA: Harvard University Press.

Carroll, G. R. (1985). "Concentration and Specialization: Dynamics of Niche Width in Population of Organizations". *American Journal of Sociology*, 90(6), pp.1262-1283.

CASE(Center for the Advancement of Social Entrepreneurship) (2008). *Developing the field of Social Entrepreneurship.* Duke University.

EESC(European Economic and Social Committee) (2012). *The Social Economy in the European Union.* European Union.

Fershtman, M. & Chen, M. (1993). "The Segregation Matrix: A New Index for Measuring Sociometric Segregation". *Megamot*, 34, pp.563-581.

Freeman, L. (1979). "Centrality in Social Networks Conceptual Classification". *Social Networks*, 1(3), pp.215-239.

Iansiti, M. & Levien, R. (2004). "Strategy as Ecology". *Harvard Business Review*, 82(3), pp.68-78.

Krackhardt, D. & Stern, R. N. (1988). "Informal Networks and Organizational Crises: An Experimental Simulation". *Social Psychology Quarterly*, 51(2), pp.123-140.

Lieberman, M. B. & Demeester, L. (1999). "Inventory Reduction and Productivity Growth: Linkages in the Japanese Automotive Industry". *Management Science*, 45(4), pp.466-485.

Squazzoni, F. (2009). "Social Entrepreneurship and Economic Development in Silicon Valley: A Case Study on the Joint Venture: Silicon Valley Network". *Nonprofit and Voluntary Sector Quarterly*, 38, pp.869-883.

Wasserman, S. & Faust, K. (2006). *Social Network Analysis.* New York: Cambridge University Press.

제4장

지속가능한 지역공동체와 사회적경제

민현정

본 장에서는 지역공동체의 지속가능한 성장을 위한 사회적경제로의 수렴이 갖는 의미를 제시하고자 한다. 공공성 확보와 지속가능한 공동체 기반 사업모델로서 사회적경제가 활성화되고 있는 사례들을 통해 시민 삶의 영역에서의 사회적경제가 갖는 의미를 확인하고, 여러 영역에서 구체화되는 경험적 요소를 파악하고자 한다. 지역공동체 자원과 역량이 사회적경제와 연계되는 공동체 생태계를 보면서, 어떻게 사회적경제와 연계하며, 생태계로의 확장을 이루어갈 것인가 실천적 방안을 모색하자는 화두를 던지고자 한다.

4-1 서론

우리 사회의 혁신과 능동적인 변화의 주체로서 '공동체'에 대한 관심과 역할이 크게 증가하고 있다. 정치, 경제, 사회, 역사, 문화 등 모든 영역에서 '공동체'에 기반한 시민과 지역, 생활과 자치를 전제로 한 접근이 한층 확대되고 있기 때문이다. 과거에는 지리적으로 가까운 마을 단위나 공간에서 함께 살아가는 사람들을 중요하게 생각했다면, 지금은 도시화로 공간적 경계가 사라지고 범위가 확장되면서 물리적 공간의 범위를 넘어선 생활단위에서부터 일정 지역의 공통된 아젠다를 중심으로 한 공동체까지 지역공동체의 범위와 주체도 확장되고 있다.

이처럼 그 시대의 환경과 가치의 흐름에 따라 공동체의 개념과 이해는 다르다. 공동체에 대한 경험과 인식은 세대에 따라 차이를 보이는데, 노년층이 기억하는 전통적인 공동체는 도시화와 급격한 기술변화, 아파트라는 주거형태, 다양한 가족관, 격차사회에 살고 있는 청년들이 생각하는 공동체와 다를 수밖에 없다. 앞서 언급한 것처럼 과거의 공동체가 지리적 유대감을 기반으로 했다면, 지금의 공동체는 개인의 친밀감, 감정적인 유대감 등과 같은 정서를 더 중시한다는 점에서 차이가 있다. 그러나 형태는 다르더라도 지역문제를 주민이 해결해가는 과정에서 자치성과 참여성을 중시한다는 점에서 공통적인 요소들은 공동체 안에서 확인할 수 있다.

최근에는 사회, 경제, 환경, 문화 등 모든 영역에서 공공의 이익과 공동체의 발전에 기여할 수 있는 가치로서 '사회적 가치'[1]가 중시되고 있다. '사회적'이라는 지향을 두고, 공동체가 형성되고, 이것이 공동체의 작동 원리이자 목표로 구체적 실천방법을 찾아가는 과정을 볼 수 있다.

그렇다면 지역공동체는 사회적 가치와 어떻게 연계되고, 이것의 지속가능한 대안으로서 사회적경제는 지역공동체와 어떤 방식으로 함께 문제를 해결하기 위한 협력과 성장을 거듭할 것인가. 이를 위해 연계 발굴된 공동체 자원이 우리 사회 전반의 생태계적 환경을 조성하고 작동할 것인가

이러한 문제 인식 속에 이 글은 사회적 가치를 중심으로 지역공동체를 살펴보고, 사회적 가치를 중시하는 사회적경제의 접점을 찾아본다. 이를 통해 지속가능성을 기반으로 지역공동체의 자원과 역량을 중심으로 사회적경제 생태계를 구축하는 방안을 모색해 본다.

지역공동체와 사회적경제의 연계를 위해 지역공동체의 개념을 살펴보고, 지역공동체와 사회적경제가 추구하는 사회적가치가 무엇인지 분석한다. 이를 통해 둘 다 추구하는 사회적가치의 의미를 밝힌다. 또한 지역공동체의 자원과 내재 역량을 살펴보고, 사회적경제와의 연계 및 협력방안을 모색하고, 지속가능하고 조화로운 사회적경제 생태계 구축을 위한 방안을 찾아보고자 한다.

---

1) 행정안전부, 사회적 가치의 이해, http://www.mois.go.kr/.

4-2 지역공동체와 사회적경제의 가치

1. 지역공동체의 사회적 가치

19세기 말 독일의 사회학자이자 철학자인 페르디난트 퇴니스(Ferdinand Tönnies)는 공동사회와 이익사회로 구분하면서 공동사회를 공동체로 규정했다[2]. 공동사회의 의미는 신분질서, 가족 질서, 관심이 오랫동안 자리잡고. 토지를 가장 중요한 물질적 토대로 간주했는데, 전인격적 관계가 뿌리내린 공동체를 의미했다. 반면, 이익사회는 개인 간의 자율적 의지에 기반을 둔 계약을 중시하고, 관습보다는 명문화된 규칙, 토지보다는 화폐를 매개로 한 경제활동, 전인격적이기보다는 특정한 관계에 국한된 비인격적인 교류를 중시했다[3].

페르디난트 퇴니스는 공동체가 역사적으로 생성되고 인간의 본원적인 욕구에 의해 결합되어지는 것으로 씨족 또는 친족집단과 같은 혈연공동체, 종교적 결사체인 정신적 공동체, 근린사회집단인 지역공동체로 구분했다[4].

공동체를 의미하는 '커뮤니티(community)'는 공동, 공동소유를 의미하는 'common' 또는 'communal'과 통일성 또는 통합을 의미하는 'unity'

2) 차경운, 2012; 이재열, 2005.
3) 이재열, 2005.
4) 차경은, 2012.

의 합성어로서 오늘날 지역공동체, 지역사회, 마을공동체 등의 다양한 표현으로 사용했다[5].

1910년 이전에는 공동체 용어를 사용한 문헌이 좀처럼 없었으며, C. J. Galpin이 1915년에 처음 사회학적 정의를 사용한 것으로 기록(Harper and Dunham, 1959: 19)

그러나 매키버(R. H. Maclver)가 1917년 그의 저서 'Community: A sociological study'에서 공동체 개념을 사용하면서 일반화되기 시작했다[6]. 이 당시에 공동체는 지리적 영역 또는 공동생활의 영역, 특별한 공간을 살아가는 사람으로 규정했는데, 매키버는 공동체를 두 가지 측면에서 정의했다.

하나는 지역성 측면에서 공동생활을 영위하는 지리적 영역으로 보고 그 안에서의 생활체계를 구성요소로 보고 있었고, 다른 하나는 공동성의 측면에서는 사람들이 더불어 생활해 나가는 것을 의미했다.

당시의 공동체는 사회적 유사성, 공통된 전통과 습관, 공통된 사회적 표현 등을 의미하는 지역성과 우리 의식 및 의존의식을 의미하는 공동체 의식이 있어야 하는 것으로 보았다[7].

오늘날 공동체는 지역공동체, 마을공동체, 지역사회 등의 유사한 표현으로 혼용해 사용하고 있다. 그래서 지역공동체나 지역사회에서 '지역'의 의미와 마을공동체의 '마을'의 의미의 차이를 살펴봐야 한다.

오늘날 지역은 밀접한 상호작용의 흐름으로 묶여 있는 지리적으로 연속된 공간의 단위를 의미한다. 지역은 주민들이 일상적 생활을 경험하는 규모의 공간으로 고정된 것이 아니라 개인의 공간 접근 능력에 따라 규모가 달라질 수 있다[8].

---

5) 전대욱 외, 2012; Chaskin, 1997.

6) 한규호, 2009.

7) 박종관, 2012.

연구자에 따라 지역공동체의 개념에 대한 다양한 정의가 내려진다. 그 내용은 다음의 표와 같다.

표 4.2.1. 지역공동체의 개념 정의

연구자	지역공동체의 정의
이재열(2006)	정주 단위를 기초로 소속감과 유대감을 공유하는 집단
박병춘(2012)	물리적 공간으로서의 일정한 지역을 주요 기반으로 하여 지역주민과 생활전반에 걸쳐 서로 긴밀하게 사회적으로 상호작용하고 공동의 가치와 목표라는 정서적인 유대감을 공유하는 사회적 조직단위
곽현근(2012)	일정한 지리적 경계 안에서 살면서 주민들 상호 간에 그리고 자신이 살고 있는 장소에 대해 사회적 심리적 유대를 가진 사람들
이종수(2012)	인간이 만족할 모듬살이를 할 수 있는 친밀권역
서울시(2012)	서로에 대한 이해와 소통을 바탕으로 살아가는데 필요한 일과 활동을 공유하고 공통의 문제를 함께 해결해가는 사람들이 모여 있는 지역
이기태·하현상(2016)	일정한 지역 내에서 공동의 목표를 가지고 사회적 관계와 심리적 유대를 공유하면서 사회적·경제적 편익을 생산하는 집단
전대욱·박승규·최인수(2012)	심리적 유대감이나 공동의식을 가진 일정한 지역을 공유하는 인간집단
김영성(2008)	정주단위를 기본으로 하는 소속감과 유대감을 공유하는 사회집단
Hillery(1955)	일정한 영역에서 공동의 유대감을 가지고 상호작용을 하는 주민의 집단
Mattesich et al.(1997)	지리적으로 한정된 지역 안에 거주하면서 상호간 자신들이 살고 있는 장소에 대해 사회적 심리적 유대를 가지고 있는 사람들
Taylor(1982)	공유된 신념과 가치를 가지고 구성원들 사이의 직접적이고 다면적, 복합적 관계를 보이며 호혜성의 실천으로 구성된 집단형태
Master et al.(1988)	협동적인 인간관계 속에서 대면접촉하며 상호작용으로 살아가는 인간의 집단

출처: 김현호(2013), 현대적 지역공동체 모델정립 및 활성화 방안연구, pp.13-16; 채종헌(2013) 지역공동체 활성화를 위한 사회통합증진 방안에 관한 연구, pp.16-20.

8) 곽현근, 2015.

공동체(共同體) 또는 커뮤니티(Community)는 "같은 관심과 의식으로 환경을 공유하는 사회집단으로 사람들이 모여 하나의 유기체적 조직을 이루고, 목표나 삶을 공유하면서 공존하는 것"을 말하거나 "특정한 사회적 공간에서 공통의 가치나 유사한 정체성을 가진 사람들의 집단"으로 정의된다.

공동체는 일반적으로 "공통의 생활공간에서 상호작용하며, 유대감을 공유하는 집단"이며, 지역공동체의 개념은 "지리적으로 한정된 지역 안에 거주하면서 상호간 자신들이 살고 있는 장소에 대해 사회적·심리적 유대를 가지고 있는 사람들"로 지리적 공간 개념이 추가된다.

지역공동체란 지역사회라는 생활의 장에서 시민으로서 자주성과 주체성, 책임감을 갖는 주민에 의해 공통의 지역에서 귀속의식과 공통의 목표, 역할의식을 갖고 공통의 행동을 하도록 하는 생활태도에서 나오는 것이다. 또한 공동체는 지역성(locality), 사회적 상호작용(interaction), 공동의 유대(commontie, common bonds)를 바탕으로 특정 지역을 기반으로 하여 그 구성원들이 상호 안면성이 높은 상태에서 긴밀한 관계를 형성하고 자신들이 같은 공동체에 소속되어있다는 일체감을 갖는 상태를 의미이다.

심리적 유대감이나 공동의식(소속감)을 가진 일정한 지역(지리적 영역)을 공유하는 인간집단이라는 점에서 '지역'과 '공동체'를 결합하여 사용한다. 하지만 산업화로 인해 사람들의 경제활동이 주거지역에 국한되지 않고, 교통 및 통신수단의 발달로 원거리에 거주하고 있어도 교제할 수 있게 되면서 현대사회의 공동체는 전통적인 공동체보다 물리적인 경계가 명확하지 않으며, 공동체의 지리적 근접성에 대한 중요성은 약화된다. 따라서 지역적 특성보다는 개인적 친밀감·사회적 응집력·정신적 관여·감정적 깊이 등이 공동체 구성요소 중에서 중요한 요소로 자리 잡고 있다[9].

① 지리적으로 제한된 공간 안에서 활동하는 지역성(locality)

② 구성원들 간의 활발한 사회적 상호작용(Interaction)

③ 공통의 유대감과 소속감을 공유하고 정체성을 형성하는 공동의 유대(Common bonds)로 구성

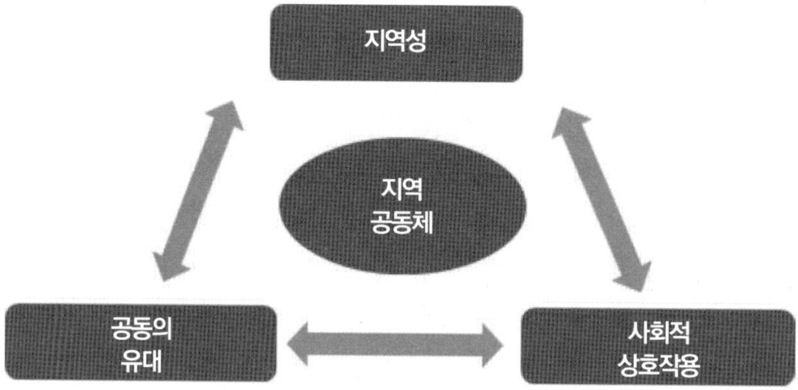

그림 4.2.1. 지역공동체 구성요소

오늘날 실제 많은 공동체 활동이나 사업에서는 공익성을 지역공동체의 제4의 구성요소로 포함한다. 지역공동체 활동과 사업은 공동체의 편익을 위한 활동을 중심으로 이루어질 필요가 있으며 활동이나 사업에서 잉여가 발생하면 지역사회를 위해서 환원해야 한다는 공익성을 공동체 활동의 의의로서 강조한다.

한편, 지역공동체 활동이나 사업을 지속가능하게 만들기 위해서는 사업성을 중요한 구성요소로 고려할 필요가 있다는 주장이 많다. 그러나 사업성은 공동체 구성을 위한 필수조건이라기 보다는 공동체의 지속성을 위한 조건이라고 볼 수 있다.

---

9) 민현정(2018), 광주형 공동체 정책진단 및 발전방향 연구, pp.9-11.

2. 지역공동체 형성과 발전

도시화와 산업화가 지속되면서 우리 사회는 주택난, 환경오염, 공간적 분리와 교통문제 등 다양한 사회적 문제를 안고 있다. 대부분의 주거형태로서 아파트가 과도하게 보급되면서 사적공간의 보장은 이뤄졌으나 그 반대급부로 관계적 단절과 이기주의가 팽배해졌고, 이는 공동체 붕괴를 초래했다.

사람들은 주택과 아파트를 재산증식의 수단으로 인식하기 시작했고, 이들 사유공간을 소유하는데 과도하게 집착하게 되고 인간과 인간의 관계, 인간과 자연의 관계는 더욱 단절되고 소원해지는 도시문화가 정착되었다.

이 과정에서 전통적으로 중시되어 왔던 주민들 간의 정서적 유대감과 친밀감, 공동체 의식과 일체감, 소속감은 사라지고 공동체성 부재로 나타나는 사회적 갈등과 불신, 늘어난 재난과 사고, 심각해 진 환경 파괴, 사회적 격차 확대, 공정과 정의의 가치가 왜곡되기도 했다.

이러한 문제해결을 위해서 과거와 같이 자연적·역사적으로 생성되던 연대감과 결속력, 지역 정체성, 구성원들 간의 전인격적인 관계와 관습 등을 지역공동체 활동을 통하여 새롭게 복원하고 활성화시키고자 하는 움직임이 나타났다.

지역사회를 구성하는 사회자본이 점차로 전통적 혈연사회에서처럼 소외된 도시민들에게 공동체적 삶의 의미를 회복시켜주기 위한 필수적 기반으로서 강조하기 시작했다.

지역공동체의 변화과정을 마을 공동체를 중심으로 살펴보면, 1990년대부터 서서히 시작되었던 마을만들기(지역공동체)의 전개과정은 맹아기('90년대 중반이전), 도입기('96~'05), 도약기('06~'08) 및 확산기('08~현재)로 구분할 수 있다[10].

맹아기에는 본격적인 마을만들기(지역공동체 활동 및 사업) 이전의 흐름으로 볼 수 있는데, 도시빈민운동으로써 사회운동의 한 부분으로 진행. 특히 주민자치운동차원에서 저소득층 밀집지역 중심 주민공동체 사업을 추진했다.

1996년부터 2005년은 마을만들기 사례의 형성과 전파가 시작된 도입기로써 '걷고 싶은 도시만들기 시민연대' 등을 창립했다. 이 시기에 마을만들기 필요성에 대한 인식이 확산되면서 차 없는 골목 만들기, 쌈지공원 만들기, 어린이 통학로 확보운동, 담장 허물기 사업, 아파트 공동체 운동, 마을 도서관, 사랑방 만들기 등이 전개했다.

2006년부터 2008년은 마을만들기와 관련하여 정부사업 및 주민자치센터가 결합하는 도약기. '06년부터 정부가 분권 및 균형발전과 관련 마을만들기를 벤치마킹한 '살기 좋은 마을만들기 사업'과 결합 도약한 시기이다. 건설부의 '살기 좋은 도시 만들기', 농림부의 '살기 좋은 농촌 만들기' 등으로 전 부처로 확산되었고 행자부는 중앙부처 뿐 아니라 지자체에도 관련사업 목록을 작성하여 보고토록 하는 지침을 시달하는 등 확산의 계기 마련했다.

한편 1999년부터 읍면동 주민자치센터가 마을만들기 사업과 결합했다. 2000년대 후반부터 마을만들기는 "지역의 물리적 환경 개선"에서 "지역민의 삶의 질 개선과 지속성 확보"로 분화·발전하면서 소득창출의 중요성을 강조하기 시작하였고 이후 커뮤니티 비즈니스와 마을기업 등을 추진. 특히 이 시기에는 민간차원에서 정부사업의 확대와 더불어 마을만들기 네트워크를 결성('06년)하여 마을활동가 모임과 토론회, 워크숍 개최했다.

2008년부터 현재까지는 지역공동체의 확산기로써 체계적 중간지원

10) 민현정, 앞의 책, pp.15-20.

조직인 마을만들기 지원센터가 설립되었으며, 지역공동체 관련 지원 조례가 제정되었다. 중간지원조직은 행정과 주민의 중간에서 지역공동체 사업을 지원하는 가교역할을 담당, 지원조례는 지역공동체 사업을 수행하는데 법적 근거 마련했다.

문재인 정부는 국정과제를 통해 주민자치기반의 생활밀착형 공동체기반 활동을 다양하게 연계시켜 지역공동체 정책의 적극적인 의지를 표명, 각 부처에서도 지역공동체와 관련하여 적극적으로 정책을 수립하고 실행하기 위해 노력했다.

이렇듯 지역공동체 관련 지원 사업이 본격화된 2000년대 중반부터 현재까지 정부 부처에서 다양한 마을단위와 관련된 정책 사업들이 진행. 행정자치부에서는 정보화마을을 비롯하여 평화생태마을과 희망마을, 마을기업 등을 추진하였으며, 농림축산식품부에서는 전원마을과 농촌 마을 리모델링을 비롯하여 농산어촌개발사업, 농어촌 공동체회사육성 등 다양한 사업을 추진되었다.

각 정부 부처에서는 부처별 특성에 기인하여 지역공동체와 관련된 사업을 추진했는데, 지역공동체 사업의 특성은 초기 하드웨어적 시설 사업에서 소프트웨어적 사업을 병행하는 사업으로 전환 중이며, 특히 중앙정부 재정 중심의 물리적, 시설조성 지원에 치중하던 것에서 점차 탈피하기 위해 노력 중이다.

그 과정에서 지역공동체의 다양한 자원이 연계되고, 일정한 목표를 사업 모델화하여 조직화하는 사회적경제 모델이 실험되고 있다.

4-3 공동체 자원과 역량의 확장

1. 지역공동체 자원

지역공동체의 자원은 매우 다양하다. 지역사회 참여와 자치력을 가진 주민 등 인적 자원에서부터 자연자원, 역사와 문화는 공동체연대의식의 근간을 이루는 자원, 커뮤니티 공간을 비롯한 주민이 함께 향유하는 공유자산과 같은 유형자원도 있다. 이 글에서는 무형자원을 지역공동체의 구성원으로 보고, 물리적 공간인 유휴공간을 대표적인 유형으로 구분해 살펴본다.

1) 지역공동체 구성원

지역공동체를 구성하는 참여자들은 기본적으로 주민, 정부(중앙정부 및 지자체), 기업, 중간지원조직, 자생단체(시민단체 등), 전문가 등으로 다양하게 구성된다[11]. 현대적 공동체에서 공유되는 가치와 목적을 바탕으로 공동체성을 높이고, 지속가능한 지역 및 공동체의 발전을 위한 사회적 역량을 키우기 위해서는 다양한 주체와 경험적 수준이 필요하다.

공동체의 유대 및 호혜성과 더불어 조직역량, 재정력, 리더십 등의

11) 김찬동 외 2012, 한국도시지리학회 2008, 남재걸 외 2016, 박인권 2012.

여러 역량자원을 기반으로 지역공동체 사업, 서비스, 프로그램 공급이 이루어지고 있다[12]. 보다 효과적인 지역공동체 발전을 위해서는 다양한 구성원들의 협력적 참여가 중요하다.

구성원을 구분하면 크게 주민, 정부, 기업, 중간지원조직, 자생단체, 전문가 등으로 구분할 수 있다.

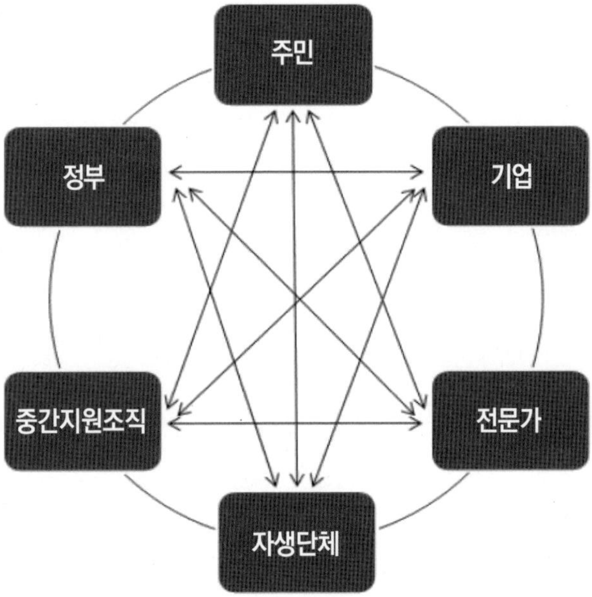

그림 4.3.1. 지역공동체 구성원

이를 세분화해서 살펴보면, 첫째, 주민은 공동체 그 자체로서의 주민들이 지역공동체의 가장 중요한 행위자이다. 지역공동체의 목표달성은 주민들의 능동적 참여를 통해 확대 재생산 및 수행한다.

둘째, 정부 중앙부처 및 지방자치단체가 있다. 중앙정부는 각 지역

12) 김찬동 외 2012.

공동체 주체들과 유기적인 관계를 구성하며 효율적인 운영하고 공동체 발전을 전반적으로 지원한다. 또한 지방자치단체는 지역공동체 사업의 수행에 있어 중앙부처의 여러 정책들을 실질적으로 추진하고 지원하는 역할을 수행하며 지역공동체 활성화를 위한 다양한 자체사업들을 추진한다. 중앙정부 중심의 사업진행 및 지원과정을 개선하여 지방자치단체, 나아가 지역공동체에 행정적·정책적 권한위임의 필요성이 요구되고 있다.

셋째, 기업은 고용자 또는 다양한 서비스 제공자로서 능동적이고 자발적으로 지역공동체 활성화에 기여하기 위해 참여한다. 기업은 기업가적 방식 및 특성을 기반으로 하는 영리활동 과정에서 공공적 지역공동체 활동에 참여하며, 특히 오늘날 지역사회의 문제해결에도 적극적으로 참여하여 기여한다.

넷째, 중간지원조직은 정부와 지역공동체의 중간에서 주민들의 역량개발뿐만 아니라 행정협력·네트워크 연계 등의 여러 핵심적 가교 역할을 수행한다. 구체적으로, 중간지원조직은 인적 네트워크 촉진, 정보와 기술의 중개와 제공, 주민 역량 교육, 실무적 운영지원 역할 수행한다.

다섯째, 자생단체는 초기 지역공동체 활동의 기반구축 과정 및 발전을 위한 중요한 참여 주체이다. 자생단체는 공동체적 목표를 설정하여 주민들의 참여와 활동을 촉진시키는데 중요한 역할을 수행하기 때문에 지역 내 요구 및 문제에 효과적으로 대응한다.

여섯째, 전문가는 정책을 입안하고 추진 및 집행하는 정부의 자문 역할을 수행하며 주민들의 수요 및 요구, 지역사회 문제 해결을 위한 구체적인 정보와 컨설팅을 제공함으로써 지역공동체 활동에 기여한다. 전문가 스스로 전문성을 기반으로 지역공동체 및 자생단체 등의 구성원으로서 참여하여 신뢰기반의 지속적 관계 형성이 필요하다.

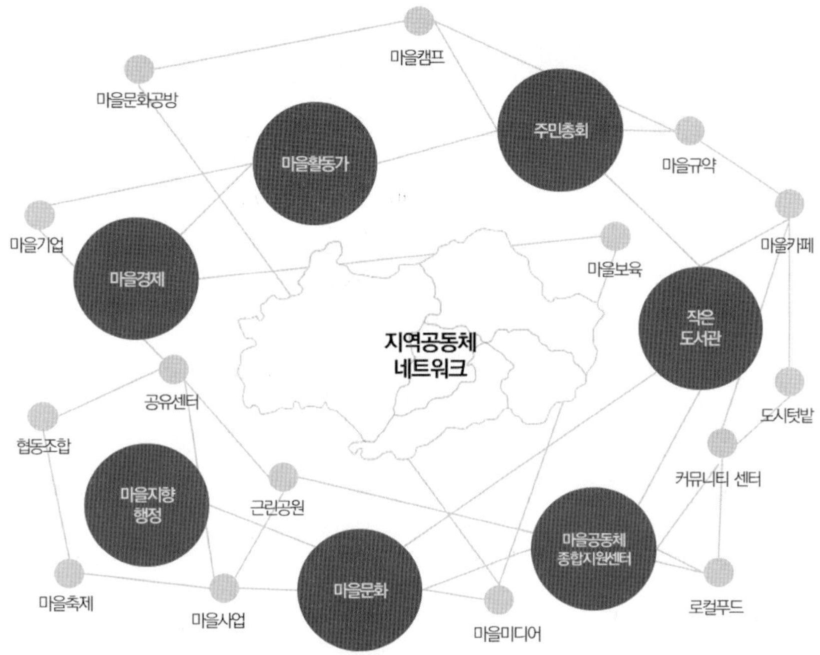

출처 : 민현정(2019), 광주형공동체 활성화 방안 재인용

그림 4.3.2. 지역공동체 네트워크 모형과 사회적경제 생태계 자원

2. 지역공동체 거점 자원

지역공동체 활동에 있어 거점이 되는 공간은 지자체, 국가 또는 공공기관이 소유하고 있으나, 활용이 되지 않는 유휴공간을 대상으로 한다. 최근에는 민간소유이나 공유공간으로 활용되는 사례도 증가하면서 공동체 거점 자원은 여러 유형으로 확대되고 있다. 공간과 관련해 유휴공간의 발굴, 유휴공간의 제공방식, 유휴공간에 대한 정보 공유 등의 이슈가 있다[13].

13) 제주특별자치도, 2020. 유휴공간 및 주민공동체를 활용한 지역사회 활성화 방

표 4.3.1. 지역자산의 종류와 구체적 예

구분		자산의 구체적 예
유형 자산	자연적 자산	지리적 접근성, 자연자원, 자연환경 등
	건조환경 자산	건물, 산업시설, 교육시설, 기반시설 등
	문화관광 자산	문화시설, 여가시설, 문화재, 관광명소 등
	기타 자산	국가 및 외부지원 등
무형 자산	문화관광 자산	문화행사(축제·이벤트), 문화인, 스토리텔링 등
	사회자본	규범, 신뢰, 네트워크, 리더십 등
	이미지	브랜드 가치, 정체성 등
	개인의 역량	재능, 기술 등
	결사체 자산	종교, 문화, 여가 등 결사체의 인적자원 등
	기관 자산	기업체의 무형자산, 공공서비스 등

출처 : 채종헌(2014). 「지역공동체 활성화를 위한 사회통합증진 방안에 관한 연구」, p.51 재인용.

유휴공간이란 사용하지 않거나 버려진 공간(abandoned property)을 총칭하는 단어는 이전적지, 미이용 공간, 저이용 공간 3가지 유형으로 나누어 볼 수 있다.

첫째, 이전적지(brownfield)는 개발되었으나 더 이상 해당용도로 사용되지 않는 공간이다. 둘째, 미이용 공간(vacant land)은 개발이 되지 않은 빈 토지이다. 셋째, 저이용 공간(underutilized or underused land)은 부분적 또는 불충분하게 이용되고 있는 공간을 일컫는다.

국·공유 유휴공간이란 다양한 요인으로 인하여 국가, 지자체 등 공공이 소유한 자산 중 사용하지 않고 버려진 토지 또는 건축물을 의미한다. 기능 이전하는 경우는 신도시개발 등에 따른 공공청사, 신역사 개발에 따른 철도역사 등을 말한다. 또한 기능의 쇠퇴와 축소도

안 연구 용역 p.17.

포함한다. 대표적인 예가 인구감소에 따른 농어촌 지역의 폐교나 행정의 효율적 운영을 위해 인구감소지역 동 주민센터 등 공공시설 통폐합 등이 있다.

이외에도 빈집 등 공공이 공공의 안녕을 위하여 민간의 토지 또는 건물을 매입, 비축하거나, 기부채납을 받은 경우도 있다.

공공이 소유한 유휴공간들은 입지가 좋은 도심 속에 있는 경우가 많고, 정부 내 또는 정부 간 협의를 통하여 재정적 부담 없이 공공의 목적으로 활용가능하다. 최근 국·공유 유휴공간을 활용하여 문화, 복지, 어메니티, 창업 등 시민들이 누릴 수 있는 시민편의 공간 또는 생활 SOC로 활용하는 사업 확대하고 있다.

시민참여를 통한 지역사회 문제해결을 촉진·협력·실천하기 위한 거점으로서 접근성과 지속가능한 운영이 좋은 도시 내 국·공유 유휴공간의 적극적 활용 필요하다.

또한 운영의 주체로서 민간은 일반 주민에서부터 비영리 민간단체뿐만 아니라 협동조합, 사회적기업 등 사회적경제 주체, 일반기업까지 모두 포함한다.

운영주체와 관련하여 사회혁신을 주도할 수 있는 역량 있는 민간주체의 발굴과 이들에게 어떠한 방식으로 운영권을 제공할 것인지? 운영을 어떻게 지속가능토록 할 것인지 등의 이슈가 있다.

게이츠헤드 발틱 미술관(영국)

민와일 스페이스(영국)

파리 스테이션 F(프랑스)

베를린 하우스 데어 슈타티스틱(독일)

도쿄 세타가야구 지역공생의 집(일본)

르 성카트르-파리(프랑스)

서울 금천구 '금천 1번가'

부산 동래구 '1797 팽나무하우스'

경기 시흥시 '청년스테이션'

강원 동해시 '망상해뜰책뜰'

대구 중구 예술발전소

전남 순천시 청춘창고

담양 담빛 예술창고

전주 팔복예술창고

그림 4.3.3. 유휴부지를 활용한 지역 활성화 사례

4-4 지역공동체와 사회적경제의 연계 및 협력방안

1. 지역공동체의 자원을 활용한 사회적경제 연계방안

1) 사회적경제에서 지역공동체의 가치와 의의

지역공동체의 기반이 되는 이념을 이해하기 위해서는 사회적경제에 대한 이해가 필요하다. 사회적경제라는 용어는 프랑스의 경제사상가 샤를 지드(Charles Gide)에 의해서 처음 사용된 것으로 알려져 있다. 사를 지드는 시장경제가 지배적 경제체제가 되면서 유발시키는 사회적 위험에 대해서 노동자들의 집단적 대응이 필요하다고 믿었다. 그리고 보다 공평한 사회적경제 체제로 시장경제를 전환해야한다고 주장하면서 사회적경제 개념을 사용했다[14].

사유재산제도를 인정하면서 시장에서 결정되는 가격에 의해 자원이 효율적으로 배분되고 자발적인 교환에 의해 경제문제가 해결되는 시장경제체제가 비약적으로 성장하던 20세기 초에는 사회적경제 개념이 점차 위축되는 모습을 보였다[15]. 이 당시 시장경제는 산업화의 성장동력을 기반으로 실업문제 해결에 기여하였고 국가는 복지정책으로 빈곤문제와 시장경제의 병폐를 해결했다.

14) 김경희, 2013.

15) 채종헌, 2014.

하지만 1970년대 이후 전 세계적인 경제위기와 재정위기로 복지국가론의 후퇴, 신자유주의적 처방의 실패가 노정되면서 실업, 빈곤문제와 같은 사회문제를 해결하는 유용한 수단으로 국가와 시장경제를 대신하기 위해서 부각되기 시작했다. 1970년대에 오면서 장기간의 경기침체와 유럽형 사회복지모델이 퇴행하면서 영미를 중심으로 등장한 신자유주의에 의해 국가의 본원적 기능에 속하는 역할을 민간부문으로 위임했다. 이러한 과정에서 지역사회의 구성원들이 자발적·호혜적으로 당면한 지역사회 문제를 해결하려고 하면서 사회적경제가 다시 주목받게 되었다.

우리나라에는 사회적경제가 1997년 IMF 금융위기를 맞으면서 실업과 빈곤문제, 경기회복, 지역개발문제를 해결하기 위한 수단으로 주목했다. 우리나라는 IMF 금융위기 이후에 실업, 빈곤, 지역사회 문제 해결을 위한 수단으로 사회적경제를 활성화시키기 위해 정부 주도적으로 제도적 환경을 갖추어 왔다.

한국에서는 글로벌 금융위기와 더불어 경제 양극화가 심화되면서 기업의 사회적 책임에 대한 요구를 넘어 공생발전과 경제민주화에 대한 요구가 커졌다. 한정된 재원으로 취약계층을 위한 다양한 복지정책을 추진하는 것에 대한 한계에 봉착하면서, 일자리 창출을 통하여 취약계층을 노동시장에 통합시키려는 정책이 관심을 받았다[16].

2007년 사회적기업 육성법이 제정되었고 2010년부터 당시 안전행정부의 마을기업 육성사업이 시작되었으며, 2011년 말에 협동조합기본법이 제정되어 사회적경제의 제도적 기반이 마련했다[17].

16) 허준영 외, 2013.

17) 김경희, 2013.

표 4.4.1. 지역공동체 관련 해외사례 요약

구분		내용
공동체 활성화 기반 법제도	영국 지역주권법(Localism Act) 공동체 자산화	유휴 공공부지에 대한 지역공동체의 사용 신청권은 지역주민이 유휴 공공부지에 대해 재개발 및 사용을 요구할 수 있는 권리임
	영국 지역주권법(Localism Act) 공동체 우선구매	공공서비스 공급·운영에 대한 지역공동체 우선참여권은 지방정부가 담당하던 기존 공공서비스의 전부 혹은 일부를 지역공동체에게 우선권을 부여하는 권리임
	일본 마을, 사람, 일 창생법	지방의 안정된 고용 창출, 지방으로 새로운 사람 유입 촉진, 젊은 세대의 결혼·출산·육아지원 시대에맞는 지역 만들기, 안심할 수 있는 삶 지키기, 지역 간 연계 촉진
	일본 과소지역 자립촉진 특별조치법(2000~2020)	인구감소에 따라 지역 활력이 저하되어 생산기능 및 생활환경 등이 낙후된 지역의 자립 촉진을 도모하여 주민복지 향상 및 지역격차를 시정하고자 제정
	매국 지역재투자법 (Community Reinvestment Act)	지역공동체의 경제적 자립기반 조성에 필수적인 지역공동체 금융생태계를 조성함으로써, 지역공동체의 자금수요에 대응하며 낙후지역에 금융소외를 회피하는 등 균형발전에 기여
지원조직 구축	영국 지역공동체 재단 (UK Community Foundations)	지역사회의 변화와 발전을 위한 지역공동체 활성화 목적을 위하여 지역단위 기금 조성 및 관리·운영을 담당
	영국협동조합연합회 (Coop UK)	영국협동조합연합회는 영국전역의 수천개 협동조합의 2차 협동 조직화를 통하여 협동조합에 대한 촉진, 개발 및 연합을 목적으로 설립
	영국 로컬리티재단 (Locality)	영국전역에 거쳐 주민 활동을 지원하고 정부정책과 연결하는 중간지원조직 역할수행 공동체지역자산화및정부의보조금 기부금 등의 집행을 지원
지역 공동체 기금마련 및 운영	미국의 지역공동체 재정지원기관 펀드(CDFI)	연방정부의 법정기금(공사형태 관리)으로서 지역공동체 개발을 위한 재정지원기관(CDFIs) 지원프로그램 및 대형은행 투자촉진 유도 등
	영국 BSC(Big Society Capital)	휴면계좌 자금 및 4대 시중은행의 투자금을 재원으로 설립한 정부주도 민간펀드로서 사회적금융 중간지원조직(SIFIs)에 자금제공 및 지역공동체 이익 투자의 인프라 구축 등

구분		내용
지역 공동체 기금마련 및 운영	영국 마이크로지니어스 마을주식 확산	영국의 중앙 자치행정부의 자금지원을 받아서 운영되는 민간 지원기관의 플랫폼으로 마을비즈니스에 대한 주식공모를 지원
	다양한 마을기금 및 협동조합금융 사례	미국 포틀랜드 동네자치회 기금, 일본 도쿄 세타가야구 마을기금 및 다양한 형태의 사회적 은행 및 협동조합 금융 사례 등
역량강화 및 전문성 확보	영국 공동체이익회사의 자산동결 (Asset Lock)	공동체이익회사의 공동체자산의 처분을 규제하는 형태로 제도화한 것으로 지역공동체의 이익을 영속적으로 보유할 수 있도록 함 자산동결제도는 지역공동체 및 마을기업자산의 사유화 방지 및 공동체 이익 실현 촉진
	영국 자치행정부(DCLG)의 공동체 이익 평가(CIT)	공동체이익회사 등록을 원하는 기업을 대상으로 공동체 이익 평가를 시행 기업은 CIC를 통하여 어떤 활동을 하며 공동체에 어떤 이익을 줄 수 있는지 고려
	미국 챔플레인주택신탁 공동체토지신탁	영미권의 공동체자산신탁의 가장 대표적인 사례로서, 주거비 상승과 주택노후문제 해결을 위해 1982년 민관설립 공동체토지신탁임
	미국 지역개발공동회사	지역의 부동산 개발, 경제 개발, 교육 지원, 근린계획 등과 관련한 지역공동체 활성화에 초점을 맞추어 활동하는 기구
	일본 지역활성화협력대 (地域おこし協力隊)	도시에서 지방, 특히 쇠퇴지역 등으로 사람을 보내어 지역활성화에 기여 일정기간 해당지역에 거주하며 지역브랜드와 지역특산품 개발·판매·홍보 등 지역활성화 지원 및 농림수산업 종사, 주민생활지원 등

출처 : 지역공동체의 이해와 활성화, 행정안전부, 2017.12.

시장경제의 폐해로 등장한 문제점들을 해결하기 위한 사회적 관심이 높아지면서, 이들 문제점을 해결하기 위한 대안을 모색하는 과정에서 사회적경제 조직들의 활동과 결합되면서 사회적경제 공동체조직과 활동들이 주목을 받았다[18].

18) 김정원, 2009.

이렇듯 사회적경제는 전체 공동체의 보편적 이익을 지향한다. 또한 사회적 요소와 경제적 요소를 동시에 가지며 사회적 포용력을 높이고 불평등을 줄이기 위한 경제조직이다. 동시에 지역사회 공동의 문제를 자발적으로 해결하고, 공동체를 회복하는 데에 그 목적이 있다.

2) 지역공동체와 사회적경제 생태계의 연계와 협력

사회적경제는 시장경제와 다르게 공동체 사회를 기반으로 교환, 관계형성, 운영을 원칙으로 하는 경제공동체로서 기능을 한다. 사회적경제는 공동으로 소유하고 민주적으로 운영하는 사업체의 의미를 갖고 있다. 또한 사회적경제는 경제적·사회적·문화적 필요와 요구를 충족시키고자 하는 사람들이 의미를 중요시하며 관계적·영리적 목적을 가진다[19].

사회적경제를 통한 지역공동체를 구현하는 것에는 몇 가지 특징이 있다. 첫째, 사회적경제는 지역성에 기반한다. 사회적경제는 지역공동체의 구성요소인 지역성, 공동의 유대감, 사회적 상호작용에 부합하는 가치를 촉진시키는 중요한 기반이다[20]. 지역의 수요를 기반으로 지역주민들이 중심이 되어서 혁신적인 산업을 발굴하여 추진하는 내발적 발전(Endogenous Development)을 활성화시키는데 기여한다. 또한 지역사회의 현안들에 대한 깊은 이해와 관심을 가지고 있는 주민들이 중심이 되어 지역사회의 문제를 해결하기 위한 방안을 논의하고 실천한다.

둘째, 사회적경제는 공동의 유대감을 형성한다. 사회적경제는 공동

19) 꿈과 미래사회 연구원, 2013.
20) 채종헌 외, 2014.

체 중심의 지역발전을 통하여 지역사회 구성원들 간의 연대와 협동을 촉진시키고 공동체적 가치를 복원하고 활성화시키는데 중요한 매개체로서 역할을 한다. 공동의 유대감은 구성원들 간에 공유하는 공통된 의식을 갖게 하고 지역 정체성을 형성한다.

표 4.4.2. 공유공간 거버넌스 및 운영을 위한 주요 고려사항

구성요소	고려사항
준수원칙 (공공참여)	- 어떻게 공유공간의 개발과 운영의 전 과정에 공동체와 이해관계자들이 관여할 것인가? - 어떤 공식적인 기제들을 통해 공동체와 이해관계자의 의사결정에 대한 투입과 소유의식을 촉진할 것인가? - 운영구조(governance structure)가 공동체와 이해관계자들의 관심사(interests)를 대표하는가?
구성요소1 (공유시설 비전 및 유형)	- 공동체와 공유시설을 위한 비전이 무엇인가? - 공동체의 요구사항들은 무엇인가? - 어떤 유형의 공유시설이 될 것인가? - 그 시설에서 제공될 서비스와 활동은 무엇이고, 그러한 서비스 및 활동과 시설은 잘 어울리는가?
구성요소2 (공유시설 규모와 수용인원)	- 누가 이 시설을 이용할 것인가? - 그들의 필요와 목적은 무엇인가? - 어떻게 이 시설이 공동체 계획과 전략에 잘 들어맞는가?
구성요소3 (운영주체)	- 어떤 법적 주체들이 공유시설에 관여하게 될 것인가? - 그들의 역할과 책임은 무엇인가? - 어떤 문서들이 이들 사이의 합의를 확정하는데 사용될 것인가?
구성요소4 (시설유지)	- 누가 건물 또는 공간을 소유할 것인가? - 누가 유지와 수도·전기 같은 제반비용을 관리하고 지불할 것인가? - 어느 편의시설이라도 작동을 멈춘다면 누가 책임을 지는가?
구성요소5 (운영과 통합)	- 누가 그 시설의 재정을 부담하고 운영관리를 제공할 것인가? - 누가 시설들에 대한 열쇠를 가질 것인가? - 공동체의 필요에 부합하고 결과를 전달하는 시설에 대한 책임은 누구에게 주어질 것인가? - 누가 예약을 받고, 부엌을 치울 것인가? - 누가 달라지는 날씨 조건에 따라 관련 부지(grounds)를 관리할 것인가?

출처 : Victoria DPCD(Department of Planning and Community Development. 재인용 대전대학교 산학협력단, 2019, 공동체 역량강화 조사연구 용역. pp.106-107.

셋째, 사회적경제는 구성원들 간의 상호호혜적인 교류에 기반한다. 사회적경제는 지역의 상호호혜적인 관계를 지속적으로 유지하도록 함으로써 사회자본을 향상시키고 지역공동체 발전과 지속에 기여한다. 또한 연대와 협력을 기반으로 하는 상호교류는 구성원들 간의 호혜적 관계망을 형성하게 하여 공동체 결속력을 키우고 공동체 경제활동을 활성화시키는데 긍정적인 영향을 준다.

이를 종합하면, 사회적경제는 지역주민과 지역사회의 요구와 관련된 지역경제 회복과 취약계층의 일자리 창출, 복지서비스 제공 등 지역공동체를 유익하게 하고 번영을 위한 상호협력적 공동체 활동으로 구성한다. 사회적경제는 지역의 고용문제 해결에 기여. 특히 지역에서 고용위기에 노출된 장애인, 실업자, 빈곤층 여성가장과 같은 취약계층에게 취업기회를 제공하는데 유용하게 활용한다. 또한 사회적경제 조직으로는 마을기업, 협동조합, 사회적기업 등이 있는데, 식품안전·교육·의료 서비스 제공, 생활재 개발 및 이용, 각종 주체적 모임을 통한 생활공동체 형성 등 지역사회를 중심으로 한 다양한 주민수요와 관심영역의 공동체 형성 및 추진에 기여할 수 있다.

공유공간의 개방에 관한 논의처럼 공유공간 내 수익시설에 관한 논의도 많았다. 위탁 혹은 세금을 지원받은 공유공간 내의 수익행위는 법적으로 혹은 정책적으로 장벽이 생기는 경우가 있다. 공간 내 수익행위 제한은 필연적으로 공유공간의 지속가능성과 연결이 된다.

현재 공유공간 지원정책은 단년도, 시설비지원을 중심으로 이뤄지고 있어 공간의 기능적 역할과 안정적인 운영주체, 지속적이고 신뢰에 기반한 이용 등을 담보하지 못한다. 단기적 정책지원 이후에 몇 년을 가지 못해 공간이 폐쇄된다면 정책취지에 부합하지 못하는 것은 물론이고 공동체와 지역사회 모두에게 득보다는 실이 많은 경우가 될 것이다. 개방정도에 대한 구체적인 정의필요성과 마찬가지로 수익행위 및 지속가능성을 추구할 수 있는 형태와 유형 및 한계에 대해서 구체적으로 정의하고, 유형에 따른 지속가능성을 찾을 수 있는 방안을 찾을 수 있도록 지원 체계를 수립하여야 한다.

현재 HUG나 행정안전부, 국토교통부와 같은 중앙정부차원에서는 공동체 및 사회적경제 주체들의 부동산 자산화에 대한 지원체계가 논의되고 있다. 공유공간 및 공동체가 부동산 지대상승으로 인해 와해되는 경우가 많고, 공동체 주체들 또한 임대구조에서는 지속성과 안정성을 담보 받지 못해 심리적으로 불안함을 호소하기도 한다.

지역적인 기반이 무척이나 중요한 공유공간 중에서도 마을을 의제로 한 공유공간은 특성상 지역자산화(부동산 매입)을 전제로 한 공유공간조성이 공동체의 지속가능성에 매우 큰 영향을 미친다.

표 4.3.3. 공유공간 거버넌스 및 운영을 위한 점검 사항

구성요소	점검목록	점검사항
준수원칙 (공공참여)	운영기구	운영기구는 공동체를 대표하고 있는가?
	운영	운영과 프로그램 계획이 공동체 구성원들을 관여시키고 있는가?
	시설사용자	공동체시설의 사용자들이 문서화되고 합의된 방식을 통해 피드백을 제공할 수 있는가?
	공동체 역할	기록되고 있는 공동체 관여 전략이 '공공참여국제연합'(IAP2)이 제안한 원칙들을 반영하고 있는가?
구성요소1 (공유시설 비전 및 유형)	초점 및 비전	공유공간과 공동체를 위한 명문화된 비전과 문서들이 존재하는가?
	서비스 및 활동	활동과 서비스의 유형들이 공동체의 필요와 목적에 부합하는가? 그러한 활동과 서비스들이 적절하고 양립 가능한가?
	조직 및 결사체	모든 관련자들의 역할, 책임 및 기여할 내용들이 합의되고 기록되었는가?
	공동체 관여	비전, 결과 및 서비스 옵션을 개발하기 위해 공동체의 구성원 및 조직들의 관여가 있어왔는가?

구성요소	점검목록	점검사항
구성요소2 (공유시설 규모와 수요인원)	수용인원	주요 이해관계자들에 의해 공유시설의 수용인원, 서비스와 활동에 대해 합의가 이루어졌고, 이해되었으며, 문서화되었는가?
	사용자 및 고객	공동체 구성원 사용자와 고객이 파악되었고, 그들의 필요와 목적에 대한 명확한 이해가 이루어졌는가?
	지역계획 청사진	공유시설이 지역공동체 계획과 연계되거나 일정 부분이 되고 있는가?
	전략적 기획	운영기구의 장소에 대한 전략적 기획이 존재하고, 정기적으로 업데이트할 준비가 되어있는가?
구성요소3 (운영주체)	법적 주체 유형	관여하는 법적 주체들이 확인되었고 어떻게 그들이 함께 일한 것인지가 명확한가?
	이사회 및 협의회 구성	이사회 및 협의회의 멤버십에 대하여 동의되었는가? 이사회 또는 협의회 위원들의 임기와 역할이 문서화되었는가?
	합의 및 문서화	각각의 법적 주체의 책무와 재정적 의무를 규정하는 명확히 정의된 문서화된 합의서가 존재하는가?
	갈등조정	명확하게 정의되고, 합의되었으며, 문서화된 갈등조정과정이 마련되었는가?
구성요소4 (시설유지)	건물주	시설유지를 위한 시설주의 책임에 대한 문서화된 합의서가 존재하는가?
	건물입주자	건물 입주자(들)의 시설유지를 위한 책임에 대한 문서화된 합의서가 존재하는가?
	합의 및 체계	시설유지에 대한 합의가 존재하고, 시설관리체계가 마련되었는가?
	자산관리	공유된 공동체시설이 전체 자산관리 전략의 부분이 되고 있는가?
구성요소5 (운영과 통합)	통합 및 조정 역할	명확히 정의되고 자원이 뒷받침되는 통합과 조정 역할이 존재하는가?
	운영구조	명확히 정의된 운영관리와 보고구조 및 계획이 합의되었고, 기록되고 있는가?
	합의 및 위임	모든 운영 역할 및 책임에 대한 합의서, 직무기술서 또는 위임에 관한 규정이 마련되었는가?
	운영 및 통합 기획	운영 및 통합 계획이 시설의 전략 계획과 연계되었는가?

출처 : Victoria DPCD(Department of Planning and Community Development. 재인용 대전대학교 산학협력단, 2019, 공동체 역량강화 조사연구 용역. pp.107-108.

이와 함께 공동체의 수준 또한 지역의 자산화를 고민하는 단계에 이르렀다. 실제로 지역자산화를 의제로 한 다양한 형태의 워크숍, 포럼이 지역에서도 활발하게 열리고 있다. 공유공간(커먼즈)의 중요성과 논의를 이어온 국가들의 경우 다양한 형태의 자산화 지원 제도를 시행하고 있다. 지역공동체 기본법으로 제도마련을 시도해 왔던 내용을 보면, 마을자산화 등 관련 근거 마련이 추진 중이다. 중앙정부의 지원제도의 로드맵에 맞춰 실제적으로 지역 주체들이 체감할 수 있는 형태의 자산화 지원정책을 수립해야 한다.

2. 도시재생과 공동체, 사회적경제 연계 사례: 마을 관리 협동조합

마을 관리 협동조합이란 도시재생사업을 통하여 공급된 기초 생활 인프라를 유지·관리해 나가며, 주민들이 필요로 하는 재화 및 서비스를 공급하는 주민 중심의 자조조직으로 법인격은 협동조합보다 공익성이 한층 강화된 사회적협동조합을 뜻한다.

도시재생이 주민 중심으로 지속가능한 구조로 관리운영되기 위한 자조조직으로서 마을관리 협동조합은 국토교통부와 지자체, 도시재생지원기구, 운영지원 전문기관, 갈등관리위원회, 사회적경제 중간지원조직이 상호연계를 통해 다음과 같은 역할을 수행하면서 설립 운영된다.

명학 마을관리 사회적협동조합은 2017년 국토교통부 주관 도시재생 뉴딜사업 공모에 명학마을의 협동조합설립 계획을 적극 반영해 2018년 마을관리 협동조합 시범지역으로 선정되었다.

안양8동 명학마을 도시재생 뉴딜사업은 주거지원형으로 2018년부터 2021년까지 4년간 국·도비와 시비 포함 206억 7천만원이 투입되어 주민 커뮤니티시설 및 주차장 조성, 집수리 지원사업, 골목환경 개선사업 등이 추진되었다.

- **국토교통부**: 마을관리 협동조합 설립 인가 및 공공지원 제도 마련
- **지자체**: 마을관리 협동조합 관련 도시재생 사업계획 수립, 마을관리 협동조합 육성, 공공지원 집행 및 관리
- **도시재생 지원기구**: 마을관리협동조합 육성지원(교육운영, 창업지원, 사업모델, 선도조합, 네트워크, 제도개선, 모니터링)
- **운영지원 전문기관**: 마을관리협동조합 자금 및 회계관리 지원, 조합원 모집, 홍보 등
- **갈등관리위원회**: 조합원 사이 또는 지역주민과의 사이에서 발생할 수 있는 갈등 예방, 조정, 중재
- **사회적경제 중간지원조직**: 마을관리 협동조합 설립지원 및 사회적경제 네트워크 구축 및 자원 연계 등

[경기도 안양시, 명학 마을관리 협동조합]

이후 안양시가 마련한 주민역량강화 프로그램을 운영해왔고, 주민들은 이를 통해 사업계획 수립과 정관 마련 등을 통해 2020년 7월 21일 17명으로 구성된 조합원 창립총회를 거쳐 2020년 12월 11일자로 국토교통부로 설립인가를 받아 정부로부터 뉴딜사업 및 조합운영비로 5천만원의 지원을 받게 되었다.

명학 마을관리 협동조합은 지역거점시설의 위탁운영과 함께 마을관리소, 마을카페, 다함께돌봄센터, 나눔가게 등 지역일자리 창출을 통해 주민복지 증진에 기여하는 다양한 마을사업을 추진하고 있다.

특히, 마을카페는 바리스타 자격증을 취득한 주민을 중심으로 사회적기업진흥원 창업지원 공모사업에 선정되어 2020년 8월부터 운영중에 있다.

다른 사례로서 청주 와우 마을관리사회적협동조합은 2020년 3월 도시재생 마을조합 설립조합교육에 참여한 주민을 중심으로 마을관리협동조합 설립을 추진하였으며, 젊음을 공유하는 길, 경제를 공유하는 공간, 우암동 이라는 사업명 아래, 중심시가지형 도시재생사업으로 2020년 12월, 51명의 조합원을 시작으로 설립되었다.

주사업은 청소와 세차, 마을식당, 공영주차장 운영관리사업으로, 세차사업은 친환경세제를 사용하는 워터리스 세차사업 형태로, 청소사업은 지역 아파트와 원룸을 대상으로 회원제 건물 청소 서비스를 제공하고 있다. 취약계층을 고용하여 이들이 지역에 필요한 사회서비스를 제공하는 구조로 운영 중이다.

이밖에도 행정안전부가 추진하는 주민자치 고도화 지원사업의 경우는 주민자치회 연계 마을기업 등 사회적경제를 통해 지속가능한 구조로의 고도화를 도모하고 있다.

4-5 결론 및 시사점

지속가능한 지역공동체는 주민들의 사회적·경제적 요구를 지원하는 환경적 능력을 보전하는 동시에 이러한 요구에 부응하기 위해서 지속적으로 조정하고 적응하는 일체의 활동을 수행한다. 지속가능한 지역공동체는 공동체를 구성하는 구성원의 역할과 의제해결력을 담보하는 거버넌스 실천성 측면에서의 지속가능성과 지역사회 구성 요소 간의 연계와 활동의 성장이라는 지속가능성으로 구분해서 살펴볼 수 있다. 그리고 이러한 요소들이 모여 지역사회와 함께하는 사회적경제 생태계를 구성하는 것이다.

지속가능한 지역공동체는 미래세대를 위해서 세대를 넘어 공유할 가치가 있는 자원들을 보전하면서 동시에 공유하게 하고, 오늘을 사는 시민의 요구에 부응하기 위해서 필요한 자원들을 적절히 활용할 수 있는 공동체를 말한다.

구체적으로, 지속가능한 지역공동체는 지역경제를 활성화시키기 위해서 지역사회의 자원을 개발하고 효율성을 촉진시키면서 전 지구가 직면한 기후위기를 극복하기 위한 우리 사회에 만연한 오염과 낭비를 최소화하면서 시간이 지날수록 주민들의 삶의 질이 높이는 공존과 회복력을 유지하도록 하는 것일 것이다.

지속가능한 지역공동체는 인적, 자연적, 경제적 요소들이 상호의존적이고 서로의 긍정적 영향에 의해서 시너지가 발생하는 공동체로서 자연스러운 생태계 환경을 조성유지하는 것이다.

주민들이 원하는 것들에 반응하고 이를 주민이 향유하는 지속가능한 환경을 가진 지역공동체는 각 지역공동체 마다 다른 방식과 내용으로 형성되기 때문에 규범적으로 고정된 형태는 아니다.

지역공동체와 사회적경제가 추구하는 가치가 같고, 사회적경제의 공간적 기반이 지역공동체라는 것을 감안하면, 공동체와 사회적경제는 지역의 지속가능성과 이를 위한 실천주체와 혁신의 실천영역으로서 상호연계와 협력적 진화의 관계에 있다 할 수 있다.

지금까지 지역공동체의 자원과 역량 강화가 궁극적으로 지속가능한 구조로서 사회적경제로 진화하는 이유와 사례를 살펴보았다.

지역공동체는 수많은 분야에서 다양한 기대수요와 자원이 결합하면서 생태계를 형성하고, 주체와 거점, 상호관계 속에서 역할과 기능이 확대되고 있다. 이를 어떻게 활용할 것인가는 향후 지역 발전의 중요한 기반이 될 수 있다. 특히 사회적가치와 공공성, 자치성에 기반한 지역공동체의 활동은 사회적경제와 연계되며, 지역사회의 다양한 주체와 자원이 결합하면서 궁극적으로 지역활성화에 기여한다.

기후위기와 사회적 양극화, 세대와 지역의 갈등, 소외와 고립으로부터 누구나 존엄한 삶을 살기 위한 안전망을 구축하고, 지속화하기 위해서 우리가 도모할 수 있는 실천은 지역공동체와 사회적경제가 함께 어우러져 긍정적인 성과를 일으키는 것이다.

도지재생과 사회서비스, 일자리와 보건·의료, 문화, 여가, 소셜 네트워크, 민관협치에 이르기까지 지역공동체 자원과 사회적경제로의 확장을 통해 주민주도, 주민수요에 부합하는 실질적인 시민사회 성장이 가능할 것이다.

좋은 일자리와 존엄이 있는 서비스 영역까지 지역공동체의 자치성과 사회적경제라는 체계가 만나 지속가능한 지역성장을 만드는 것이다.

참고문헌

곽현근 (2015). “주민자치 개념화를 통한 모형 설계와 제도화 방향”, 『한국행정학보』. 49(3), pp.279-302.

곽현근 (2015). “주민자치의 개념화와 제도화 방향”. 『한국행정학회 학술발표논문집』, 2015.12, pp.872-894.

김경희 (2013). “사회적 경제를 통한 지역혁신의 가능성과 한계”. 『공공사회연구』, 3(2), pp.126-150.

김정원 (2009). 『한국 사회적경제의 재조직화를 위하여』. 2009 한국사회포럼.

김준홍 (2012). “Richard Florida의 창조 도시 이론의 한국적 수용에 대한 비판적 고찰: 창조 계층의 장소 선택을 중심으로”. 『문화정책논총』, 26(1), pp.31-51.

김현호 (2013). 『현대적 지역공동체 모델정립 및 활성화 방안 연구』. 한국지방행정연구원.

남재걸·정정화·오수길 (2016). “지역공동체의 진화에 따른 이해관계자 간 역할변화 분석”. 『한국정책학회보』, 25(3), pp.105-132.

대전대학교 산학협력단 (2019). 『공동체 역량강화 조사연구 용역』. 대전대학교 산학협력단.

민현정 (2018). 『광주형 공동체 정책진단 및 발전방향 연구』. 광주광역시.

박병춘 (2012). “지역발전과 지역공동체-지역공동체 활성화를 위한 모형 및 기본 정책 방향을 중심으로”. 『지역사회연구』, 20(2), pp.1-26.

박인권 (2012). “지역재생을 위한 지역공동체 주도 지역발전전략의 규범적 모형: SAGE 전략”. 『한국지역개발학회지』, 24(4), pp.1-25.

박종관 (2012). “지역공동체 형성전략연구--천안시를 중심으로”. 『한국콘텐츠학회논문지』, 12(7), pp.183-193.

전대욱·박승규·최인수 (2012). 『지역공동체 주도의 발전전략 연구』. 한국

지방행정연구원.
전대욱 (2014). 『선진형 지역공동체 정책적 지원방안 연구』. 한국지방행정연구원.
전대욱 (2017). “지역공동체 소유권과 자산화 전략”. 『마을공동체 이슈프리즘』, 12(2017.3.24.), 한국지역진흥재단.
차경은 (2012). “지역공동체 형성을 위한 주민의 행정참여 개선방안”. 『정책과학연구』, 21(2), pp.112-134.
최인수·전대욱·이승종 (2014). 『지역공동체 활성화를 위한 선진형 행·재정적 지원체계 연구』. 한국지방행정연구원』.
행정안전부 (2017). 『지역공동체의 이해와 활성화』. 행정안전부.

제5장

사회적경제를 주류화하는 민관 거버넌스

윤희철

본 장에서는 사회적경제를 중심으로 왜 민관 거버넌스가 필요하고, 거버넌스를 통해 할 수 있는 것이 무엇이며, 어떻게 거버넌스가 작동하는지에 대해 살펴본다. 또한 현재 민관 거버넌스가 갖는 한계와 문제를 조명하면서 올바른 사회적경제 민관 거버넌스가 나아갈 방향에 대해서도 진단한다. 이를 통해 사회적경제가 주류화하는 세상으로 나아가는 방안을 모색한다.

5-1 새로운 사회문제의 대두와 지속불가능성

몇 년 전 우리나라뿐만 아니라 전 세계를 뒤흔들며 흥행에 성공한 영화가 있다. '기생충'. 영화 개봉 후 한동안 여러 가지 기사가 쏟아져 나왔다. 그런데 미국을 돌아다니며 영화 시사회를 열던 중 한 기자가 봉준호 감독에게 이런 질문을 던졌다. "영화 '기생충'은 현재 한국에서 사회 혁명이 일어난다는 사실을 표현하는 건가요?" 질문에 대한 답변으로 봉감독은 이렇게 말한다.

> 미래에도 사회나 계획의 격차가 과연 좋아질 것인가라는 저 자신의 불안감이 있어요. 아들을 키우는 사람으로서. 그것을 많이 표현하려고 했죠. 혁명으로부터 세상이 오히려 거리가 멀어지고 있는 것 같아요. 혁명이란 것은 뭔가 부숴 트려야 할 대상이 있어야 되는데, 그게 뭔지, 혁명을 통해 깨뜨려야 되는게 뭔지, 파악하기가 힘들고 복잡한 세상이 되고 있는 것 같아요. 영화 기생충은 그런 복잡한 상황을 표현하는 것 같아요.
>
> _봉준호 감독, 영화 '기생충'에 대한 미국 언론사와의 인터뷰 중에서

현재 우리 사회는 복잡한 딜레마에 빠져있다. 다양한 사회적 문제가 여러 분야에서 발생한다. 다양한 생각과 이해관계가 얽혀 있다. 하나의 문제를 해결해도 생각지 못한 다른 곳에서 문제가 발생하는 것

이 우리가 사는 사회다. 쉬운 예를 들면, 요즘 쓰레기 대란으로 인해 일회용품 사용에 대한 문제가 제기된다. 어느 날 사무실에서 앞으로 일회용품을 사용하지 않기로 한다면, 사용한 컵은 누가 씻을까? 전통적인 우리 사회의 관념으로 보면, 여성이나 사무실에서 가장 사회적 지위가 낮은 사람이 하게 된다. 결국 자원순환 문제를 해결하기 위한 조치 때문에 성평등이나 불평등 문제가 발생한다.

쉬운 사례를 들었지만, 이러한 일들은 수도 없이 많다. 자연환경을 둘러싼 개발과 반개발, 원도심의 재개발을 둘러싼 보전과 개발, 소상공인 보호를 위한 대형마트 규제에 대한 찬성과 반대 등 수많은 갈등의 문제가 빈번하게 발생한다. 그래서 최근에는 갈등 문제를 해결하기 위해 관련 위원회나 정책도 나타난다.

복잡한 사회에서 비용을 최소화하면서 효과적으로 문제를 해결하는 방안은 무엇일까. 이 문제를 제기할 때, 언제나 등장하는 용어가 '거버넌스'이다.

다양한 이해당사자의 협력과 소통을 통해 문제를 풀어가는 과정이면서 통치의 과정이자 체계로써 회자된다. 우리 사회에 협치 또는 거버넌스라는 말은 언제 들어왔을까. 기존의 정부를 대신하는 새로운 개념으로 거버넌스를 다중심성이면서 수평적 협력으로 생각하면서, 시민사회를 중심으로 다양한 요구를 담을 수 있는 새로운 대안으로 생각하면서 나타났다. 2000년 이후 우리 사회 전반에 골고루 펼쳐지는 거버넌스의 물결이 지금은 모든 분야에서 기본이 되고 있다.

우리 사회가 '거버넌스[1]'라는 용어를 얼마나 많이 사용하는지 살

---

1) 거버넌스와 협치에 대해 명확하게 합의된 형태의 학술적 정의는 없다. 이 둘을 같이 보는 연구자도, 다른 성격으로 보는 시각도 존재한다. 하지만 "함께 다스린다"는 의미에서 이 둘은 유사한 의미로 볼 수 있다. 따라서 이 글에서는 거버넌스와 협치를 경우에 따라 혼용해서 사용한다. 글을 읽는 독자의 입장에서는

펴봤다. 네이버와 다음과 같은 포털의 뉴스 검색을 활용했는데, 2020년 한 해 거버넌스라는 용어를 사용한 뉴스는 네이버 38,429건, 다음 57,900건으로 나타났다. 기사를 봐도 경제, 사회, 문화 분야를 막론하고, 정책, 행정, 기업에 이르기까지 다양한 영역에서 '거버넌스'라는 말을 쉽게 사용한다.

거버넌스에 대한 관심은 줄지 않고 지속적으로 나타난다. 구글 트랜드에서도 이러한 경향을 쉽게 볼 수 있다. 아래 그림은 최근 5년간 우리나라에서 '거버넌스'란 용어가 얼마나 회자되는지 온라인상에서 나타난 결과를 보여준다. 가장 높은 지점 대비 검색 관심도를 나타낸다. 검색 빈도가 높은 경우 '100', 검색 빈도가 절반 정도의 경우 '50', 충분치 않으면 '0'이다. 결과를 보면, 종종 높은 사용 빈도도 보이기도 한다. 사용의 일반적인 경향은 일정 수준을 계속 유지하는데, 최근 경향은 완만하게 증가하고 있다.

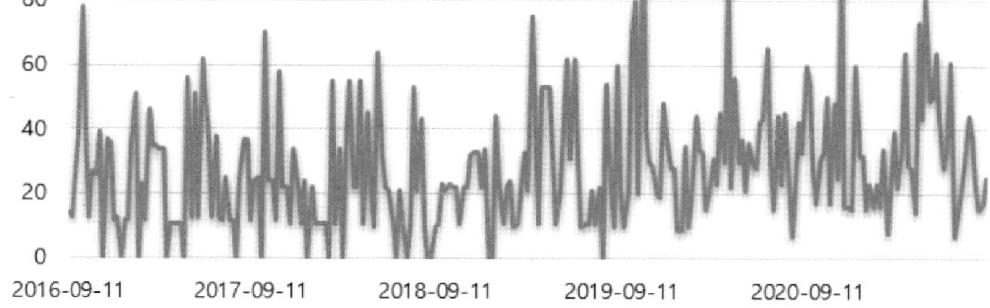

출처 : 구글 트랜드, https://trends.google.co.kr › trends

그림 5.1.1. 구글 트랜드의 거버넌스 키워드 결과(2016~2021)

약간 혼란이 올 수 있으나, 이 둘을 같은 관점에서 본고 사용하고 있다는 점을 밝힌다.

하지만 냉철하게 따져볼 때 과연 거버넌스의 본질을 우리가 이해하고 잘 사용하고 있는지에 대해서는 의문이 든다. 수많은 정책과 학술적 용어로 거버넌스를 수도 없이 사용하지만 실제로 우리의 거버넌스는 요원해 보인다. 우리 스스로가 가진 관념 중 아직도 정부가 사회문제의 해결을 위해 중앙집권적 권력구조를 가져야 한다는 인식이 여전한 것이 반증이다.

이명석 성균관대 교수는 이러한 사회적 현상을 '거버넌스 신드롬'이라고 명명한다. '거버넌스'가 담고 있는 과거와 다른 개혁적 이미지만을 사용하면서, 현장에서는 이전과 같은 정부 중심의 해결방식으로 문제를 고치려 하는 일종의 병리 현상이라고 냉철하게 지적한다(이명석, 2017).

이렇게 우리 사회의 실질적 거버넌스는 갈 길이 멀다. 연구자들은 우리의 거버넌스는 아직도 '형식적 거버넌스'라고 진단한다. 이 과정에서 특히 거버넌스의 실패가 논의된다. 이 실패의 이유는 우리 사회에 팽배한 사회적 배제, 통합적인 정책을 추진이 어려운 각 주체의 역량 부족, 공공의 혁신 부재, 정치적 목적에 급급한 단기적 수요 중심의 계획 등이다. 특히 거버넌스의 실패는 정부 부처간, 중앙과 지방정부간, 민간과 공공간의 신뢰의 부족과도 직결된다.

이러한 현실의 문제에도 불구하고, 우리 사회의 모든 일에 '거버넌스'란 단어가 꼭 들어간다. 모두가 인식하고 있다. 다양한 이해관계자가 결합한 논의를 거치지 않으면 우리가 갖는 문제는 해결되지 않는다. 이 현실은 사회적경제 영역에서 민관 거버넌스에서도 동일하게 나타난다.

따라서 이 글은 사회적경제를 중심으로 왜 민관 거버넌스가 필요하고, 거버넌스를 통해 할 수 있는 것이 무엇이며, 어떻게 거버넌스가 작동하는지에 대해 살펴본다. 또한 현재 민관 거버넌스가 갖는 한계와 문제를 조명하면서 올바른 사회적경제 민관 거버넌스가 나아갈 방향에 대해서도 진단한다. 이를 통해 사회적경제가 주류화하는 세상으로 나아가는 방안을 모색한다.

5-2 사회적경제의 민관 거버넌스 필요성

1. 민관 거버넌스의 등장과 특징

우리는 유럽과 미국 사회가 '거버넌스'에 대한 오랜 경험이 있었다고 오해를 한다. 하지만 구체적인 거버넌스의 경험을 살펴보면, 그들 나름대로의 사회·문화적 배경이 존재하지만 실제 기존의 정부 중심의 '거버먼트(government)'에서 이해관계자의 참여구조인 '거버넌스(governance)'로의 변화는 1990년 대 이후 나타났다(西山康雄·山八重子, 김영훈 외 역: 50).

근대사회에서 '거버넌스'는 국가의 지배구조나 정부의 기능과 같다고 보았다. 민간의 영역과는 분리해 정부를 공적 영역으로 보았다. 1970년대부터 부각되기 시작한 신자유주의 정치철학자나 신고전주의 경제학자들은 공적 영역으로 국가의 역할을 민간이 다루기 어려운 부분에 국한해야 한다고 주장하기도 했다(西山康雄·西山八重子, 김영훈 외 역: 251-259). 예를 들어, 영국의 경우 1980년대 대처정부가 추진한 공공지출 삭감과 공공부문에 대한 민간투자의 결과, 이전까지 정치적 차원에서 자원 배분의 중심에 있었던 중앙정부의 능력이 저하되면서 정부와 민간의 관계가 변화되었고, 그 과정에서 '거버넌스'가 검토되기 시작했다.

시민사회가 성장함에 따라 정부의 일방적인 지시가 아닌 정부와 시민사회 간의 협업을 통한 규제, 조정, 생산, 관리가 중요해졌다. 다양한 가치가 상존하고 이해당사자가 과거에 비해 많이 늘었으며, 의사결정과 집행과정에서 발생하는 갈등 문제 등 복잡하고 어려운 문제에 대한 통합적 해결을 위한 네트워크 접근이 강조되었다(Goldsmith and Eggers 2004).

거버넌스의 개념에 대한 다양한 연구가 진행되었고, 각자 다양한 견해를 피력한다. 그렇지만 기본적인 정의는 '공동의 문제를 해결하기 위해 관련된 주체 간의 조정의 방식'이라고 할 수 있다(Pierre and Peters, 2000: 7). 물론 일부에서는 통치의 과정에서 시민사회의 관여하거나(Rhodes, 2000), 정책 작성과 의사결정 과정에서 여러 조직 및 이해관계자가 참여하는 것(Goldsmith and Eggers, 2004)을 더 중요하다고 말한다. 또한 일종의 조직 내의 지배구조를 한정적인 개념으로는 거버넌스라고 한다. 하지만 넓은 개념으로 정부와 사적조직의 연합으로 나타난 새로운 상호협력의 방식을 거버넌스로 보기도 한다(김명희, 2008).

최근에는 공공문제 해결에 중점을 두는 '협력적 거버넌스'가 등장한다[2]. 협력적 거버넌스에서 정부의 역할은 시민들이 공동체의 문제인식을 공유하고 상호학습을 통해 대응 역량을 기른다. 이를 통해 공공성과 책임성을 제고하기 위해 정부는 상당한 시간과 비용을 투자해야 한다. 즉, 정부의 역할은 시민과 권력을 공유하고 권한을 요구하는 시민을 예전처럼 무력화시키는 것이 아니라 유능한 시민을 만드는 것이 우선적으로 필요하다.

명확히 말하면, 협력적 거버넌스는 정책네트워크나 민관 파트너십

2) 김정희(2016), 지방정부 사회적경제 정책에서의 협력적 거버넌스 비교 연구 : 대구와 부산을 중심으로, NGO연구 제11권 제2호, pp.77-116.

과 다르다. 협력적 거버넌스는 다자간의 공식적 과정을 통해 작동한다. 하지만 정책네트워크는 비공식적으로 운영되고, 민관 파트너십은 특정 업무에 대한 민관의 동의를 요구하는 점에서는 같지만, 집합적 의사결정 과정을 통해 합의 도달을 목표로 하는 협력적 거버넌스와 달리 의견의 조정에 중점을 두고 있다.

또한 협력적 거버넌스는 숙의의 과정과 실질적 의사결정권을 포함한다. 비정부 부문의 참가자들은 정부기관 참가자들과 마찬가지로 모든 단계의 의사결정 과정에 참여해야 하며, 의사결정 단계 이전까지 공동의 숙의를 요구한다. 정책 결과에 대해서도 공동의 책임을 요구한다는 점에서 자문위원회와 차이가 있다. 그런가 하면 민주적 의사결정과정에 이성적 토론, 즉 숙의를 결합시켜 개인들의 특정선호와 이익에 치우치지 않는 공적 이성을 발휘하도록 독려한다는 점에서 '대의의 한계' 극복에 강조점을 둔 '참여 거버넌스'와도 차별성을 보인다.

한편, 최근 글로컬라이제이션(glocalizatoin, 세방화)가 등장하고 있다. 세계화(globalization)과 지방화의 합성어이다. 이 개념은 세계화를 추구하면서 동시에 지역의 특성을 존중하는 방식이다. 1980년대 후반 하버드 비즈니스 리뷰(Harvard Business Review)에 처음 등장한 이 말은 롤랜드 로버트슨(Roland Robertson)과 같은 사회학자들에 의해 더 많이 개념화되었다. 즉, 거대도시들이 등장하고 대도시 중심의 경제와 문화 활동이 주를 이루는 세계화가 지역성을 무시한다는 점에서 오히려 지방을 강조하고 그 중요성이 증가하고 있다고 말한다.

그래서 지역의 중요성이 한층 커진 상황에서 지역발전의 개념도 변화하고 있다. 과거에는 지역의 경제적 수요를 충족하는데 집중했다면, 이제는 지역의 다양한 '사회적' 수요를 충족시킨다. 동시에 환경을 중시하고, 생산과 소비가 지역 내에서 순환하는 순환경제가 강조되고 있다.

사회적경제는 이러한 상황에 부합하게 지역의 다양한 수요를 충족하는 이해당사자들이 참여하는 조직의 영역으로 지방정부, 시장, 시민사회와의 연계를 통해 지역경제 활성화를 위한 지역내 순환의 생산과 소비를 하면서 동시에 고용 창출이라는 중요한 수단으로 부상하고 있다. 또한 기존의 시장 경제가 제대로 역할을 하기 힘든 사회문제 해결에도 서비스 공급에서도 역할을 한다.

2. 지속가능성의 가치와 사회적경제의 관계

2015년 유엔은 인류의 지속불가능성에 대한 문제를 해결하고자 전세계 국가들의 합의를 거쳐 '우리가 사는 세계의 변혁 - 지속가능발전을 위한 2030 의제'를 채택했다. 유엔의 지속가능발전목표(Sustainable Development Goals, 이하 SDGs)는 17개 목표, 169개 세부목표로 구성되었고, 지표 평가를 통해 각 국가와 지역의 지속가능성을 점검할 수 있는 기본적인 체계를 담고 있다.

그런데 SDGs의 목표를 살펴보면, 전체가 상호 연계되어 지속가능성을 담보하는 방향으로 설계되어 있다. 즉, 하나의 목표를 달성했다고 해서 다른 목표가 저해된다면 지속가능성을 보장한다고 말할 수 없다. 예를 들어, 경제성장을 위해 지역의 관광자원을 적극 활용해 대규모 관광객을 유치했지만, 자연생태계가 훼손되고 투어리피케이션(Tourification)[3]이 발생하면서 지역주민의 삶의 질이 하락한다면, 그 지역이 자속가능하다고 말할 수 없다.

반면, 대중교통을 활성화하고 저탄소 녹색교통 체계로의 정비를 도

3) '투어리스트'(tourist)와 외부인 유입으로 원주민들이 본래 거주지에서 쫓겨나는 현상을 의미하는 '젠트리피케이션'(gentrification)의 합성어.

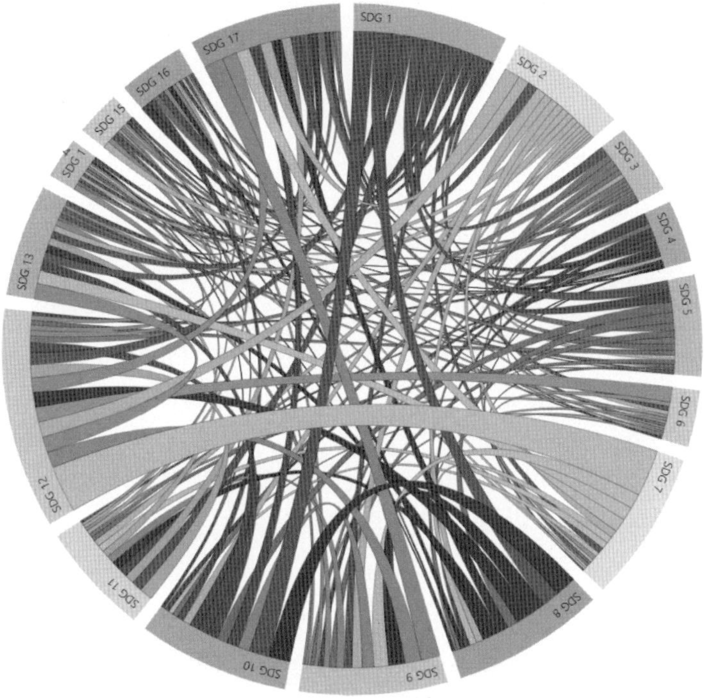

UN SDGs는 개별 의제와 사업 중심이었던 과거 목표와 달리 포괄적인 상호 연관성을 갖고 전체 목표 달성을 위한 노력을 다하도록 설정되어 있다. 위 그림은 각 목표의 세부목표가 갖는 상호 연계를 보여준다.
출처 : Leiden University - Centre for Innovation, http://linkssdgs.herokuapp.com/

그림 5.2.1. UN 지속가능발전목표의 각 목표별 관계도

모하고, 동시에 교통약자의 이동권을 보장한다면, 탄소배출을 줄이면서 기후위기에 대응하고 모두를 위한 공정한 도시 정책이고, 도시의 지속가능성을 증진하는 정책이 된다.

SDGs의 목표는 지속가능성을 증진하면서 경제·사회·환경 영역의 다양한 가치, 그리고 개인·사회 공동체·미래 세대를 함께 고려하는 행동 규범이자 의사 결정의 기준을 말하는 '사회적가치'를 추구한다.

이는 사회적경제의 목적과도 유사하다.

또한 SDGs는 지역, 계층, 분야 등 다양한 가치가 상충하는 문제를 해결하기 위한 방안으로 다양한 분야의 참여를 중시하고 그 방안으로 거버넌스를 가장 중요한 방법론으로 본다. 사회적경제가 활성화하기 위해 무엇보다 중요한 것이 각 영역과 이해당사자간의 협력적 거버넌스라는 사실을 생각하면, 이 역시 유사한 점으로 볼 수 있다.

결국 SDGs와 사회적경제는 사회적가치를 추구하는 목적성, 달성하고자 하는 목표와의 연계성, 다양한 이해관계자의 거버넌스의 측면에서 매우 긴밀하고 유사한 특성을 지니고 있다.

3. 사회적경제와 민관 거버넌스의 중요성

사회적경제는 지역발전을 위한 다양한 행위자들의 네트워크와 사업들을 포함시키기 쉽다. 지역이 갖는 특성과 사회적경제의 개념을 고려한다면, 지역발전은 사회적경제의 원리를 적용할 수 있는 적합한 사업 영역이다. 사회적경제는 지역공동체와 상호 보완관계가 있으며 지역공동체를 기반으로 사회적경제 조직의 활동에 대한 지원 및 신뢰 획득이 용이하다(유현종·정무권, 2018: 37).

사회적경제는 사회적 가치를 실현하기 위해 두 가지 특징을 갖고 있다(강병준, 2014: 5-46). 먼저, 기존의 시장경제의 조직과 달리 사회문제를 해결할 수 있다. 사회적경제 조직은 사회적 목적과 경제적 목적을 동시에 추구하는 조직이다. 사회적경제 조직은 사회적 목적, 사회적 결과, 사회적 임무, 이익의 사용방지 등의 속성을 가지면서, 시장에서 영리활동을 하는 조직이다(Social Enterprise Coalition, 2003; Defourny, 2001).

사회적경제 조직에 '사회적'이라는 용어는 다섯 가지 사회적 기준을 갖는다. ① 지역사회 공헌이라는 명확한 목적, ② 시민집단이 설립하는 조직, ③ 자본 소유에 기인하지 않은 의사결정, ④ 활동에 의해 영향 받는 사람들의 참여, ⑤ 이윤분배의 제한이 있다(Defourny, 2001). 최근에는 더 확장되어 빈곤, 실업, 복지와 같은 전통적인 사회문제뿐만 아니라 교육, 간병, 가사지원, 보육, 환경, 양극화, 사회통합 등과 같은 문제들까지 포함시키면서 사회문제 해결의 주체로서 인식하고 있다(채종헌, 2011).

앞서 살펴본대로 거버넌스는 신속하게 변화하는 사회 속에서 문제를 해결하려는 민관의 협력과 연대이고, 시민사회의 중요한 속성인 사회적 협동, 자발적 기여, 집합적 노력을 활용한 새로운 시도이다. 물론 전통적으로 보았을 땐, 혼란스러운 체계이지만 이를 통해 문제를 집중적으로 해결하자는 방식이다(이명석, 2007: 24). 또한 정보화 사회를 넘어 4차산업과 인공지능이 논의되는 현 시점에서 사회문제 해결은 단순히 정부와 시민사회만의 문제가 아니라 시민과 공동체의 네트워크가 참여와 연대를 통한 다양한 온-오프라인의 사회활동을 통해 확대되고, 기존에 소외되었던 여성, 장애인, 노인, 이주민, 성소수자 등의 참여가 확대할 것을 요구한다. 거버넌스가 우리 사회가 직면하는 수많은 문제들을 해결하기 위한 제도적 특성이라면, 사회적경제는 거버넌스의 틀 속에서 사회문제 해결을 하는 조직적 목표를 수행할 수 있다(McCray, 2009).

또한 사회적경제는 공공의 가치 창출에서도 중요한 역할을 한다. 2000년대 이후 유럽과 미국에서 사회적경제 조직은 사회, 교육, 보건 등의 기초적인 사회 서비스가 빈곤층과 낙후 지역에서 제 역할을 하도록 중심축으로 새로운 복지 체계의 핵심으로 부상하고 있다. 사회적경제 조직이 갖는 집단행동, 상호신뢰, 시민의 책임감, 민주적 가치 등을 장려해 사회적 자본을 창출하는데 역할을 담당하는 것이다.

사회적경제는 경제성장 외에도 고용, 효과적인 공공서비스 제공, 권익 향상 등에 기여한다. 그래서 최근 들어 빈곤과 실업에 대해 혁신적인 해법을 제시하고 사회적 약자를 끌어안음으로써 사회적 자본을 확충하는 사회통합의 대안으로 주목받고 있다. 특히 요즘의 거버넌스는 기존의 정부의 특성이었던 일방적이고, 행정 주도적이며, 폐쇄적인 운영에서 벗어나 시민사회와 대등한 관계로 정책과정을 운영하는 좋은 거버넌스(Good governance)의 형성을 추구한다. 이 상황에서 사회적경제는 공동체 사회의 가치를 만들어가기 위한 거버넌스를 구축한다.

4. 사회적경제와 민관 거버넌스의 연계성

보통 우리는 국가와 같은 거시적인 활동에 주목하지만, 우리의 삶에 직접적인 영향을 주는 것은 일상의 삶에서 시작한다. 지역은 활동의 가장 작은 공간이면서 지역사회의 성숙과 건강함은 경제, 사회, 문화의 왕성한 활동에서 쉽게 확인할 수 있다. 특히 지역사회는 지방정부 외에도 다양한 이해관계자가 언제나 움직이는 공간으로 지역 거버넌스의 중심이 된다. 따라서 지역에서 활동하는 사회적경제는 지역의 민관 거버넌스을 잘 활용해야 한다.

왜 사회적경제는 민관 거버넌스를 만들고 잘 활용해야하는가? 크게 다섯 가지 이유로 정리할 수 있다(김기태, 2014: 107-124). 첫째, 기존의 기업 주로 거시적인 시장을 지향하고 시민사회는 거시적인 사회문제를 해결하는 데 중점을 둔다. 하지만 사회적경제 조직의 소규모 지역사회를 대상으로 활동을 전개하는 경우가 많다. 둘째, 지역의 주민들이 다수의 주체가 된다. 영리기업과 비교하면, 사회적경제 조직은 다수이해관계자가 의사결정에 참여함으로써 지역사회 주민들이 주체

표 5.2.1. 국제적인 사회적경제 모델의 비교

구분	자유주의 모델	사회국가주의 모델	파트너십 모델
지역	• 영국과 미국	• 유럽대륙국가	• 캐나다 퀘벡
특징	• 국가의 시장개입 최소화 • 지역 경제 활성화의 수단	• 사회적경제가 복지국가를 보완하는 역할로서의 성장	• 협동조합 전통 하에서 역사적으로 형성되고 제도화
사회 경제적 맥락	• (미국) 연방정부가 제도 및 프로그램 수립, 주정부가 재원을 배분 및 조정, 지역사회에서 비영리단체, 자원봉사 형태의 참여하고, 서비스를 공동공급과 공동생산 • (영국) 지역주민주도의 다양한 사회적기업을 세우고, 지방정부는 기금, R&D 지원 등 간접적인 지원의 형태	• (프랑스) 중앙정부는 사회적경제를 위한 핵심적인 제도와 방향을 제시하고 구체적인 사업의 실행은 지방단위의 시민의 참여와 협동조합의 조직화 • (이탈리아) 도입되었고, 중앙정부 및 지방정부의 위탁을 통한 사회서비스를 제공하며 비영리부문과는 달리 이윤배당 금지 원칙이 적용되지 않고, 조합의 연맹체와 조합을 통해 규제 및 재정적 지원 역할 수행	• 정책결정 과정부터 참여하여 사회적경제를 만들어 가고 관리하는 공동구축을 비롯하여 지역의 사회서비스를 공동으로 생산하는 공동생산에 이르기까지 서로 협력하는 파트너십 거버넌스 유형으로 발전
역사적 맥락	• (미국) 주로 수익사업을 하는 비영리조직 또는 지역의 사회적 영향이 큰 사회적기업을 강조 • (영국) 1980년대 보수주의 정권에서 시작해 노동당 정부의 제3의 길 실천방안으로 확대, 최근 보수당 정부의 'Big Society' 강조를 통해 국가 대신 시민사회 역할 강화 및 다양한 복지수요 충족의 역할 부여	• (프랑스) 1981년 사회적경제 담당국무원 설립, 1988년 중앙과 지방정부의 사회적경제 중앙-지역 연결 전국위원회 설립, • (이탈리아) 역사적으로 발전되어 이념적인 성향에 따라 레가콥(Legacoop), 이탈리아협동조합연맹(Confcooperative), 아지(Aggi) 등의 부문별 협동조합연맹이 별도로 성장	• 1960년대 '조용한 혁명(Quiet Revolution) 이후 민간에 의한 사회적경제 네트워크와 정부가 적극적인 파트너십을 형성

출처 : 유현종·정무권(2018), 한국 사회적 경제 거버넌스와 지역발전, 지역발전연구 제27권 제2호, pp. 38-41.

표 5.2.2. 사회적경제 조직별 협력적 거버넌스에 관한 연구

구분	연구자	주요내용
사회적 기업	장인봉 외 (2008)	위원회 설치 및 거버넌스 발전, 지원기관 설치, 사회적기업가 양성의 필요성을 주장
	양세진 (2011)	사회적기업의 활성화를 위해서는 협력적거버넌스가 필요하고 정부는 협력적거버넌스를 지속적으로 관리
	김경희 외 (2012)	사회적기업이 목적을 달성하기 위해서 다중이해관계자의 참여와 민주적 운영원리가 도입
	강병준 (2014)	지속가능한 사회적기업이 되기 위하여 정부와 기업 시민사회가 거버넌스 체제를 갖추어야함
마을 기업/ 협동 조합	이도형·함요상 (2010)	협동조합의 활성화를 위해서는 거버넌스 협력체계 요구
	임경수·하태영 (2013)	지속가능한 마을기업 발전 방안으로서 중간지원역할 강화, 네트워크 구축
	김복태·은국·정수현 (2013)	퀘벡주 협동조합 활성화방안으로서 법·제도 개선, 네트워크 구축, 지원체계 마련, 공공시장서비스 확대
포괄적 접근	노대명 (2007)	사회적경제의 질적인 전환을 위해서는 지도력, 전문인력 양성, 네트워크 구축이 필요
	Mendell (2007)	퀘벡시의 사회적경제 활성화를 위해서는 이해관계자들의 파트너십, 사회적경제 구성원들의 네트워크, 시민 참여, 민주적 의사결정, 다수의 공적 공간이 필요
	이해진 (2010)	사회적경제의 지역화를 위해서 지역사회역량을 개발하고 조직화해야 하며, 네트워크의 구축이 필요
	장우진 외 (2012)	사회적경제 '통합지원센터'를 운영하고, 지역별 '협력적네트워크' 구축과 지역자원 연계 강화가 필요함
	류만희 (2012)	사회적경제 활성화를 위해서는 지역사회에서 협력적 거버넌스를 이룩하는 가운데 정부의 역할을 모색해야함
	김경희 (2013)	사회적경제 측면에서의 민·관의 협력적거버넌스 구축을 통한 지역차원에서의 시너지효과 발휘의 필요성

출처 : "유미현(2017), 사회적경제의 사회적 자본이 협력적 거버넌스에 미치는 영향에 관한 연구, 전남대학교 대학원 지역개발학과 박사학위논문, 52." 내용 일부 수정.

가 될 수 있다. 시민사회와 비교하면 참여 주민들의 공간적 분포가 지역에 밀집된다. 셋째, 다양한 사회적경제 조직들은 상호간의 네트워크를 통해서 성장이 용이하다. 왜냐하면 직면하는 시장의 범위가 작으면서 동시에 사업의 확장이 불가피하기 때문이다. 실제로 성공적인 사회적경제기업은 상당수가 대규모로 성장하기보다는 다양한 사회적경제 조직이 육성하는데 멘토 역할로 기여하기도 한다. 넷째, 사회적경제 조직들은 다양한 사회적 문제를 사업을 통해 해결해 나가려는 지향점을 가진다. 이는 공공이 추가하는 것과 유사하다. 다만 지방정부가 그 수단을 예산의 편성과 집행을 주로 한다면, 사회적경제 조직은 사업을 통한 문제해결을 추구하는 차이점이 있다. 그래서 지방정부와 사회적경제 부문은 협력적 관계를 형성하기에 용이하며, 그 방식은 다양하고 창의적일 수 있다. 다섯째, 사회적경제 조직은 사업체로서 일상성을 가지고 있으며, 재무적 성과 및 사업적 성과라는 명확한 기준으로 평가될 수 있다. 이런 사회적경제의 특징에 따라 지방정부는 일상적이며, 사업적 측면에서 공적 영역의 이슈를 해결하는데 동일한 사업역량이라면 사회적경제 주체들이 가장 효과적일 수 있다.

그렇다면 어떻게 민관 거버넌스를 지역에서 만들어야 하는가? 사회적경제의 민관 거버넌스를 어떻게 형성할 것인지에 대해서는 나라마다 차이가 있다. 사회적경제의 거버넌스 모델을 살펴보려면, 당연히 지역적, 사회경제적, 역사적 맥락을 고려하여야 한다. 서구 유럽의 맥락에서 사회적경제의 거버넌스 모델을 크게 3가지 나눌 수 있다(Dancause and Morin, 2013). 이 세 모델은 사회적경제가 각 나라의 국가 형성과 자본주의의 발전에 따른 역사적 경로에 따라 만들어졌다. 그래서 사회적경제가 지역사회 발전에 어떤 역할을 했으며, 또한 비교론적 관점에서 우리의 사회적경제가 어떤 유형으로 성장하고 있는가를 가름해 볼 수 있다(유현종·정무권, 2018: 38-41).

최근 들어 기후위기, 자연환경 등에 대한 인식이 높아지면서 국가의 규제, 기업의 영향 제한 등에 대한 시민의 목소리가 강해지고 있다. 이러한 상황에서는 정부가 이전보다 큰 개방성과 투명성, 민주적인 책임성 확보가 신뢰를 확보하는데 영향을 준다. 또한 정치인들과 공무원들도 과거와 같은 이해관계보다 공익을 위한 공평하고 합법적인 방법으로 행동할 것이라는 신뢰를 통해 시민들의 지지를 얻는다는 사실을 깨닫고 있다.

또한 일반시민이나 시민사회단체들도 다양한 이슈와 현장에서 네트워크 또는 협의회 등을 통해 이해당사자와의 접점을 넓혀가며 논의를 통해 문제해결을 위해 노력한다. 이러한 변화는 거버넌스가 정부의 독점적 영역이 아니면서, 우리 역시 어떠한 형식이나 방법으로든 거버넌스에 관련되어 있다는 사실을 보여준다.

5-3 사회적경제의 민관 거버넌스 사례

사회적경제 영역에서도 거버넌스는 주목할 수밖에 없다. 사회적경제가 기업의 영리추구 목적도 중요하지만 사회적 가치를 추구하기 때문에 지역사회 문제에서 자유로울 수 없기 때문이다. 사회적경제의 확산에서 협력적 거버넌스는 무엇보다 중요한 문제로 다뤄지고 있다. 특히 사회적경제가 이제 자리를 잡는 과정에서 민관의 협력이 향후 발전의 과정에서 필수적인 요소로 작용한다는 경험적 사고가 기반이 되어 나타난 현상이다.

이 장에서는 두 가지 사례를 놓고 살펴본다. 먼저 서울 성북구와 충남 홍성군의 사례를 중심으로 정부와와의 관계, 사회적경제 조직 간의 연대, 지역주민의 민주적 참여, 서비스 유형에 대해 구체적인 사례를 중심으로 살펴본다. 대구시와 광주시를 사례로 민관 거버넌스 모델의 구성과 운영 과정을 통해 사회적경제 거버넌스의 형태를 살펴본다.

이를 통해 사회적경제 민관 거버넌스의 사례를 중심으로 현황과 과정을 살펴보고, 이 글에서 앞으로 논의하고자 하는 거버넌스의 필요성과 작동의 동인을 분석해보고, 시사점을 확인하면서 사회적경제 생태계 구축을 위한 민관 거버넌스의 과제를 도출하고자 한다.

1. 서울 성북구와 충남 홍성군의 사례

사회적경제의 거버넌스를 살펴보려면, 지역의 이해당사자들이 어떻게 상호 연계되어 있고, 협력관계를 정립하고 있으며, 참여 체계를 구성하고 있는지를 살펴봐야 한다. 이는 공공과 민간의 관계 속에서 민-관, 관-관, 민-민, 그리고 지역주민의 참여구조를 파악해야 한다. 이러한 과정을 유현종·정무권(2018)은 중앙정부의 관계, 지자체와의 관계, 지방정부와의 민관/민민 관계, 사회적경제 조직의 연대성, 지역주민의 민주적 참여, 서비스의 유형을 중심으로 정리했다(유현종·정무권, 2018: 71).

먼저 중앙정부와의 관계를 보면, 중앙정부의 좋은 말로 '분절성'이 언제나 문제가 된다. 분절성이란 속된 말로 하면 '칸막이 행정'이라고 비판하는 것이다. 각 부서별로 사회적경제조직이나 기업에 다양한 지원과 협력을 하는데, 기획재정부, 국토교통부, 농림축산식품부 등 중앙부처의 특성상 자기 영역만을 대상으로 지원과 협력을 하면서 나타난 현상이다. 하지만 성북구와 홍성군 모두 영향을 받고 있지만, 각자 이를 활용하고 있다. 성북구는 협동조합과 사회적기업 위주로 사회적경제에 집중하도록 하고, 홍성군은 농림축산식품부의 마을만들기를 중심으로 제도적으로 집중한다. 광역지자체와도 민관거버넌스를 영향을 받는다. 자치구의 특성상 성북구는 서울시의 계획이나 지원에 의존적일 수 밖에 없다. 반면, 홍성군은 충남의 계획이나 지원에 제약은 있지만 자율성이 강조되는 차이를 보인다.

지방정부와의 민관 거번너스, 사회적경제 조직과의 민민 거버넌스에서는 특징이 보이는데, 성북구는 사회적경제조직의 통합을 도모했고, 사회적경제위원회를 두어 이 둘을 융합시켰다. 홍성군은 독특한 모습을 보이는데, 민과 관의 협력적 거버넌스를 위해 '홍성통(通)'을

표 5.3.1. 성북구와 홍성군의 비교

항목	성북구	홍성군
중앙정부의 관계	• 중앙정부의 분절성이 영향을 주지만 협동조합 및 사회적기업 위주의 사회적경제로 집중	• 중앙정부의 분절성이 영향을 주지만 마을만들기(농축식품부)로 제도적 집중
광역지자체와의 관계	• 서울시의 계획이나 지원에 의존적임	• 충청남도의 계획이나 지원에 제약은 있으나 자율성 강조
지방정부와 민-관/민-민 (사회경제조직) 관계	• 사회적경제 조직의 통합 및 사회적경제위원회 설치	• 사회적경제 조직의 분산, 마을만들기 정책위원회, 민관 협업적 거버넌스(홍성통), 홍성군마을만들기지원센터, 민간이 운영하는 마을활력소
사회적 경제조직의 연대성	• 성북마을사회적경제지원센터(성북사회적협동조합 위탁운영, 2012년부터 마을지원센터와 함께 운영) • 협동조합협의회를 제외하고 사회적경제 주체간의 네트워크는 비활성화, 사회적경제조직에 마을기업이 참여한 함께살이 성북 사회적협동조합 결성	• 홍성협동사회네트워크(2012년 준비위 결성 이후 창립), 희망마을협의회 등 자발적 네트워크 활성화, (사)홍성지역협력네트워크 구축
지역주민의 민주적 참여	• 시민참여형 특화사업 공모 • 공론장 활성화 • 마을 자치 네트워크 융합 • 사회적경제 민민협력 활성화 등	• 자주적인 마을계획 수립 및 마을추진위원회 구성, 민관거버넌스 참여
서비스의 유형	• 통합돌봄네트워크, 의제해결형 협업 등	• 친환경 농업, 교육·관광 등의 공동체 서비스 등

출처 : 유현종·정무권(2018), 한국 사회적 경제 거버넌스와 지역발전, 지역발전연구 27(2). 71.; 성북구마을사회적경제센터(2020), 성북구 마을 사회적경제센터 활동보고서.

두어 운영하면서 마을공동체 활동에 중점을 두는 지역 특성을 고려해 민간이 운영하는 '마을활력소'가 민간 거버넌스에서 주요한 역할을 했다.

사회적경제 조직의 연대를 위해 성북마을사회적경제지원센터를 성북사회적협동조합이 위탁운영하고, 동시에 마을지원센터도 운영하면

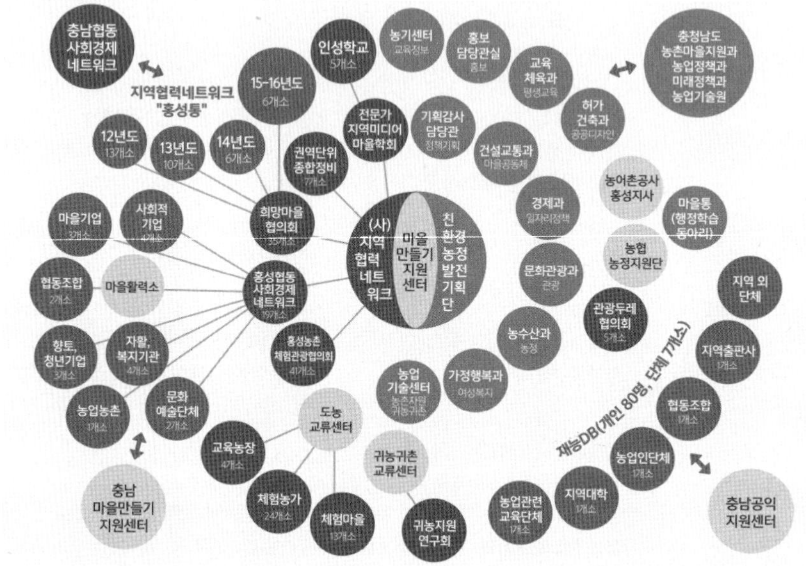

출처 : 충청남도 민관협치 홈페이지, http://www.chungnam.go.kr.

그림 5.3.1. 지역 거버넌스 홍성통의 민관 거버넌스 구조

서 사회적경제와 마을공동체가 함께 연대할 수 있는 기반을 마련해, 공간적으로 마을에서 사람이 중심이 된 사회적경제가 운영되는 형태를 만들었다. 반면, 홍성협동사회네트워크는 2012년 준비위원회 결성 이후 활동 중이며, 희망마을협의회 등과 자발적인 네트워크를 활성화하고, (사)홍성지역협력네트워크를 만들어 운영 중이다.

또한 민관 거버넌스의 바탕에서는 지역주민의 민주적 참여도 중요한데, 성북구는 시민참여를 위한 공론장 활성화, 마을 자치 네트워크 융합, 사회적경제 민민협력 활성화 등의 사업을 추진하며서 통합돌봄 네트워크, 의제 해결형 협업 등의 사업을 진행 중이다. 홍성군은 마을만들기에 방점을 두고 마을계획 수립과 마을추진위원회의 구성, 민관 거버넌스의 참여 등 주민이 중심이 되어 활동에 참여하는 체계를 두

고 있고, 이를 통해 친환경 농업, 교육, 관광 등의 마을공동체 활동을 운영 중이다.

2. 대구와 광주의 민관 거버넌스 모델

사회적경제는 다양한 거버넌스를 요구한다. 당사자조직도 협동조합, 사회적기업, 마을기업, 자활기업으로 다양하고, 관련된 정부 부처와 지방정부의 부서도 다르고 복잡하다. 행정의 지원과 협력 구조도 복잡하지만 민간의 협력도 쉽지 않다. 하지만 사회적 가치 추구라는 같은 목적을 갖고 있어 연대와 협력이 용이하고, 수많은 곳과 다양한 계층에 분포되어 있기 때문에 협력을 통한 시너지 효과도 배가된다. 따라서 전국적으로 여러 사회적경제 민관 거버넌스 기구들이 존재하는데, 그 중에서 다양한 활동을 하는 대구시와 광주시 사례를 살펴보고 시사점을 찾아본다.

대구 사회적경제 민관정책 협의회는 2015년 발족 이후 왕성한 활동을 하고 있다. 이듬해에는 의제를 발굴하고 정책제안과 사업을 제시하기 위해 참여 위원들이 수십 번 토론회, 포럼, 간담회 등을 개최했다. 당시 사회적경제 종합 발전 계획안을 함께 만들기도 했고, 사회적경제의 주체들과 이해관계자들이 모이는 중요한 거버넌스 기구로써 작동했다. 참여 인원도 약 60여 명을 유지하면서 당사자조직, 연구 및 학계, 기업, 단체, 지원조직, 공무원이 참여했고, 대구시 사회적경제지원센터가 지원기관 역할을 하고 있다. 협의회 내부에 기반조성, 인적자원 육성, 경영지원, 사회혁신의 4개 분과위원회를 구성해 운영 중이다. 최근에는 코로나19로 인해 대규모 위원들이 참여하는 회의 자체가 쉽지 않다는 문제가 있어, 분과위원회 중심으로 지속적인 논의의 장을 펴고 있고, 동시에 '대구 사회적가치연대'를 별도로 구성해

표 5.3.2. 대구시와 광주시의 민관 거버넌스 조직과 운영 현황

구분	대구	광주
명칭	• 사회적경제민관정책협의회	• 사회적경제 민관거버넌스 협의회
시작일	• 2015년 1월	• 2019년 4월
성격	• 조례근거 없는 임의기구	• 조례근거 없는 임의기구
구성현황	• 정책발굴·수립·평가(분과위에서 정책과제 발굴, 전체회의에서 확정)	• 정책발굴·수립·평가(분과위에서 정책과제 발굴, 전체회의에서 확정)
구성현황	• 위원 57명(당사자조직, 연구·학계, 기업·단체, 지원조직, 공무원) • 위원장은 행정부시장1인, 학계 1인 • 기반조성, 인적자원육성, 경영지원, 사회혁신 4개 분과위 구성	• 위원 21명(광주시, 시의회, 사회적경제 당사자, 중간지원기관, 지역경제주체, 학계 등) • 위원장은 일자리경제실장 1명, 민간 1명 • 3개 분과 위원회(정책제도분과, 생태계조성분과, 지역혁신분과)
회의안건	• 사회적경제종합발전계획안 • 분과위에서 발굴, 제안한 정책과제와 사업안	• 광주사회적적경제 클러스터형 공간조성 등 중요 의제 발굴 및 정책과제 제안

출처 : 대구 사회적경제지원센터 및 광주 사회적경제지원센터의 내부자료

관련 활동을 확장하고 있다.

광주시 사회적경제 민관거버넌스 협의회는 2019년 4월에 발족했다. 조례상 법정위원회로 '사회적경제활동지원위원회'는 있지만, 보다 다양한 참여 체계의 구성을 위해 민관 거버넌스 기구로 시작했다. 이후 협의회는 지난 3월부터 8월까지 분야별 전문가, 당사자조직 등으로 구성된 3개 분과위원회에서 정책조사, 현장 의견수렴 등을 통해 의제를 발굴하고 적합성 여부를 점검했다. 이 회의에서는 그린뉴딜 연계 사회적경제 일자리모델 발굴, 위기상황 대응 사회안전망 구축을 위한 사회적경제 역할 강화, 사회적경제기금 조성, 공공기관 사회적경제분야 사회공헌활동 유인 등을 최종 추진과제로 채택했다. 채택된 추진과제는 광주광역시의 신규사업에 반영해 2021년부터 추진했다. 특히 코로나19로 인해 변화된 사회·경제 상황에 따라 새로운 일자리 모델

출처 : 광주사회적경제지원센터

그림 5.3.2. 광주광역시 사회적경제 민관거버넌스 협의회 회의 사진

발굴, 사회안전망 구축 등을 중점적으로 하고 있다(전남일보, 2020. 9.24).

광주와 대구의 협의회 모두 특이점이 있는데, 비법정위원회라는 점이다. 비법정위원회는 단기적인 프로젝트 성격의 일에 집중하고, 목표 중심으로 조직하고 해체하기 때문에 단기적 성과를 내는데 집중한다. 따라서 의제 해결 중심으로 일을 처리할 수 있고, 운영기간에 비해 왕성한 성과를 낼 수 있다. 하지만 법제도적 체계가 부족한 관계로 지방정부의 재정지원 문제에 시달린다. 또한 장기적인 정책이나 사업추진에는 한계를 지닌다. 특히 4년마다 자치단체장이 바뀌는 우리나라의 특성을 고려하면 협의회가 지속적 활동을 유지하기는 쉽지 않다. 즉, 사회적경제 당사자조직의 끈끈한 연대가 있다면 비법정위원회이기 때문에 자율적으로 움직일 수 있다는 장점은 있지만, 재정

지원과 지속적 활동이 쉽지 않다는 점이 문제이다.

물론 법정위원회로 만들어도 문제는 여전하다. 지방지치단체의 수많은 법정위원회가 있지만, 1년에 단 한번 개최하는 위원회도 있고, 이마저도 형식적으로 서면으로 처리하는 경우가 자주 있는 것을 보면, 굳이 법정위원회로 만들 필요가 상당히 희석된다. 하지만 지방정부의 지속적인 행정 및 재정지원[4], 협의회의 위상 등을 고려하면 법정위원회로 두면서, 별도의 민간 사무국을 두고, 민관 거버넌스의 다양한 이해당사자 다수가 참여하는 참여체계를 구성해야 올바른 민관 거버넌스가 유지될 수 있다. 특히 우리의 지방정부의 특성상 정책의 연속성이 담보하기 어렵고, 지원하는 공무원 조직도 수시로 바뀌는 상황에서는 민간에게 더 우선권을 주고 활동하게 하는 것도 중요한 해결방안이 될 수 있다.

4) 2016년 지방재정법 32조의2 개정으로 법제도적 근거가 없는 기관이나 단체에 예산지원이 어렵다. 현재는 2021년 법이 다시 개정되어, 근거조항은 사라지고 지방보조금법이 제정되어 해당 조항이 그대로 유지되어 있다. 그래서 법적 근거가 없는 사회적경제에 관한 민관거버넌스 협의회 등에 예산 지원이 어려운 문제가 존재한다.

5-4 사회적경제 생태계를 위한 민관 거버넌스 과제

1. 지역발전의 패러다임과 정부의 인식전환의 필요성

매년 연말 지방자치단체의 청사 건물이나 인근에는 대형 현수막이 걸린다. "국비 O조 유치". 지역발전의 기본을 외부자본의 유입이 없으면 안되고 자본을 유치해야한다는 생각이 너무 강해서 나타난 현상이다. 대규모 자본 유치를 거의 융리한 수단으로 생각하는 이유도 눈에 보이는 성과주의를 의식하다보니 나타난 결과이다. 고용창출 효과를 분석할 때도 투입된 예산 대비 일자리의 개수, 수치로 확인되는 지역의 경제적 효과만을 따지기 때문에 정책을 만들면서 집착하게 된다. 하지만 공적자금이 투입에 따른 기회비용은 거의 무시된다.

또한 중앙정부의 정책과 재원의 사용 지침에 좌지우지되기 때문에 지역의 특성은 전혀 고려되지 못한 획일적인 사업추진에 예산이 사용된다. 이 과정에서 발생하는 '외부효과'는 당장 눈에 보이지 않기 때문에 생각하지 않는다. 결국 지속불가능성이 팽배한 정책수립과 사업추진이 되더라도 미래에 닥칠 문제를 무시하는 정책수립과 집행이 이뤄진다.

하지만 실질적으로 지역민을 위한 올바른 정책이 이뤄지고 성과로 나타나려면 장기적인 투자와 지속적인 지원과 협력이 바탕이 되어야 한다. 일시적인 대규모 상업자본의 유치가 지역 전체의 경제성장을 담보할 수는 없기 때문이다. 한국 GM의 군산공장 철수와 같은 사례를 보면 오히려 경기 변동에 따라 지역경제를 흔드는 일들을 쉽게 볼 수 있다.

따라서 사회적경제의 민관 거버넌스에서도 이러한 인식을 갖고 접근해야 한다. 지방정부가 장기전략을 통해 흔들리지 않는 방향성을 갖고 일을 추진해야 한다. 하지만 현재는 1년 단위의 예산 집행과 사업 성과에 집착한 나머지 단기적으로 표출되는 성과가 아니면 거의 신경쓰지 않는다. 이 문제를 개선하기 위해서는 장기적인 목표와 함께 성과지표를 정리하고 지속적인 모니터링과 함께 성과 평가를 진행해야 한다.

또한 지방정부의 이러한 경향은 행정만의 문제가 아니고 우리 사회의 인식도 동일하게 작동하기 때문이다. 근본적인 문제를 해결하려면 민관 거버넌스의 장이 단순히 사회적경제 당사자 조직 외에 다양한 이해관계자가 참여하도록 해야 하고, 시민들의 참여도 적극적으로 확대될 수 있는 네트워크의 장이 되어야 한다. 이를 통한 시민의 정책 수용성 제고도 담보되어야 한다.

포용적 성장을 위해서는 지역에서 이해관계자의 참여에 의한 정책 결정이 필수적이고, 생애주기별 위험에 대한 대응으로 공동체 내에서 지원시스템을 제공하는데 있어 전체 종합적인 접근과 수직적 조정이 요구된다. 지방자치단체에 교육, 복지사업 등이 이양되었지만 조직이나 재원면에서 자율성이 여전히 부족하고, 정보의 공개와 시민들의 참여에 의한 정책 결정에서는 여전히 한계를 나타내고 있다(유현종, 2017: 469-496).

동시에 사회적경제가 주류화되도록 행정기구도 정비되어야 한다. 직원 몇 명에 불과한 팀 단위에서 벗어나 포괄적이고 종합적인 특성을 고려해 사회적경제 국이나 실 등 종합적인 컨트롤 타워 기능이 가능하도록 조직을 재편할 필요도 있다. 전주시의 경우 별도의 사회연대지원단(구 사회적경제지원단)을 두고, 사회적경제, 마을공동체, 도시재생을 포괄하는 업무 추진을 해 상호 시너지 효과를 노리고 있다. 물론 지방정부의 인식 제고에는 일선에서 업무를 진행하는 공무원들에게 일종의 '사회적경제 감수성'을 높이는 학습의 장이 상시 만들어져야 한다(김기태, 2018: 215-228).

2. 모두가 참여하는 사회적경제 민관 거버넌스의 필요성

사회적경제 거버넌스는 그들만의 리그가 되어서는 안된다. 즉, 거버넌스의 구성에 사회적경제 당사자 조직만 들어가서는 안되고 지역사회의 다양한 이해관계자들이 포괄적으로 들어가 협력하고 논의하는 토대를 마련해야 한다. 사회적경제를 단순히 사회적경제 기업 또는 조직만의 것으로 생각해서는 안된다. 사회적경제의 바탕은 "주민, 혹은 능동적 주체로서의 시민"과 이들이 구성하고 있는 지역의 "지역공동체"이다. 이를 바탕으로 형성된 사회적자본이 사회적경제의 토양이다. 따라서 사회적경제 거버넌스를 구성할 때 민간의 영역은 단순히 사회적기업, 협동조합, 마을기업, 자활기업의 4대 부문의 대표자만으로 구성하기 보다 지역사회의 다양한 시민사회활동의 주체들이 함께 포함되어야 하고, 사회적경제 민간연대조직을 만들 때에도 이들이 참여하도록 문을 열어야 한다(김기태, 2018: 215-228).

예를 들어, 시민사회, 자원봉사, 중간지원조직, 기업, 유관기관 등의 참여를 담보하고, 지속가능발전협의회와 같은 기존 거버넌스 기구들과의 상호 연대와 협력을 확장할 수 있다. 당연히 지역문제 도출과 혁신과제를 만들어가는 방안을 찾을 수 있다. 지역공동체의 사회적경제 담론의 확산되고, 각 주체별 역할을 재확인하면서 지역문제를 해결하는 방안을 모색할 수 있다.

물론 이 과정에서 거버넌스 구조를 견고하게 만들면서 협력적으로 구성해야 한다. 협력적 거버넌스의 가장 중요한 것은 참여 주체의 역량을 강화해 문제가 되는 사안을 명확하게 파악하고, 각자의 자원과 역량을 결집해 성과를 도출하는 것이다. 이 과정에서 끊임없는 의사소통이 필수적으로 이뤄져야 하고, 무엇보다 학습의 장이 상시적으로 만들어야 한다. 단순히 교육 프로그램만 남발하면 참여자들에게 무의미하기 때문에 문제해결을 위한 학습과정이 되도록 조율해야 한다.

또한 민관 거버넌스를 지원하는 중간지원조직을 두어야 한다. 모두가 바쁜 일상에서 특히 사회적경제기업과 조직은 모두 사회적가치와 영리추구라는 두 마리 토끼를 잡아야 하는 현실적인 문제 때문에 네트워크과 연대에 시간을 투자하기 쉽지 않다. 게다가 대부분 소자본으로 이뤄진 영세한 형태의 사회적경제기업이 다수인 현실에서는 네트워크 회의만 쫓아다니면 정작 본업을 소홀히 하는 문제마저 발생한다.

그래서 사회적경제와 거버넌스의 역사가 짧고, 경험이 부족한 우리의 특성을 고려하면 초기 활성화를 위해서는 전문적인 지원기관의 역할이 증대된다. 전국 및 광역의 중간지원조직은 현장과 밀접하게 연계 맺는데 공간적인 한계를 가지고 있다. 도 단위는 인구 밀도는 낮은 반면, 공간은 넓어 광역 중간지원조직은 모든 지역을 포괄하면서 일을 하기 어려운 한계를 갖는다. 전국의 현실을 살펴보면, 광역 사회적경제 활성화를 위한 중간지원조직은 존재하나 기초자치단체에는 경기도를 제외하면 대부분의 지역에서 중간지원조직이 절대적으로 부족하다(최준규, 2018). 게다가 사회적경제기업이나 조직이 자연발생하기는 우리의 토양에서 쉽지 않다. 따라서 기초자치단체에 사회적

출처 : 완주소셜굿즈센터 홈페이지, http://www.wanjucoop.co.kr.

그림 5.4.1. 완주소셜굿즈센터의 예비청년현장지원 모습

경제와 마을공동체를 한데 묶는 중간지원조직을 설치하여 지역의 여러 조직이나 기업이 '사회적경제화' 될 수 있는 바탕을 마련해야 한다. 실제로 완주군은 커뮤니티 비즈니스를 활성화하기 위해 2011년부터 사업을 실시하고, 2015년 완주공동체지원센터로 명칭을 변경했다. 도시와 농촌의 공동체 기반을 다지고, 사회적경제 생태계를 조성하기 위한 다양한 사업을 시행 중이고, 2019년에는 '완주소셜굿즈센터'로 명칭을 바꿔 '완주 2025 소셜굿즈 플랜'을 실행하기 위한 중간지원조직으로 역할을 하고 있다.

3. 사회적경제 주류화를 위한 민관 거버넌스의 역할 증대

사회적양극화, 기후위기 등 지속불가능성이 팽배한 우리 사회의 문제를 위해서는 사회적경제가 무엇보다 필요했고, 지난 십 수년간의

노력으로 상당한 변화를 이룬 것도 사실이다. 하지만 아직도 갈 길은 멀다. 2019년 기준으로 기업 수는 27,459개, 종사자 수도 284,875명으로 증가하고, 최근 5년간 변화를 보면, 기업 수는 연평균 약 10%, 종사자 수는 연평균 약 5% 증가하고 있다. 하지만 6백만 개가 넘는 전체 기업 수에 비하면 절대적으로 적고, 매출액을 비교하면 아직 미미한 수준이다.

아직 연약한 사회적경제의 토대를 확고히 하고 주류화 되는 사회를 만들기 위해서는 민관 거버넌스의 역할이 무엇보다 중요하다. 여기에서 다시 지방정부의 역할이 중요해진다. 예를 들면, 2020년 기준 전국적으로 사회적기업의 42%가 서울, 인천, 경기 수도권에 몰려 있다(라이프인 사회적경제 미디어, http://www.lifein.news). 서울과 경기는 광역 뿐만 아니라 기초자치단체까지 중간지원조직이 구성되어 활발하게 활동이 가능하다. 하지만 그 외 지방은 상황이 다르다.

따라서 지방에서는 지방정부가 직접적으로 초기 사회적경제 조직을 중심으로 한 네트워크 형성을 직접적으로 지원해야 한다. 예를 들어, 사회적경제 기업의 창업 시 많은 어려움을 겪는 사회적경제 기업을 대상으로 인건비나 운영비의 지원은 중요한 마중물 역할을 할 수 있다. 최근 코로나19에 따른 경제 침체를 해결하는 차원에서 중소상공인들의 지원정책과 맞물려 진행한다면 당연히 큰 효과를 얻을 수 있다.

특히 최근 기후위기대응과 맞물려 논의되는 그린뉴딜의 과제에서 사회적경제의 역할에 대한 논의를 살펴보면, 과거 경기 침체나 쇠퇴를 벗어나기 위해 대기업을 대상으로 SOC 중심의 대규모 투자를 했던 방식에서 벗어나 지역이라는 공간, 마을공동체에 대한 투자, 대기업이 아닌 중소기업이나 골목상권의 지원 등으로 논의가 진행 중이다.

예를 들어, 미국에서는 SOC 중심의 대규모 토목공사 대신 에너지·환경 문제 개선을 통해 고용 창출과 경제성장의 기반을 마련했다. 1973년 발생한 석유파동 이후 그린 리모델링이 시작됐다. 저소득층의 난방요금을 줄이기 위해 1976년부터 시작했다. 이후 경제적 어려움이 발생할 때마다 그린 리모델링을 도입했다. 2009년 금융위기 이후 경제위기 극복 차원에서 진행할 때는, 당시 저소득층을 위한 주택 개보수 사업에 50억 달러를 투입해서 3년간 약 100만 가구의 주택 에너지 효율화가 진행됐다.

단순히 일자리 창출, 에너지 소비 감소만 있었던 것이 아니다. 저소득층 가구소득 개선효과가 있었다. 이 사업을 하려고 1,000개의 지원기관이 만들어졌고, 4,000여 개의 민간기업이 참여해 분기당 1만 2000개의 일자리가 창출됐다. 대규모 토목사업은 대기업 중심으로 이뤄지지만 그린 리모델링은 소규모 사업으로 지역과 마을 단위로 사업이 이뤄지니, 당연히 투입된 예산이 모두 지역의 일자리에 집중되는 효과가 발생한 것이다.

기후위기라는 위기의 순간을 사회적경제가 제 역할을 찾아간다면 오히려 기회의 순간으로 변화시킬 수 있는 요인이 될 수도 있는 것이다. 이를 통해 사회적경제가 주류화되는 이상이 현실로 구현되는 모습을 우리의 일상에서 볼 수 있다.

5-5 결론 및 시사점

우리 사회는 현재 사회적경제를 통해 새로운 변화를 도모하고 있고, 큰 기대를 하고 있다. 가장 큰 이유는 그동안 우리는 고도 경제성장을 통해 급속한 산업화, 도시화를 경험했고, 어느 순간 선진국 진입의 지표 중 하나인 '1인당 국민소득 3만 불' 시대에 접어들었다. 실제로 인구 5천만 명 이상이고, 1인당 국민소득 3만 불인 나라는 미국, 독일, 영국, 일본, 프랑스, 이탈리아 이렇게 6개국 뿐이다. 여기에 우리나라가 들어간 것이다. 2021년 7월에는 유엔무역개발회의(UNCTAD)가 우리나라의 지위를 개발도상국에서 선진국으로 옮겼다. 1964년 유엔무역개발회의가 설립된 이후 이런 상황이 벌어진 나라는 전 세계에서 우리나라가 유일하다.

하지만 성장에 따른 진통도 존재한다. 급속한 경제성장이 과연 우리 사회에서 신뢰와 네트워크를 바탕으로 협동이나 거래를 이끌어내는 공동의 능력이나 규범으로 정의되는 '사회적자본'을 제대로 쌓아 갔는지는 의문이다. 또한 기준금리 0%대, 경제성장 2%라는 지표는 '저성장시대'에 접어들었다는 사실을 각인시키면서 과거 우리가 누려왔던 고도성장시대의 향수에서 벗어나야 할 때임을 알려주고 있다.

서구 유럽사회가 환경문제로 인해 지속가능발전을 고민한 것도 있지만, 궁극적으로는 고도성장시대에서 저성장시대로 접어들면서 일종의 생존전략의 일환으로 지속가능성을 더욱 깊이 고민한 사실을 생각한다면, 저성장시대에 살아남는 방안으로 과거의 경제성장 방식을 답습하지 않도록 방법을 찾아야 한다.

그래서 사회적경제의 주류화가 필요하다. 최근 기업들이 ESG경영(환경, 경제, 거버넌스)을 추구하는 가장 큰 이유도 기업이 살아남기 위해서는 필연적으로 사회적 가치를 추구해야 한다는 현실적인 문제에서 출발한다. 본질적으로 지역의 문제를 해결하고, 정부의 한계를 극복하면서 포용사회를 구현하는데 가장 적합한 특징을 지닌 것이 바로 사회적경제라는 사실을 감안하면, 사회적경제는 현재 우리가 맞이한 상황을 극복하는 최선의 수단이 된다.

지역적 한계와 작은 집단의 규모를 극복하기 위해서는 연대와 협력이 필수적이다. 또한 지역의 자원과 역량을 최선으로 활용할 수 있는 사회적경제의 역할은 기존의 정부와 기업이 하지 못한 새로운 문제를 풀어가는 최적의 방안이 될 수 있다. 이를 위해서는 상시적인 소통과 협의가 요구되며, 거버넌스의 활성화를 위해서 민과 관이 끊임없는 방법을 찾아야 한다. 민관 거버넌스를 통해 현재의 한계를 극복한다면, 사회적경제가 주류화되는 희망찬 세상에서 우리는 살아갈 수 있을 것이다.

참고문헌

강병준 (2014). “거버넌스 관점에서의 사회적 경제조직의 성과요인 분석: 이해관계자의 인식조사를 중심으로”. 『공간과 사회』, 24(3), pp.5-46.

구글 트랜드, https://trends.google.co.kr › trends

김기태 (2014). “사회적경제 활성화와 민관 거버넌스의 중요성”. 『협동조합네트워크』, 66, pp.107-124.

김기태 (2018). “지역 단위 사회적경제 거버넌스의 의미와 추진방향”. 『협동조합네트워크』, 75, pp.215-228.

김명희 (2008). “영국의 사회적 기업 사례 연구와 한국에의 정책적 함의”. 『사회복지정책』, 33, pp.135-157.

김정희 (2016). “지방정부 사회적경제 정책에서의 협력적 거버넌스 비교연구: 대구와 부산을 중심으로”. 『NGO연구』, 11(2), pp.77-116.

김진영 (2015). 『민관협력 거버넌스와 정부의 역할 : 사회적 경제조직의 성과와 영향요인 분석』. 성균관대학교 박사학위논문.

라이프인 사회적경제미디어, http://www.lifein.news.

성북구마을사회적경제센터 (2020), 『성북구 마을 사회적경제센터 활동보고서』. 성북구마을사회적경제센터.

양세진 (2011). 『한국 사회적기업의 협력적 거버넌스에 대한 사례 연구』. 성균관대학교 국정관리대학원 박사학위논문.

완주소셜굿즈센터 홈페이지, http://www.wanjucoop.co.kr.

유미현 (2017). 『사회적경제의 사회적자본이 협력적거버넌스에 미치는 영향에 관한 연구 : 광주광역시 사회적경제 조직을 중심으로』. 전남대학교 대학원 박사학위논문.

유미현·나주몽(2017). “사회적자본이 협력적거버넌스에 미치는 영향에 관한 연구”. 『예술인문사회융합멀티미디어논문지』, 7(4), pp.37-46.

유현종 (2017). “사회적 경제의 거버넌스에 관한 연구 : 포용적 성장을 위한 정부혁신". 『사회복지법제학회 학술대회지』. pp.471-496.
유현종·정무권 (2018). "한국 사회적 경제 거버넌스와 지역발전". 『지역발전연구』, 27(2), pp.33-82.
이명석 (2002). "거버넌스의 개념화: '사회적 조정'으로서의 거버넌스". 『한국행정학보』, 36(4), pp.321-338.
이명석 (2017). 『거버넌스 신드롬』. 서울: 성균대학교출판부.
정규호 (2008). "풀뿌리 사회경제 거버넌스의 의미와 역할: 원주지역 협동조합운동을 사례로". 『시민사회와 NGO』, 6(1), pp.113-148.
채종헌 (2011). 『지역사회 활성화를 위한 사회적기업의 활용방안에 관한 연구』. 한국행정연구원.
최석현 (2017). "경기도 사회적경제의 성격과 전망: 사회적경제와 사회연대경제 모델을 중심으로". 『지역발전연구』, 26(3), pp.31-62.
한경진 (2019). 『사회적경제 활성화 요인에 관한 연구』. 목포대학교 박사학위논문.
西山康雄·西山八重子(2009). 『영국의 거버넌스형 마을 만들기』. 김영훈 외 역, 서울: 기문당.
Defourny, J. (2001). "From third sector to social enterprise". in Borzaga, C. & Defourny, J.(eds.), *The Emergence of Social Enterprise*, New York: Routledge.
Goldsmith, S. & Eggers, W. D. (2004). *Governing by Network: The New Shape of the Public Sector*. Washington, DC: Brookings Institution Press.
Healey, P. (2003). 『협력적 계획』, 권원용·서순탁 역, 파주: 한울아카데미.
Leiden University - Centre for Innovation, http://linkssdgs.herokuapp.com/
McCray, J. (2009). "Social enterprise: A new challenge for nursing practice and collaborative partnerships". *International Journal of Nursing Studies*, 46(2), pp.151-153.
Pierre, J. & Peters, G. P. (2000). *Governance, Politics and the State*. Basingstoke: Macmillan.

Rhodes, R. A. W. (2000). "Governance and Public Administration". in *Debating Governance*. Pierre, J.(ed.). Oxford: Oxford University Press.

Social Enterprise Coalition. (2003). *There's More to Business Than You Think: A Guide to Social Enterprise*. London: Social Enterprise Coalition.

제6장

한국의 사회적경제와 지역공동체

_ 제주형 사회적경제와 '수눌음 경제' 사례 연구

염미경

본 장은 지역공동체 사회적경제를 제주의 전통적 상호부조 문화인 '수눌음' 공동체의 관점에서 살펴보고 있다. 제주는 섬이라는 특성으로, 삶을 위한 자원을 지역에서 자체적으로 조달해야 해 마을공동체의 문제들을 마을 전체가 공유하고 협력해야 했다. 전통사회 제주인의 삶의 중심에 있던 '수눌음' 즉 협력의 사회자본 형태는 현대 지역공동체의 지속가능성에 대한 시사점을 던져준다. 특히 제주 전통사회의 공동체 협력 문화는 1990년대부터 제주에서 전개된 농촌 마을의 학교 살리기를 추동해낸 요인으로 평가되며, 초창기 마을 자체적인 학교 살리기에서 출발해 점차 마을공동체의 존속과 활성화 전략으로 발전시켜간 것이라 할 수 있다. 이 장은 그 과정을 제주의 한 농촌 지역공동체 사례를 중심으로 고찰하며, 이를 통해 제주의 '수눌음' 경제의 현대적 의미를 던져주고자 한다.

6-1 서론

1997년 외환위기를 전후해 한국 사회에서는 사회적경제에 관한 관심이 높아졌고, 이를 배경으로 정부는 2007년 사회적기업 육성법, 2010년 마을기업 정책, 2012년 협동조합기본법, 2014년 11월에는 사회적경제 기본법을 제정하게 된다. 고용노동부의 사회적기업, 행정안전부의 마을 만들기, 기획재정부의 협동조합 등 분리 운영하던 것들이 사회적경제로 일원화되면서 제주에서도 사회적경제 정책 운용이 본격화된다. 제주특별자치도 당국은 2014년 사회적경제 전담부서로서 사회적경제계를 신설하고, '사회적경제 시범도시 조성'을 정책적으로 추진하면서 2014년 12월에는 '제주도 사회적경제 기본조례'를 제정하는가 하면, 2015년 4월에는 제주사회적경제네트워크를 조직하였다. 이 과정을 거치면서 제주에서도 사회적경제, 사회적기업, 협동조합 등에 대한 논의가 활성화되었는데, 이는 전국 수준 사회적경제의 제도화[1]를 배경으로 한다.

그런데 제주에서 협력의 경제는 최근에 등장한 것이 아니라는 점에 주목할 필요가 있다. 제주와 같은 농어촌 배경이 강한 지역공동체에

1) 유럽이 시민사회가 주도하는 사회적경제 운동에서 출발하여 오랫동안 사회적경제로 제도화되는 발전 경로를 밟았던 반면에, 한국은 정부가 사회적기업의 제도화를 주도해왔고, 여기에 시민사회와 사회적경제 진영이 참여하는 방식으로 전개되었다. 이에 대한 자세한 논의는 이해진(2015)을 참조 바란다.

서는 구성원 간 상호협력은 일상생활의 일부였기에 다양한 형태로 협력의 경제가 존재하였고, 이러한 기반 위에서 현대 사회적경제 관련 조직이 자연스럽게 조직되었다고 할 수 있다.

이 장에서는 전통사회 제주 특유의 미풍양속이면서 노동 관습 그리고 사회자본으로서 '수눌음'과 '수눌음 정신'의 현대적 형태를 살펴봄으로써 지역 단위에서 사회적경제가 어떻게 지속가능성을 확보해나가야 하는지를 논의해보고자 한다. 이 연구의 구체적인 분석대상은 학교와 지역공동체 간 협력에 기반한 지역교육공동체 사례이다. 교육부의 학교 통폐합 정책에 대응해 학교 살리기를 지역발전의 동인으로 삼은 제주의 농촌 지역공동체 사례를 통해 지역 단위 현대 사회적경제의 존재 양상과 그것이 지닌 제주 수눌음 공동체로서 지역교육공동체의 현대적 의미를 살펴본다.

이러한 기본 문제의식과 관련하여, 이 장에서는 1980년대 초부터 지방 교육 재정 효율화를 목적으로 추진된 교육부의 학교 통폐합 정책이 농·어촌지역 교육환경의 황폐화를 부추기면서 지역 단위 교육현장의 반대와 다양한 행위 주체들의 비판이 제기되었다는 점에 주목한다. 제주의 농어촌지역들도 마찬가지 양상을 경험하였다.

농어촌지역에서 학교는 공동체 중심공간으로서 지역사회의 구심점 역할을 해왔다는 점에서 학교 통폐합은 단순한 문제가 아니다. 따라서 이를 교육부와 지역 교육청의 정책에 대해 지역공동체 차원의 대응들이 생겨났고, 대표적인 것이 학교 살리기[2]이다. 1980년대 초반

---

2) 학교 살리기는 학생 수라는 특정 조건의 미비로 인해 분교장 격하 혹은 폐교 위기에 처한 상황에서 주로 지역주민들을 중심으로 통폐합 정책을 따르지 않고 작은 학교를 유지, 발전시키기 위해 전개하는 다양한 형태의 공동체 운동을 말한다(오영매·손명철, 2005 : 258). N 지역의 경우 통폐합 대상으로 지정된 N 초교를 살리기 위해 주민들이 무상 임대 공동주택을 짓고 인구 유입을 도모하여 학교의 통폐합에 대항하였다.

부터 교육부가 추진한 학교 통폐합 정책의 기조는 현재 유지되고 있으나 각 지역 교육청의 정책이 영향을 주면서 지역에 따라 다른 양상이다.

한편, 농어촌 중심으로 인구감소와 학교의 소규모화 및 학교 통폐합 그리고 그 결과 다시 인구감소로 이어지는 악순환이 계속되는 상황에서(박삼철, 2012), 학교 통폐합 문제를 지역공동체 활성화 관점에서 지역발전전략으로 접근해야 한다는 목소리가 커지고 있다(정기석, 2014). 특히 저출산과 인구감소로 인해 학령기 학생 수 감소와 작은 학교 증가가 예상되는 지역 현실 속에서 농촌지역 사회적경제는 어떤 형태로 조직될 수 있는지 그리고 바람직한 형태는 무엇인지 이 연구의 지역공동체 사례 분석은 일정한 시사점을 줄 수 있을 것이다.

6-2 제주의 사회적경제로서 '수눌음 공동체'

1. 사회적경제와 제주의 '수눌음' 경제

한국에서 사회적경제 관련 논의는 1997년 외환위기 이후 야기된 소득양극화와 실업문제 극복을 위해 정부와 민간의 관심에서 촉발된다. 2003년을 기점으로 부족한 일자리 확대와 사회서비스 확대가 국가의 중요한 과제로 대두되면서 정부는 부족한 사회서비스를 공급하면서 일자리 확대를 위해 사회적기업에 주목하였고, 민간 부문의 생산공동체 경험과 정부 정책이 맞물리면서 사회적기업이 제도로서 정착되게 된다.

한편, 1997년 '사회적기업 육성법' 제정 이후 정부와 지방자치단체가 주축이 되어 사회적경제 조직 육성정책이 본격화되었고, 정부는 '사회적기업 육성법'과 '협동조합 기본법'은 물론 정부 부처별 관련 정책을 통해 사회적경제 조직의 재정과 운영에 대한 탐색은 물론 시장진입 노력을 시도하면서 사회적경제 조직은 빠르게 성장하였다(박대호, 2013 : 49-50).

역사적으로 사회적경제 개념의 출발은 자유시장경제, 원자화된 합리적 개인, 생산 중심 패러다임의 대척 지점에서 상호 배려에 입각한 호혜성이나 나눔, 재분배를 고려한 경제를 추구하기 위한 것이었고, 경제영역을 넘어 공동체성의 회복, 사회의 안정적 지속 등 사회 재생산의 안정적 기반 조성을 지향하는 것이었다[3](김경례·윤영선, 2015 : 2). 즉 산업화로 발생한 문제를 해결하려는 실천적 운동으로서 사회적경제는 비국가, 비시장, 비 시민사회 요소들로 구성된다. 그런데도 사회적경제는 그것이 경제인 이상 생산, 교환, 분배, 소비의 4가지 영역을 포괄하는 개념이다. 유럽의 사회적경제가 협동조합, 상호공제조합, 민간단체 등 조직 형태를 명시하는 개념으로 자리 잡았다 할지라도 그것과 무관하게 우리말의 사회적경제는 경제활동의 영역들을 연상시킨다[4](신명호, 2009 : 24). 그러나 사회적경제는 이윤극대화의 시장규율이나 기술 관료적 합리성의 국가규율에 종속적이지 않고 인간의 욕구를 직접 충족시키는 생산과 분배를 통제하는 경제활동이다(Wright, 2012 : 303; 이해진, 2014 : 142). 사회적경제는 생산뿐 아니라 소비, 교환, 분배 등 모든 경제활동 영역에 관여하고 있는 조직들을 총칭한다.

그러면, 한국의 사회적경제 개념을 어떻게 이해할 것인가? 전통사회의 두레나 계(契)와 같은 조직도 한국적 사회적경제 조직이라고 볼 수 있고, 1960년대 후반부터 위로부터 조직된 농업협동조합 등과 같은 협동조합과 전국적으로 전개되었던 새마을운동과 같은 관제 운동 등도 넓은 의미에서 사회적경제로 볼 수 있기 때문이다.

이와 관련해, 장원봉(2006)은 사회적경제의 구성요소로 사회적 목적, 사회적 소유, 사회적자본[5]을 언급한다. 특히 이러한 사회적경제

---

3) 이에 대한 자세한 논의는 김경례·윤영선(2015 : 3-6)을 참조 바란다.

4) 이것이 사회적기업과 구별되는 지점으로, 사회적기업이 공동체의 이익이라는 사회적 가치를 실현하기 위해 재화나 서비스를 생산하는 조직이라면, 사회적경제는 그러한 사회적 가치를 실현하고자 화폐적·비화폐적 자원을 생산하거나 교환하거나 분배하거나 소비하는 조직들로 구성된 하나의 부문이다. 이런 점에서 사회적기업은 넓은 의미의 사회적경제에 포함되는 개념이라고 할 수 있다(신명호, 2009 : 24-25).

의 작동은 가치적 차원에서 호혜주의에 기초한 사회적 자본의 동원에 근거하고 있다. 이는 사회적경제의 성과가 자금조달과 같은 물리적 자본이나 교육을 통해 증가할 수 있는 인적자본뿐만 아니라 사회적 관계의 정도에 따라서도 달라질 수 있음을 의미한다. 사회적 필요에 기초해 형성되고 있는 사회적경제는 그것을 통해서 생산된 재화와 전달된 서비스와 관련한 다양한 이해 당사자들의 연계를 통해 사회적자본을 형성하게 된다. 이렇게 형성된 사회적자본을 근거로, 사회적경제 조직은 이해당사자들 간의 상호이익인 호혜 관계를 유지함으로써 애초의 사회적경제 조직들이 갖고 있던 사회적 목적에서 이탈되는 것을 방지할 수 있다(채종헌·최준규, 2012 : 201-202).

한편, 사회적경제는 공동체의 이익이라는 사회적 가치를 실현하기 위해 화폐적, 비화폐적 자원을 생산, 교환, 분배하거나 소비하는 조직들로 구성된 하나의 경제 부문 즉 사회적 목적과 민주적 운영원리를 가진 호혜적 경제활동 조직체이다(신명호, 2009). 엄형식(2008)은 사회적경제를 '구성원이나 공공을 위한 목표, 경영의 자율성, 민주적인 의사결정과정, 수익배분에 있어서 자본보다 사람과 노동의 중시라는 네 가지 원칙에 따른 협동조합, 상호공제조합, 민간단체에 의해 수행되는 경제활동'으로 정의하였다. 특히 엄형식(2008)은 전통적 사회적경제와 새로운 사회적경제로 구분한 후 전자에 농협, 수협, 산림조합, 새마을금고, 신협을, 그리고 후자에는 소비자생활협동조합과 사회적 기업 등을 포함하는 것으로 보았다[6](신명호, 2009 : 36; 엄형식, 2008).

---

5) 부르디외에 따르면, 사회적자본은 지속적 네트워크의 소유 정도와 관련지어진 실제적 혹은 잠재적 자원의 결합체이다(Bourdieu, 1986). 대체로 사회적자본은 신뢰, 네트워크, 호혜성, 시민사회 참여 등을 주요 요소로 하며 경제성장과 관련되는 기본 조건을 성숙시키는 요인으로 인정됨에 따라 이러한 기본적 조건으로서 개인 수준, 조직 수준, 국가 수준의 요소들이 연구되고 있다.

6) 실제로 농협 등은 협동조합이라는 명칭을 갖고는 있으나 발전국가 체제에서 만

어떤 형태이든 사회적경제는 사회적 목적을 지니고 공동체를 유익하게 하는 것이어야 하고, 지역민들이 지역의 각종 자원을 활용해 지역공동체를 활성화하고, 사회적으로 배제되거나 주변화된 주민에게 소득과 일자리를 제공해 주민의 삶의 향상에 기여하고 지역발전과 연계되어야 한다.

이와 관련해, 김선기(2011)는 협동과 연대를 통해 상호부조 시스템을 구축함으로써 사회적경제 조직의 지속가능성을 높여야 함을 중요시한다. 사회적경제 조직의 대다수가 정부의 사회적 일자리 지원사업이 끝날 때까지 자립할 수 있을 것인지 알 수 없고, 정부의 사회적 일자리 지원사업 종료라는 극단 상황에 이를 수 있다는 위기를 돌파하기 위해서는 지역사회 내부 자원을 활용해야 함을 강조하는 것이다.

제주는 전통사회에서 기본적으로 섬인 관계로 삶을 위한 자원을 지역에서 스스로 조달해야 했고 노동력을 공유하는 협력이 필요한 사회였으며 자원의 부족으로 관혼상제 등 행사 시에 집단별 부조를 통해 해결해야 하는 상황이었다[7]. 따라서 제주는 전통적으로 마을에 힘든 일이 생기면 서로 돌아가며 돕는 특유의 문화가 존재했는데, 이것은 육지의 품앗이, 두레와도 유사하나 그 어느 곳보다 강한 공동체 정신이 더해진 것이 '수눌음'[8](이하 수눌음) 문화이다. 마을에 힘든 일이 있으면 일시에 수눌음 집단이 형성되어 순번을 정해 돌아가면서 돕게 된다.

들어진 조직으로 이름만 협동조합일 뿐 결성과정과 현재 조직의 성격이 협동조합의 원형과 거리가 멀다(신명호, 2009 : 36).

7) 제주의 전통적 사회자본 자원들에 대해서는 김인성 외(2014 : 94-108)를 참조 바란다.

8) '수눌음'은 제주어로 '일꾼들이 서로 도와줄 일의 차례를 정해서 그 계획에 따라 돌아가면서 서로의 일을 도와주다 혹은 품앗이한다'라는 의미인 '수눌다'의 명사형이다(송상조, 2007 : 433).

이러한 수눌음 형태가 언제부터 시작되어 전래해 왔는지에 대한 정확한 고찰은 없으나 조선 시대부터 제주가 다른 지역과 달리 대지주제가 정착되지 않았고 마을 사람들이 자급자족할 수밖에 없었던 데서 자연발생적으로 생긴 것으로 볼 수 있다. 수눌음은 제주 전통사회의 상부상조 공동체로 볼 수 있고, 현대 사회적경제의 전통적 형태라 할 수 있다.

농업사회에서 제주의 삶의 중심에 있던 협력적 사회자본 형태와 생활 모습은 산업화를 거치면서 쇠퇴해왔으나 최근 수눌음 정신에 기반해 공동체성을 지방자치단체의 정책 실행에 활용하려는 움직임이 생겨났고, 수눌음 문화에서 이름을 따와 각종 정책을 추진하고 있다. 한 예로 2016년부터 제주의 생활 체감형 양성평등정책인 '제주처럼'의 핵심 사업으로 일·가정 양립 및 저출산 대응을 위해 추진하고 있는 수눌음육아나눔터 조성사업을 들 수 있다.

수눌음육아나눔터 조성사업은 제주형 공동육아 돌봄 정책으로 사회적 돌봄공동체 발굴 및 육성사업의 하나로 추진하는 사업으로, 아이를 키우는 부모 누구나 이용할 수 있는 마을 사랑방 역할을 하는 공간, 즉 부모와 아이들이 함께 돌봄 활동을 할 수 있는 소통의 장으로서 지역 내 유휴공간을 활용해 양육 친화적 공간 조성을 지원하는 사업이다.

다른 한편으로 학령인구 등 인구감소 상황에 대처하기 위해 농어촌 마을 단위에서 학교 살리기 전략이나 마을 만들기 전략을 통해 수눌음 형태의 협력체계를 만들려는 시도가 일어났는데, 마을학교 혹은 지역교육공동체 운영이 그 예라 할 수 있다.

2. 지역공동체 기반 사회적경제로서 지역교육공동체

지방자치제가 시행되면서 그동안 정부 혹은 정부 부처 주도로 이루어지던 각종 지역 정책이나 사업의 수립과 집행에서 관련 지역사회의 다양한 행위 주체들의 협력이 필요하게 되었다(박우서, 2001). 특히 지방자치제가 안착하게 되면서 지역의 발전을 지역주민의 손으로 일궈나가고, 주민 스스로가 자신이 생활하는 지역의 지속가능성을 위해 지역들에서는 다양한 움직임들이 나타났다(여관현, 2013, 2015; 현혜경·염미경, 2020). 이는 지역의 존속과 공동체의 지속가능성은 기본적으로 주민의 관심과 의지에 달려 있기 때문이고, 이를 기반으로 지역의 문제해결을 위한 다양한 행위 주체 간 연대 혹은 위로부터의 정책 변화를 추동해낼 수도 있기 때문이다.

다른 한편으로 주민의 손으로 지속 가능한 지역사회를 만들고 주민의 삶을 향상하기 위해서 주민 스스로 자신들이 생활하고 있는 공간을 유지 혹은 개선하려는 관심과 의지가 마을 만들기에 투영되어 나타나기도 한다(여관현, 2013, 2015). 이러한 관점에서 보면 지역 단위 학교 살리기는 지역의 구심점 역할을 하는 학교라는 공간을 유지함으로써 지역의 존속과 지역공동체의 활성화를 위한 일종의 마을 만들기[9] 전략으로 볼 수 있다. 이는 지역의 문제를 주민 자신의 부담으로 주민이 참여하여 해결할 수 있는 지역사회의 공동체를 만들기 위한 모든 활동을 마을 만들기로 정의할 수 있기 때문이다(심익섭·심화섭, 2016 : 30).

9) 마을 만들기는 일본의 마찌즈쿠리(まちづくり)라는 용어를 직역한 말로 지역 환경에 관심을 두고 지역에서 발생하는 문제를 주민 스스로 해결하기 위한 활동을 지칭하는 단어로 사용되기 시작하여 현재까지 다양한 의미로 해석을 더 해 가고 있다(현혜경·염미경, 2020 : 76).

이에 이 장에서는 농어촌지역의 학교 살리기를 마을 만들기 전략, 즉 주민 스스로 지역의 주인이 되어 공동의 문제를 해결해나가려는 일종의 마을 만들기로 보고 접근하고자 한다.

그리고 지역에 있는 학교는 교육을 통하여 점차 쇠퇴해가는 농어촌 마을을 활성화할 수 있으며, 마을의 인적 및 물적 자원은 학교의 유지 및 발전에 기여할 수 있다(Harmon & Schafft, 2009; Potapchuk, 2013; 이동성, 2017 : 2).

이와 관련하여 지역의 학교 살리기 관련 연구들에서는 지역 인구감소로 인한 학생 수 감소로 인해 학교 운영이 불가피할 경우 학교 통·폐합을 강행하기보다는 자율적이고 공동체적인 학교 운영 모델을 개발하려는 노력이 필요함을 강조한다(임연기, 2013).

1990년대 한국 농어촌지역에서의 작은 학교 살리기는 2000년대 들어와 혁신학교, 제주의 경우 제주형 자율학교로 이어진다. 대체로 혁신학교는 대체로 소규모학교, 초·중학교, 교육환경이 열악한 농·산·어촌 학교를 중심으로 운영되었다. 학교 교육과 지역사회의 삶이 연계를 맺도록 지역 단위의 새로운 교육환경을 만들기 위해 지역 교육청과 지방자치단체의 협약 하에 지역 단위 혁신 교육정책이 추진된 것이다[10](경기도교육청, 2018).

2015년 전후부터는 일부 지역 교육청들에서 학교와 마을 간 협력을 도모하는 마을학교 정책을 통해 학교혁신, 마을 활성화, 지역사회 구성원들의 평생교육 실천을 시도하고 있다[11](이동성, 2017 : 2). 이

10) 2019년 기준 전국적으로 1,525개 혁신학교가 운영되고 있는데, 이에 대한 자세한 내용은 추창훈·박세훈(2020)을 참조 바란다.

11) 서울특별시교육청, 경기도교육청, 전라북도교육청, 강원도교육청 등에서의 시도가 주목할 만하다. 마을학교는 각 시·도 교육청별로 '마을결합형학교', '마을과 함께 하는 학교', '마을교육공동체', '지역교육공동체', '어울림학교(마을학교 협력형)', '온마을학교' 등 다양한 명칭으로 운영되고 있다. 지역교육공동체와

는 교육청별로 다양한 명칭이 사용되는데, 제주는 '다함께배우는 학교'라는 의미의 '다혼디(다함께의 제주어)배움학교' 이름으로 운영 중이다[12]. 이것은 지역 교육청이 주도하지만, 지역교육공동체의 구성원인 교직원, 학부모나 지역사회 모두가 다 함께 협력하고 서로 존중하며 배움을 실천하자는 취지로 2015년부터 운영된 제주형 자율학교[13]이다.

이것이 시도된 데는 2014년 진보 교육감의 등장을 배경으로 한다. 학교와 지역의 연계와 협력을 강조하고 학교와 지역의 특성과 여건에 맞는 지역사회 중심 교육과 학교 교육을 새롭게 제안하는 지역교육공동체의 형성 농어촌지역에서 일정한 의미를 지닌다. 물론 지역교육공동체는 지역 교육청이 주도한다고 보아 관 주도의 활동으로 간주할 수 있으나 진보 교육감 체제하에서 농어촌의 학교와 마을 간 협력을 도모하고 마을의 지속가능성을 담보하는 활동이라는 점에서 일정한 의미를 부여할 수 있다고 본다. 따라서 이 장에서는 지역교육공동체

관련한 자세한 논의는 김종선·이희수(2016), 박제명(2014), 이동성(2017) 등의 연구를 참조 바란다.

12) 이 장에서는 이를 '지역교육공동체'로 명기하되, '다혼디배움학교'가 명기되어야 하는 경우에만 '다혼디배움학교'로 사용하고자 한다.

13) 1995년 교육개혁위원회는 학교 교육의 획일화를 극복하고 교육의 다양화, 개방화, 자율화를 구현할 수 있도록 체제개선을 주장하였고 이에 부응해 교육부는 1998년 '초·중등교육법'과 같은 법 시행령에 '자율학교'라는 이름의 새로운 학교운영을 위한 근거를 마련하였다(이종태 외, 2000). 그리고 지정 권한을 시·도 교육감에 위임하면서 확산하였고 2006년에는 초등학교로까지 확대되었다. 제주형 자율학교는 제주특별법('제주특별자치도 설치 및 국제자유도시 조성을 위한 특별법'의 약칭)에 근거하여 운영되는데, 도심공동화와 농어촌 소규모학교의 교육격차를 해소하고 국제자유도시에 걸맞은 교육환경 조성을 위해 'i-좋은 학교'로 명명하여(제주특별자치도교육청, 2006) 2007년부터 출범하였다. 2014년 진보교육감이 탄생한 이후 제주의 지역적 특성을 살린 공교육 혁신의 모델학교를 지향하는 '다혼디배움학교'로 명칭이 변경되어 2015년부터 운영되고 있다.

의 형성 시기를 2014년 진보 교육감 등장 이후 '다혼디배움학교'가 시작된 2015년으로 보고자 한다.

농어촌지역의 학교와 지역의 협력을 통한 학교와 지역 살리기와 관련된 주목할 만한 연구로는 충남 홍동지역 풀무교육공동체 사례 분석에 기반해 지역교육공동체 형성을 제안한 양병찬의 연구(2008), 농어촌의 인구감소와 학교 통폐합 및 그로 인한 인구감소의 악순환 속에서 정부의 농어촌학교 정책 전환을 주장한 박삼철(2012)과 정기석(2014)의 연구, 인구소멸 위기 대응 지방 재생 전략으로 제주지역의 학교 살리기 사례 분석을 시도한 노화동의 연구(2018) 그리고 제주도 농촌지역의 학교 살리기 수단으로서 마을 임대주택사업과 빈집정비사업 현황을 고찰한 변경화·김승근의 연구(2018) 등이 있다. 특히 노화동(2018)은 학교와 인구변화의 관계에 주목해 학교 살리기를 지방재생 전략으로 보아 마을과 학교의 상생 사례를 분석하였는데, 지역의 학교 살리기에 성공한 제주지역 8개 학교 인근 마을들의 이해관계자집단에 대한 심층 면접과 설문조사를 통해 학교 살리기가 지닌 지역 활성화 효과와 그 지속가능성을 분석하고자 했다는 점에서 이 장의 문제의식과 연구내용에 많은 시사점을 던져주었다.

한편, 지역공동체의 존속이 어려워지는 경우나 자신들이 생활하는 지역에서 구심점 역할을 해오던 공간이 사라지는 경우 국내 모든 지역에서도 동일한 대응을 할 것인가? 분명한 것은 지역마다 이에 대한 대응이 다를 수 있다는 것이다. 이는 지역의 특성과 주민의 생각과 태도 및 관심 그리고 활동의 성격과 내용이 다를 것이기 때문이다.

이상의 논의를 기반으로 이 장에서는 학교 통폐합에 직면한 농어촌 지역의 대응 전략인 학교 살리기가 그 전개 과정에서 지역 살리기 또는 마을 만들기와 어떻게 결합하고 지역교육공동체 활동으로 발전하는지에 주목하고자 한다.

6-3 학교와 마을의 협력(수눌음)에 의한 농촌 마을 만들기 사례 분석

1. 사례지역의 특성과 연구 방법

이 연구의 사례지역은 제주 애월읍의 N 지역이다. 이 지역은 총면적 810.8ha 중 경지 면적은 17.2%이며, 제주시의 서쪽으로 인접하면서 도시와 농촌의 성격을 동시에 지니는 지리적 환경을 배경으로 하지만 감귤이 가장 중요한 소득원이면서 그 밖에 곡물 재배와 돼지와 소의 축산도 이루어지는 농촌지역이다. 그리고 1980년대부터 유·소년층 인구는 빠르게 감소하였고 2000년대 들어서부터는 고령인구의 급격한 증가로 인구가 지속해 감소해온 지역이다. 현재 558가구에 1,357명(남자 711명, 여자 676명)의 주민이 거주하는 농촌마을이다(제주특별자치도청 자료).

이 연구에서 N 지역을 연구대상으로 선정한 것은 우선 N 지역이 지역사회 주도의 학교 살리기를 추동해내면서 학교 살리기의 전국 확산에 일정한 역할을 한 지역이라는 점에서이다. 다음으로 N 지역은 학교 살리기에서 출발하여 그 추진 과정에서 지역공동체 활성화 이슈와 결합하는 양상을 보여줌으로써 지역공동체의 지속가능성에 있어서 일정한 시사점을 던져주는 사례이기 때문이다.

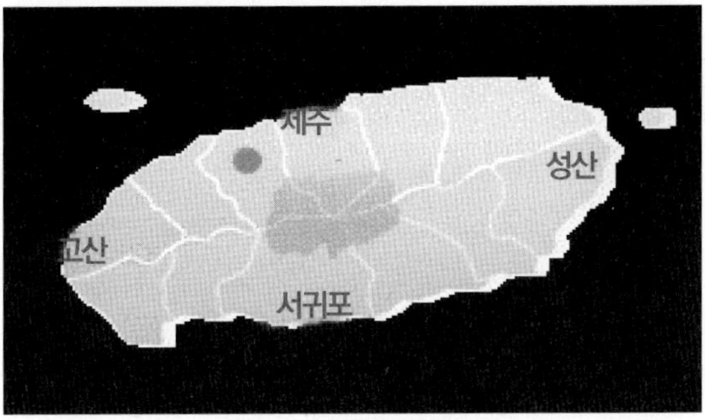

그림 6.3.1. 연구대상 지역

N 지역은 학생 수 감소로 지역의 학교가 통·폐합 대상이 되면서 지역주민 주도로 학교 살리기를 전개하여 전국적으로 학교 살리기의 모델로 평가되는 지역이다. 또한 학교 살리기를 마을 활성화와 연계해나감으로써 학교 살리기가 인구감소로 인한 농어촌지역 쇠퇴 문제에 대한 지역 활성화 방안이 될 수 있음을 보여주는 지역이다(변경화·김승근, 2018).

좀 더 구체적으로, 연구대상 지역에 있는 N 초등학교(이하 N 초교)는 학생 수가 감소해 학교 통폐합 대상이 된 1990년대부터 학교 살리기를 전개하기 시작하였고, 1990년대 후반부터는 지역의 빈집정비와 공동주택 건립 등 다양한 형태의 학생 유치 활동을 전개함으로써 학교 살리기의 다양한 유형을 보여주었다. 2020년 현재, 병설 유치원을 제외하고 128명의 학생이 다니는 학교가 되었다(N 초교 홈페이지).

N 초교는 2001년 아름다운학교운동본부가 주최한 '제1회 전국 가장 아름다운 학교'에서 수상하였으며, 2009년부터 2014년까지 제주형 자율학교(i-좋은 학교)로 지정되었다. 2014년 제주에서 첫 진보 교육감 등장 이후 2015년부터는 제주형 자율학교가 '다혼디배움학교'라는 이름으로 운영되는데 N 초교는 다혼디배움학교로 지정되어 2015년

부터 2018년까지 제주특별자치도 특별법에 근거한 학교 및 교육과정 특례를 적용해 예산 지원을 받아 다양하고 특화된 프로그램을 운영해 왔고, 2019년 재지정 되어 2023년 2월 말까지 다혼디배움학교가 운영된다.

이처럼 N 지역은 마을 자체적으로 학교 살리기를 추진해 학교붕괴 문제에 대한 지역적 공감대를 만들어냈고 이를 기반으로 학교와 지역이 연계하고 협력해 함께 해결해나가기 위해 학교와 지역이 함께 성장하게 되는 지역교육공동체적 지향을 보여준다. 이에 이 장에서는 N 지역의 학교 살리기 사례 분석을 통해 농어촌마을의 활성화 전략으로 부상하고 있는 학교와 지역의 협력에 기초한 지역교육공동체의 형성 가능성을 논의해보고자 한다.

분석을 위한 자료수집은 2018년 하반기부터 시작해 현재에 이르며, 각종 국내외 문헌들과 전문 연구기관의 연구 결과물 및 인터넷 검색 자료 등을 활용하는 문헌 연구법과 심층면접법을 병행해 사용하였다. 심층 면접 대상자는 마을조직 관계자, 전·현직 교사, 공동임대주택 거주 이주민이다. 특히 마을조직 관계자와 N 초교 근무 전·현직 교사는 학교 살리기에 주도적으로 참여했거나 이를 알고 있는 주민과 학교 살리기 과정에 참여한 교사와 최근의 제주형 자율학교 운영에 참여하는 교사들과 공동주택건립사업으로 N 지역에 정착한 이주민들 및 마을교육협동조합 관계자들이 이 연구의 주요 심층 면접 대상자이다. 심층 면접 대상자 거의 모두가 N 지역과 제주 토박이 주민들이며, 심층 면접은 학교 살리기 추진 배경과 변화, 특히 지역공동체 활성화와 결합하게 된 배경과 양상 및 N 지역이 구사한 학교 살리기 전략들과 그로 인한 문제점 및 관(지방자치단체와 지역 교육청)과 N 지역의 관계 변화 그리고 학교 살리기 차원에서 전개한 도시민 유입전략에 대한 현재의 평가 등을 중심으로 이루어졌다. N 지역 정착 이주민들에 대해서는 이주 동기와 지역 정착 후 애로 사항 등을 중심으로 자료를 수집하였다.

2. N 지역에서 학교 살리기 과정

한국의 급속한 산업화는 이농을 부추겨 농어촌의 경제적 기반을 악화시켰다. 농어 인구감소에서 비롯된 학생 수 감소는 1980년대 초부터 정부가 추진한 학생 수 적은 학교의 통폐합 정책의 배경이 되었고, 이후 농어촌의 학교 수는 급격히 줄게 된다[14].

지역의 구심점 역할을 하던 학교가 통폐합 대상이 되면서 이에 대한 대응으로 관련 지역들에서는 학교 살리기가 등장하게 된다. 농어촌지역뿐만 아니라 도시 근교의 작은 학교들에서도 학교 살리기가 전개되어 2011년 이후에는 작은 학교 살리기를 위한 시·도별 조례가 제정되기도 하였다(조금주, 2019 : 105-106). 현재 전국의 많은 농어촌지역에서 학교를 살리는 활동이 전개되고 있고 농어촌교육 발전을 위한 기본 방향에도 작고 아름다운 학교 육성계획이 포함되긴 하였으나 교육정책 당국의 학교 통폐합 정책 기조에는 큰 변화는 없는 상황이다(양병찬, 2008).

2012년 학교 통폐합 기준이 교육부에서 시·도 교육감에게 이양되면서 지역 교육청이 작은 학교 살리기에 힘써온 지역들이 있는가 하면[15], 지역 교육청이 학교 통폐합 정책을 추진하면서 지역 교육청의

---

14) 1982년부터 시작된 정부의 학교 통폐합 정책 추진 결과 2005년까지 3,265개교의 학교가 폐교되었고, 1,793개교의 학교가 분교장으로 개편되었으며, 학교 폐지는 1990년대 10년 동안 대규모로 진행되어 1999년 한 해에만 629개교의 학교가 폐지되었다(양병찬, 2008 : 132).

15) 강원도의 경우 폐교가 방치되자 교육청이 작은 학교 살리기를 위한 발전재단 설립을 추진해 2017년 4월 강원교육희망재단을 출범시킨 사례가 있다. 전남의

학교 통폐합 정책에 대해 지방자치단체가 나서 농어촌지역의 학교 살리기 지원사업을 제도화한 지역들이 있다. N 지역은 후자의 형태로, 지역 교육청이 학교 통폐합 정책을 밀어붙이면서 마을 자체적으로 학교 살리기를 진행해오다가 2014년 진보 교육감 체제 탄생 이후 지방자치단체와 지역 교육청의 지원을 모두 받게 된 경우이다.

N 초교는 공립초등학교로 1946년 9월 1일 마을 향사에 임시 교실을 마련해 개교하였고, 정부 보조금과 마을주민의 모금 및 일본 도쿄와 오사카에 거주하는 이 지역 출신자들의 성금으로 1947년 5월 1일 4개 교실을 신축하였으나 제주 4·3으로 전소되면서 폐교되었다가 1950년 6월 1일 복교하였고 1954년 현 위치에 재인가받아 개교하였으며 1959년 정규교실과 부속시설이 준공된다. 1968년 356명을 최고로 1970년대 후반까지 학생 수가 300명 이상이었으나 1990년 98명으로 100명 미만으로 감소하고 학급수도 5학급으로 1개 학급이 감축되기에 이른다. 1991년 80명 미만으로 학생 수 감소가 예측되면서 분교장으로의 격하 대상학교로 지정되었다는 통보를 교육지원청으로부터 받으면서 1990년 4월 이 학교 동창회를 중심으로 학교 살리기를 추진하게 된다.

N 지역의 학교 살리기 과정은 크게 세 시기로 구분할 수 있다. 우선 1990년대 초반 교육부의 학교 통폐합 정책 결과 마을의 구심점이었던 N 초교가 통폐합 대상이 되면서 마을 자체적으로 학교 살리기

경우 '농·산·어촌 작은 학교 살리기' 지원사업으로 2016년부터 20개교에 3억 원을 지원하고 2018년에는 선정된 9개교에 2억 5천만 원을 지원하였으며, 선정된 학교는 작은 학교의 강점을 살려 특색 있는 프로그램을 지속해서 운영하기 위해 매년 성과평가 후 3년간 연간 2천만 원에서 3천만 원을 지원받는다. 경북교육청은 2008년 '소규모학교의 새로운 운영방안 모색을 위한 작은 학교 가꾸기' 기본 계획을 수립해 작은 학교 가꾸기 사업과 특성화 프로그램 운영을 지원하였다. 이에 대한 자세한 내용은 조금주(2019 : 106-107)를 참조 바란다.

를 추진한 시기로, 마을에서 학교 살리기를 위하여 빈집을 정비한 후 임대하는 사업부터 시작하였다[16]. 다음으로 지역공동체 활성화 관점에서 지역발전전략으로 학교 살리기를 추진한 시기로, 이때 학교 살리기가 지방자치단체가 지원하는 사업으로 제도화되게 된다. 그리고 2015년 N 초교가 지역 교육청의 제주형 자율학교인 '다혼디배움학교'로 지정되어 학교와 마을의 협력에 기반한 지역교육공동체를 운영하는 등 지속 가능 지역교육공동체 형성을 모색하게 된 시기이다. 이 세 시기를 중심으로 N 지역 학교 살리기 과정을 개략적으로 정리하면 다음과 같다.

먼저 N 지역에서 자체적으로 지역 주도로 학교 살리기를 추진한 시기이다. 이 시기는 교육부의 N 초교 통폐합 대상학교 지정에 대해 N 지역 자체적으로 자발적으로 학교 살리기 활동을 전개한 시기이다. N 초교는 1992년과 1996년 두 차례나 분교장 격하 대상 학교로 지정된다[17]. N 지역은 1992년부터 N 초교 살리기 추진위원회를 구성하고 주민들에게 참여를 호소하였으며 지역의 인적·물적 자원과 관계망을 이용해 N 초교의 상황과 주민들의 학교 살리기 의지를 지역 내외부에 알리는 여론 조성 전략을 구사하였다. 그 결과 다른 지역 거주 N 초교 동문이 자녀를 N 초교에 전입시킴으로써 학생 수를 확보하고자 하였다. 그러나 N 초교 살리기 초기 활동을 통해 주민들은 주민과 다

16) N 역에서 마을의 빈집을 정비한 후 임대하는 사업은 1992년부터 마을 자체적으로 시작했고 이것은 지방자치단체의 지원사업으로 제도화되는 데 영향을 주었다. 즉 지방자치단체에서 기준을 마련한 2013년까지 20여 년 동안 N 지역 자체적으로 이 사업을 추진하였고 이 사업과 관련한 조례 제정과 제도화는 학생 수 감소를 예견하여 N 지역에서 주도적으로 시작하고 참여를 만들어낸 성과이다(변경화·김승근, 2018 : 94).

17) N 지역은 N 초교의 폐교 위기 극복을 위해 학교를 중심으로 아름다운 학교 만들기를 전개해 아름다운 학교 대상을 수상하기도 하였으나 2011년에도 N 초교는 통폐합 대상 학교로 지정되었다.

른 지역에 거주하는 지역 출신자들만을 중심으로 한 학생 수 확보전략은 그 성과가 제한적일 수밖에 없다는 것을 확인하게 된다[18](N 지역 출신 주민과의 심층 면접 결과).

다음으로 지역공동체 활성화 관점에서 학교 살리기를 추진한 시기이다. 이때부터 본격적으로 마을 임대주택사업이 이루어지고 이에 대한 지방자치단체의 학교 살리기를 위한 지역 지원사업의 제도화가 이루어진다. 1990년대부터 전개된 N 지역의 N 초교 살리기는 2010년을 전후해 변화를 시도하게 되는데, 학교 살리기와 지역 활성화를 연계하는 전략으로의 변화 즉 학교 통폐합 문제를 지역공동체의 붕괴 문제로 접근하면서 학교 살리기 활동의 동원 자원과 관계망 및 연대 범위를 확대하는 방안을 모색하게 된다.

N 지역은 1992년부터 마을의 빈집을 수리하여 무상 임대함으로써 다른 지역 취학아동을 전입시킴으로써 학교 살리기 노력을 시도하였고, 이를 통해 학교 통폐합을 면한 후 보다 안정적이고 장기적인 대책이 필요하다는 인식하에 6년여 동안 10억 원 이상의 기금을 조성하여 전입자용 공동주택 3동을 건립해 임대하였고 이것은 일정한 성과를 거두게 된다.

주민들은 공동임대주택 '금산학교'(4개 동, 24세대)를 건립해 초등학생 자녀를 둔 학부모 이주자들을 적극적으로 유치하였고, 그 결과

18) N 지역의 학교 살리기 전략으로서 도시민 유입전략으로 유입된 학생들이 그다지 많지 않았다는 것은 N 지역 토박이 주민과의 면접에서도 확인되는데 면접 내용은 다음과 같다. "…이런 촌에서는 학교 하나만 제대로 살아도 동네가 사는 거라. 경 행(그렇게 해) 그렇게 학교를 살리젠 도(제주특별자치도)에서 돈도 주곡 다 고쳐주난 좋았주게. 경허난(그렇게 해서) 나는 애들도 더 많아지고 경(그렇게) 할 줄 알았신디 한 20명 정도 왔다고 들어서. 지금은 또 어떵(어떻게) 지냄신지(지냈는지) 모르크라(모르겠다). 경해도(그렇게 해도) 그때는 다들 하자하자 행(해) 한 거라. 이게"

2011년 학생 수 60명 이하에서 2012년 107명으로 학생 수가 증가해 통폐합 대상학교에서 벗어나게 된다[19]. 2020년 현재 N 초교는 128명의 학생 수를 유지하고 있다(N 초교 홈페이지). 이러한 N 지역의 활동은 단순히 학교 통폐합을 막았다는 의미를 넘어서 주민들에게 지역공동체 의식을 심어주는 계기가 된다. 여기에는 N 지역이 제주 시내에 인접한 지역이라는 지리적 여건에 기반한 2010년 전후 제주 이주열풍이 중요하게 작용한 것으로 볼 수 있다(염미경, 2019).

한편, N 지역은 교육부와 지역 교육(지원)청의 농어촌지역 학교 통폐합 정책 문제를 지역 붕괴와 존립의 문제로 접근하기 시작해 N초교 살리기를 위한 자원 동원과 연대의 범위를 지방자치단체와 의회 및 시민사회단체 등으로 확대해나가게 된다[20].

이렇게 하여 N 지역의 학교 살리기 활동은 지역 살리기와 마을 만들기와 결합하게 되어 지역 활성화 및 마을 만들기 전략으로 발전하게 된다. 그 결과 지방자치단체와 의회 및 시민사회단체들이 학교 통폐합 정책 반대 진영에 참여할 수 있는 여지가 생겼고 학교 통폐합 문제가 지역 전체의 이슈로 드러날 수 있었다.

세 번째 시기는 2015년 이후 시기로 지역 교육청 차원에서 제주형 자율학교가 만들어져 N 초교가 제주형 자율학교인 다혼디배움학교로 지정되어 학교와 지역의 연계 관점에서 주요 주체들이 참여하는 지속 가능 지역교육공동체를 지향함으로써 마을 만들기를 시도한 시기이다. 이는 1990년대 후반부터 농어촌으로의 귀농·귀촌 바람이 불

19) 이에 대한 자세한 내용은 변경화·김승근(2018)을 참조 바란다.

20) 여기에는 1995년 교육개혁위원회가 학교 체제개선을 주장하고 이에 부응하여 교육부가 1996년부터 자율성 확대를 위한 실험적인 운영방안으로 '탈규제학교' 도입을 모색하였고, 그 결과 1998년 '초·중등교육법'과 같은 법 시행령에 '자율학교'라는 새로운 학교 운영을 위한 근거가 마련된 것이 영향을 주었다(이종태 외, 2000).

면서 정부가 추진한 귀농·귀촌 지원사업이 제도화되었고, 2000년 이후 제주 이주 열풍이 불어 제주 이주자의 증가와 이를 배경으로 한 지방자치단체의 이주자 정착 지원 관련 법·제도 제정[21]과 그 맥을 같이 한다.

여기에 지방자치단체의 각종 지원사업이 제도화되고 지방자치단체와 지역 교육청의 협력 모델로서 제주형 자율학교 정책이 수립된다. 2006년 2월 21일 제정된 '제주특별자치도 설치 및 국제자유도시 조성을 위한 특별법'(이하 제주특별법)에 근거하여 자율학교 지정 권한을 비롯해 자율학교의 교육과정 편성 및 운영의 자율권이 교육감에게 위임되면서 2015년부터 학교와 지역의 협력을 통한 지역교육공동체로서 다혼디배움학교가 운영되고 있다. 2015년 N 초교가 다혼디배움학교로 지정되면서 지역적 특성을 살린 학교와 지역의 상생 노력[22]이 N 지역에서도 운영되게 된다. 이에 N 지역도 교육을 학교에서 지역으로 확장하여 아이들을 함께 키우며 지역이 아이들의 배움터가 되고 아이들이 지역의 주인으로 성장하도록 지원하는 지역교육공동체를 통한 지속 가능한 마을 만들기가 가능해졌다.

이상에서 살펴본 바와 같이 초기 N 초교 살리기에서 시작해 자체 모금이나 지원을 중심으로 한 N 지역의 학교 살리기는 학교 문제를 넘어 지역의 존속과 공동체의 지속가능성 문제로 인식과 연대의 범위가 확장되었다. N 지역은 학교 살리기를 지역공동체 활성화와 직결되는 것으로 인식함으로써(김선필·정영신, 2013 : 242-253) 마을 만들기 전략으로서 추진하였고, 농촌지역 학교와 지역공동체 활성화 관점에서 학교와 지역을 적극적으로 연계하는 지역교육공동체 활동을 해

21) 이에 대한 자세한 내용은 염미경(2019)을 참조 바란다.

22) 이에 대한 자세한 내용은 경기도교육연구원(2014)과 송두범 외(2016)를 참조 바란다.

오고 있다.

이상의 논의를 통해 국가가 재정 및 규제 측면에 개입하여 복지혼합의 각 하위 영역을 분류할 때 재정을 누가 부담하는가 또는 누가 규제하는가의 차원으로는 공·사의 구분을 명확히 할 수 없다는 점을 알 수 있다. 따라서 한 사회의 복지혼합 구조를 분석할 때는 일차적으로 복지공급 측면에 의존할 수밖에 없다는 것을 확인할 수 있다.

2. N 지역 학교 살리기 과정의 변화 양상과 특징

1) 학교 통폐합 지정에 대한 대응으로서 마을 자체의 학교 살리기

제주의 경우 읍·면 지역의 인구와 학생 수 감소 및 도시 지역 이주로 인해 농어촌의 소규모학교 수가 지속하여 증가했는데, 지역 교육청은 1982년부터 2010년까지 정부의 소규모학교 통폐합 정책에 부응해 농어촌학교 통폐합 정책을 추진하였다. 1982년부터 한림읍 비양분교장 개편을 시작으로 소규모학교 통폐합 정책을 펴왔다. 1993년 지역 실정을 고려해 자율적으로 학교 통폐합을 추진하는 방향으로 전환하면서 통폐합 기준은 다소 완화되었으나 당시 제주 교육청은 농촌인구 비율이 감소하는 상황에서 학교 통폐합 정책을 지속하게 되고 그 결과 2010년까지 폐교된 초등학교는 총 31개교였다. 즉 지역 교육청은 자체 기준을 책정해 학생 수 60명 이하의 본교, 학생 수 20명 이하의 분교장을 대상으로 3년간 유보 기간을 경과한 후 교육과정 운영이 어려운 학교를 우선 통폐합하는 정책을 추진하고 학생 수 30명 이하의 섬 지역 분교도 분교장으로 개편할 계획을 세웠다[23].

23) 제1기에 해당하는 1982~1993에는 학생 수 180명을 통폐합 기준으로 삼아 19개의 학교가 통폐합되었고, 제2기 1994~2005에는 학생 수 100명으로 23교가 통폐합되었으며, 제3기 2006~2012에는 학생 수 60명 기준이었다. 이와 관련해

이러한 지역 교육청의 정책에 대해 해당 지역들은 반발해 학교 살리기를 추진하게 되었고, 이를 지방자치단체와 지방의회가 적극적으로 지원하면서 지방자치단체의 학교 통폐합 대상 지역들에 대한 지원 사업이 본격화되었다. 이 과정에서 제주의 농어촌지역들에서 학교 살리기는 지역의 존속과 공동체 활성화를 위한 지역발전전략의 성격을 띠면서 전개되게 된다.

농촌지역 인구감소로 인해 N 초교의 학생 수는 1968년 356명에서 1990년 96명으로 감소하였다. 당시 교육부는 학생 수가 100명 이하면 분교로 격하되는 정책을 펴고 있었기 때문에 N 초교는 1992년부터 분교장 격하 대상이 되어 1991년 분교장 전환 대상 학교로 통지되었고, 이에 주민들은 학교 살리기를 추진하게 된다.

앞에서 언급한 바와 같이 N 지역의 학교 살리기는 1992년부터 제주 시내와 다른 지역 사람들을 유치하는 것에서 시작되는데, 이를 위해 마을의 빈집 정비 사업을 먼저 진행하였다. 이는 공동임대주택 건립에 드는 비용부담도 있으나 주민 전체의 합의가 이루어져야 임대주택 건립이 가능하기 때문이었다(변경화·김승근, 2018 : 94). 이에 주민들이 20여억 원을 자체적으로 모아 빈집을 수리해 무상 임대하고 마을 공동 소유지에 무상 임대 공동주택 세대를 건립하였다.

이 과정을 좀 더 자세히 살펴보면, 1992년 N 초교의 분교장 격하 통보를 받은 N 지역은 임시총회를 소집해 N 초교 살리기 추진위원회

제주 교육청은 2011년 9월, 2012~2016 소규모학교의 적정 규모화를 위한 육성 추진 계획에서 통폐합 정책을 지속할 것을 발표하였다. 2011년 11월에는 '제주특별자치도 도립학교 설치조례 일부개정 조례안'을 발표하였는데, 이 조례안에는 풍천초교와 수산초교 그리고 가파초교를 분교장으로 개편한다는 내용이 포함되었고 위의 학교들이 통폐합 지정 대상이 되었다. 2012~2016년까지 통폐합 대상학교는 본교 22교, 분교장 9교였다(제주특별자치도교육청, 2012; 이인회, 2013).

를 조직하고, 우선 N 지역 외부 거주 학생을 N 초교에 취학시켜 학생 수를 늘리는 아동 유치 활동에서 학교 살리기가 시작되었다. 이를 위해 지역에서는 주민뿐만 아니라 제주 시내와 서울지역 거주자와 언론계 및 교육계 관계자들에게 호소문을 발송하여 N 지역의 학교 살리기의 취지를 알리고 관심과 협조를 요청하는 활동에 주력하였다. 이 과정에서 마을의 빈집을 수리해 무상 임대하는 사업을 추진하고 수리할 때 한 채당 약 300만 원가량의 경비를 들여 입주자들이 빈집 생활에 불편함이 없도록 정비하였다. 이러한 활동 결과 11가구 입주에 16명의 학생 수가 증가하였다. 제주 시내 거주 학생들을 위해 기금 모금 활동을 통해 통학버스를 운행하면서 학생 수가 증가하였고 당시 제주교육청의 분교장 격하 기준인 학생 수 60명을 넘게 되어 일단 N 초교는 분교장 격하를 면하게 되었다.

그러나 이후에도 N 지역의 학교 살리기를 위한 아동 유치 활동은 계속되었는데, 이는 다시 학생 수가 다시 감소했기 때문이었다. 이에 주민들은 근본적 해결방안을 모색하게 되고 마을 인구 증가계획을 제시하여 공동주택 건립사업을 전개하게 된다. 그 과정에서 주민들은 모금 활동을 하고 2차에 걸쳐 공동주택을 건립하였다. 1차 공동주택은 마을 자생 단체의 지원과 공유재산 매각 등을 통해 마련된 자금으로 1997년에 13평형 19세대 2개 동의 형태로 완공되었으며, 그 결과 N 초교의 학생 수는 113명으로 증가하였다.

이처럼 N 지역의 경우 1997년부터는 주민들이 자발적으로 모은 성금과 마을 공동소유 부지를 활용해 공동주택을 지어 무상임대를 하게 된다. 이 과정에서 제주 시내 거주자는 물론 초등학생 자녀를 둔 다른 지역 학부모들이 N 지역으로 이주하기 시작하였다. 이후 N 초교 학생 수가 다시 100명 이하로 감소하였으며, 2000년에 2차 공동주택 건립 결정을 하고, 2000년에는 1차 공동주택 규모보다 큰 18평형

12세대의 공동주택이 건립되었다. 2차 공동주택 건립 자금은 N 지역이 '효도마을'로 선정되면서 지원받은 지방자치단체에 지원금 1억 원과 마을목장조합과 자생 단체나 개인이 지원한 약 5억 원가량의 기금으로 이루어졌다. 2차 공동주택에는 '효도마을 공동주택'이라는 이름이 붙여졌다.

이처럼 2차례에 걸친 공동주택 건립으로 한때 학생 수가 130명에 달했으나 다시 감소하면서 2010년 10월 2016년에 재적수가 60명 미만이 예상되면서 N 초교는 다시 통폐합 대상 학교로 지정되었다.

이러한 상황에서 지역에서는 다시 3차 공동주택을 건립하기로 하였는데, 이는 3차 공동주택까지 건립해 외부에서 주민을 유치한다면 더는 통폐합 대상인 60명 이하로 줄어들지 않을 것이라는 판단에서였다. 다시 마을에서는 3차 공동주택을 짓기 위한 모금 운동이 시작되었다. 이전보다 더 주민 개개인의 많은 관심과 협조로 개개인의 모금이 급증하였고, 특히 N 초교 교장·교감을 비롯해 경제활동이 어려운 지역의 80세 이상 주민들까지 학교 살리기를 위한 모금 활동에 참여하였다. 이렇게 해 주민들의 모금만으로 조성된 자금이 약 11억 원에 달하였다. 이러한 주민들의 노력은 제주도 행정당국의 지원을 끌어냈고 제주도 행정당국이 6억 원을 지원해 모두 21억 500만 원으로 주택 4동 24세대의 '금산학교 마을'이 건립되었고 24가구가 입주해 있다. '금산학교 마을'은 제주 4·3으로 학교가 전소되기 전의 학교터를 활용해 2012년 건립되었는데, 이로 인해 2012년 전입생이 증가해 2012년 10월 기준 N 초교 학생 수는 109명이다.

이처럼 마을 공동임대주택 건립사업과 빈집정비사업 중심의 N 지역의 학생 유치 활동이 어느 정도의 성과를 거둘 수 있었던 데는 2000년대 제주 이주 열풍과 N 지역이 이주자들이 선호하는 정착지라는 점도 작용한 것으로 판단된다[24](염미경, 2019).

2) 지역발전전략으로서 학교 살리기와 지방자치단체 지원정책의 제도화

N 지역이 자체적으로 추진한 초기의 학교 살리기는 지역 전체로 확산하였고 농어촌지역의 활성화 관점으로 접근하면서 지방자치단체의 지원사업이 구체화 되고 제도화되게 된다. 여기에는 1990년대부터 진행된 N 지역의 학교 살리기가 영향을 미친 것으로 평가 된다[25].

N 지역의 학교 살리기가 1990년대 초반부터 현재까지 지속될 수 있었던 것은 지역의 각종 인적·물적 자원의 활용과 홍보를 통한 공감대 형성과 연계와 협력 범위의 확장 노력에 있다.

N 지역은 처음에는 다른 지역 거주 N 초교 동문의 자녀를 전입시켜 N 초교의 학생 수를 유지하였으나 활동 범위를 확대해 다른 지역의 인구 유입 활동을 전개하고 이를 위해 마을의 자원인 빈집과 마을 공동소유 부지 활용과 공공주택 건립기금 마련을 위한 모금 활동 등 인적·물적 자원을 적극적으로 활용하였다. 3차 공동주택 모금 활동에서는 N 지역주민 모금만 11억 원에 달하였다(강봉수 외, 2016).

이러한 주민들의 적극적인 참여에 기반한 N 지역의 학교 살리기는 학교 통폐합 대상 학교로 지정된 지역들의 학교 살리기 모델이 되었다. 이것은 지방자치단체의 지원사업을 끌어내고 이를 제도화하는 데 영향을 주었다. 지방자치단체의 지원은 인프라 구축과 자금 확보에 중요한데, 지방자치단체 지원사업을 살펴보면 다음과 같다.

먼저 제주의 농·어촌 학교와 지역 지원사업의 제도화를 위해 법적

---

24) N 지역의 공동임대주택 건립사업과 빈집정비사업의 성과가 N 지역의 도시민 유입전략으로 인한 것인지 아니면 제주 이주 열풍이 불면서 N 지역이 제주 시내에 근접한 농촌지역이라는 이점이 더 영향을 미쳤는지는 앞으로 좀 더 심도 있는 연구들이 이루어져야 할 것이다.

25) N 지역주민들과의 심층 면접 결과.

근거가 마련되었다. 읍·면 지역의 학교를 살릴 수 있도록 거주 지원 등을 위해 2014년 '제주특별자치도 소규모학교 소재 통학구역 마을 지원에 관한 조례'(제주특별자치도조례 제1158호, 2014.03.18.)를 제정하며, 2015년에는 '제주특별자치도 작은 학교 지원에 관한 조례'(제주특별자치도조례 제1565호, 2016.01.15.)를 제정하는데, 이 조례의 목적은 '제주특별자치도에 소재하는 작은 학교[26]에 대해 교육 여건 개선 및 교육 복지 증진 등을 통하여 지역발전과 연계하여 적정 규모의 학교로 육성'하는 데 두고 있다. 지방자치단체의 공동주택 건립사업과 빈집 정비 사업은 '제주특별자치도 소규모학교 소재 통학구역 마을 지원에 관한 조례' 제8조에 따라 실시되는 사업이다.

이상의 법적 근거를 마련하면서 학생 수 감소와 폐교 위기에 직면한 지역들에 대한 지방자치단체의 지원사업은 임대용 공동주택 건립사업과 빈집 정비 사업을 중심으로 진행되고 있다. 2011년부터 2015년까지만 보더라도 공동주택 건립과 빈집 정비 사업으로 40개 마을 198세대에 총 481억 원을 지원하였는데, 그 결과 396명의 학생 수가 증가하였다. 공동주택 건립사업의 경우 2015년까지 사업이 시행된 마을은 8개 마을이며 학생 수는 282명이 증가하였고, 빈집정비사업의 경우 32개 마을을 대상으로 시행되어 증가 학생 수는 114명이다(강봉수 외, 2016 : 104)[27]. 그리고 2015년 빈집 정비 사업 지원 한도가 가구당 600만 원에서 1,000만 원으로 상향 조정되었고, 공동주택 지원 사업비도 5억 원에서 6억 원으로, 보조율도 50%에서 60%로 상향 조

26) '작은 학교'는 「초·중등교육법」 제2조에 따른 학교 가운데 학생 수 100명 이하 또는 6학급(특수학급은 제외한다) 이하의 초등학교와 중학교를 말한다.

27) 제주 소규모학교 임대용 공동주택건립 지원사업과 소규모학교 빈집 정비 사업의 지원기준 및 조건, 신청 자격, 시설활용조건 등에 대해서는 제주특별자치도청 홈페이지와 강봉수 외(2016 : 106) 그리고 변경화·김승근(2018)을 참조 바란다.

정되었다(강봉수 외, 2016 : 105).

매년 4월 1일 교육청 통계 기준 학생 수가 100명 이하, 또는 6학급 이하인 초, 중학교에 포함된 학교의 학구에 포함된 마을로서, 마을 자체의 자발적인 노력과 주민 자체 부담금 재원확보가 가능한 마을에 임대용 공동주택건립비와 빈집정비 사업비를 지원하고 있다. 2017년까지 공동주택건립사업에 투입된 금액은 약 162억 원이다(제주특별자치도 자료).

현재 임대용 공동주택 건립사업과 빈집 정비 사업 지원 대상 조건으로는 '학생 수가 100명 이하 또는 6학급 이하인 초·중학교 소재 통학구역 마을'이어야 하며 2019년 1월 기준 제주시 지역의 경우 11개 지역이 지원사업을 통해 지원을 받았다(농어촌지역 소규모학교 육성 공동주택 건립 및 빈집정비 현황」자료, 제주시청 홈페이지). 2019년 1월 현재 17개 마을에 27개 동·186세대의 소규모학교 육성 지원을 위한 공동주택이 있다(제주특별자치도 자료). 이외에 지방자치단체는 학교 살리기 사업 관련 민간인 유공자를 표창하고 있다.

이러한 지방자치단체의 농어촌지역 학교와 지역에 대한 지원사업은 학교에 대한 행정적, 재정적 지원을 확대하여 지역사회의 구심적 역할을 할 수 있도록 함으로써 학생이나 학부모들이 찾아오는 학교를 만드는 일에 기여하고 소규모학교의 장점과 지역적 특성을 살린 다양한 교육과정 운영을 지원하여 교육 균형발전을 도모하고, 학교 교육과정과 지역사회의 연계로 마을공동체를 구축하는 것을 지원하는 데 주요 목적이 있다.

초기 N 지역의 학교 살리기가 마을 자체적으로 N 초교 살리기를 중심으로 추진되었다면, 1990년대 후반부터는 지역공동체의 활성화와 연계해 추진해나가기 시작했다는 점이 주목할 만하다. 이렇게 하여 마을의 인적·물적 자원 등을 활용해 마을의 빈집을 수리해 임대하거나 공동주택을 건립해 이주자와 학생을 유치해 나가는 전략을 사용하였다. 이것이 가능했던 데는 지역의 구심점이라 할 수 있는 학교가 사라지면 마을이 붕괴할 것이라는 절박감을 주민들이 공감한 결과였다[28].

3) 학교와 마을의 협력을 통한 지속 가능 지역교육공동체의 전망

N 초교가 2015년 제주형 자율학교인 다혼디배움학교로 지정되면서 N 지역의 학교 살리기는 '학교가 살아야 마을이 산다' 혹은 '마을이 학교다'라는 인식하에 학교와 지역 그리고 지방자치단체가 협력하여 전개된다. 기본적으로 다혼디배움학교는 제주특별법에 근거하여 지역 교육청과 지방자치단체 지원으로 운영되는데, 찾아가는 지역교육공동체 프로그램을 중심으로 학교와 지역의 협력한 교육활동을 하고 있다.

그동안 N 지역의 학교 살리기가 마을에서 추진하는 임대주택사업과 빈집 정비 사업이 중심을 이루었는데 2015년부터는 마을과 학교의 연계와 협력에 기반한 다양한 교류로 확산하고 있다. 지역청년회는 어린이 공부방을 운영하고 전교생 대상 임해 훈련도 맡고 있으며 노인들이 학교를 찾아 인성교육을 실시하면 학생들은 노인학교 행사에 참여해 공연을 펼친다. 이제 N 지역의 학교와 지역사회 간 연계·협력 활동은 지속 가능한 마을 만들기를 위한 지역교육공동체 활동으로 발전하고 있다.

앞에서 언급한 바와 같이, N 초교는 학교 살리기 이후 제주형 자율학교인 I-좋은 학교(2009~2014)를 6년간 운영하였다. 제주형 자율학교가 다혼디배움학교라는 이름으로 운영되면서 2015년부터 N 초교

28) N 지역 관계자들과의 심층 면접 결과.

는 다혼디배움학교로 지정되었고, 재지정 되어 현재에 이른다. N 초교가 다혼디배움학교를 운영하면서 중점을 두었던 부분은 '수업 혁신'이었는데, 겉으로 드러나는 교육적 성과보다는 교육의 본질인 '배움'에 한발 다가가기 위한 노력으로 평가할 수 있다.

N 지역이 속한 읍 지역에 7개의 다혼디배움학교가 있는데, 이들이 연합하여 학교 밖 같은 학년 모임, 학교 밖 연구부장 협의회 등을 운영, 의견을 교환하며 지역 특성을 살린 교육을 하고 있다(N 초교 관계자와의 심층 면접 결과).

다음으로 마을교육 협동조합인 애월협동조합 '이음'이 있다. 마을학교는 주민이 마을이라는 삶의 공간에서 교육과 마을 활동을 통해 상호작용하며 주민학습과 교류, 협력의 마을공동체를 만들어가는 일종의 마을 학교인 셈이다(이인회, 2020 : 181). 주민들은 애월협동조합 '이음'을 조성해 학생들의 다양성 교육을 지원하면서 공교육의 대안으로 제시된 것이다. '이음'의 첫 활동은 2018년 여름방학부터 시작된다. 학교 건물의 석면철거 작업으로 여름방학 기간에 N 초교의 방과후 활동이 전면 중단되면서 학교 교육이 전부였던 N 초교 아이들을 위해 학교 측에서 '이음'에 바이올린과 플룻 수업이 이어질 수 있도록 도와달라고 요청하던 것이 그 시작이다. 당초에 제대로 된 공간을 갖추지 못했던 '이음'은 N 지역 리 사무소 공간을 빌려 첫 수업을 시작했고 2018년 12월에는 제주지역균형발전지원센터 지원으로 단층 건물을 마련했고 이후 70여 명의 조합원의 출자금으로 2층에 도서관을 갖추게 되었다. 학교 수업을 마친 아이들이 오후 3시가 되면 하나둘 책을 읽으러 이음으로 몰려든다. 4시부터는 1층에서 요일별로 방송댄스, 뮤지컬, 가야금, 해금, 바둑, 연극 놀이가 진행된다. 늦은 저녁에는 학부모를 위한 기타 교실과 마을주민을 위한 요가 수업도 병행하고 있다. 학교와 '이음'은 긴밀하게 연계되면서 운영되고 있다. '이음'

에서 하는 활동이 완성되면 학교에서는 무대를 만들어 발표회를 여는 방식으로 밀접한 연계를 하고 있다.

이상의 활동을 해오고 있는 N 지역은 현재 학교와 마을의 연계와 협력을 지속할 수 있도록 하는 방안을 모색하고 있는데, 이를 위해 학교 교육의 질적 향상과 지역 자원을 활용한 교육 및 경제활동의 기반 마련을 목표로 제시하고 있다.

이상에서 살펴본 바와 같이, 2000년대 중반 이후 N 지역은 학교와 지역의 연계와 협력을 모색하고 있다. 이것은 기본적으로 지역 교육청과 지방자치단체 지원으로 운영되고는 있으나 그 성격이 관 친화적인지 지역 친화적인지, 학교와 지역의 협력에서 학교 중심인지 지역 중심인지는 학교와 마을, 교사와 학부모가 교육(지원)청과 지방자치단체와의 협력 형태와 운영방식에 달려 있다. 지역교육공동체적 지향이 지역 실정과 공동체의 특성을 살려 지역의 교육과 지역문제를 해결하기 위해서라고 할 때 지역교육공동체의 모색은 지역의 문제와 과제 해결에 일정한 역할을 할 수 있을 것이다.

앞에서 언급한 바와 같이, 지역교육공동체는 지역사회의 교육력 제고를 통해 지역발전을 도모하는 공동체를 지칭하는데(김미향, 2020 : 46), N 지역은 2015년부터 현재까지 학교와 지역의 연계와 협력을 바탕으로 다양한 지역교육공동체를 운영해오고 있고, 현재 지속 가능한 마을 만들기를 위한 새로운 교육 패러다임에 대한 논의가 진행 중이다.

N 학교 관계자들은 학생 중심 체험활동 등 학생의 인성 함양을 위한 다양한 지역교육공동체 프로그램을 개발하여 운영하는가 하면, 학교시설 등 환경 개선을 위해 지역 교육청과의 지속적 협의로 관련 예산을 확보하기 위한 활동을 전개해오고 있다. 이러한 N 지역의 노력을 N 지역이 지역 교육청의 역할을 끌어냈다고 접근할 수 있으나, 이

것이 가능했던 데는 N 지역을 포함한 다른 지역들의 노력과 함께 교육 시민운동단체들의 작은 학교 살리기 운동과 진보 교육감 체제라는 점이 작용한 것으로 이해할 수도 있다.

6-4 '수눌음 공동체'로서 지속 가능 지역교육공동체 탐색

이 장에서는 교육적, 지역적 공감대 속에서 학교 살리기를 지역공동체의 존속과 활성화 전략으로 발전시켜온 제주의 한 지역 사례를 중심으로 살펴보았다. 연구 결과, 지역의 학교와 교육의 문제가 단지 학교와 교육의 문제에 한정되는 것이 아니라 지역공동체의 존속과 활성화와 직결된다는 점을 확인할 수 있었다. 또한 제주의 N 지역 사례를 통해 자본의 가치보다 사람의 가치를, 경쟁보다는 협동과 연대를, 개인보다는 사회적 목적과 공동체의 이익을 우선으로 지역사회 문제의 해결력을 높여야 하며(김경희, 2013), 이때 적극적인 주민참여와 지역사회 주도성과 결속이 중요하다는 점을 알 수 있다.

지역 단위 사회적경제의 경우 주민이 주체가 되어 지역의 문제에 공감하고 공통된 문제의식을 통해 지역의 문제를 공동으로 해결해나가야 하며, 공동체 의식을 확인해나가면서 지속 가능 지역공동체 만들기 방안을 마련해나갈 필요가 있음을 이 연구의 사례를 통해 확인할 수 있다.

이 연구의 사례를 중심으로 볼 때 이 과정은 제주의 수눌음 전통과 맥을 같이 하고 있음은 물론, 향후 지역공동체의 사회적자본 증진 프로그램과 사회적경제 기반 구축을 위한 전략과 방안 모색에 일정한 시사점을 던져준다. 이와 관련해 좀 더 구체적으로 제주 지역공동체 사례연구가 한국의 사회적경제와 지역공동체에 던져주는 함의를 정리하면 다음과 같다.

먼저 농어촌지역의 경우 농어 인구와 학령인구 감소를 배경으로 한 학교붕괴 문제는 교육적 접근뿐만 아니라 지역발전전략으로 인식할 필요가 있다는 것이다. 이 연구의 사례지역에서 전개된 학교 살리기가 일정한 성과를 거둔 데는 주민이 학교 살리기의 추진 주체가 되어 지역의 인적·물적 자원을 적절하게 동원하고, 이를 지역공동체 활성화와 연계해나간 점이 중요하게 작용하였다고 볼 수 있다.

다음으로 어떤 마을 만들기 전략이든지 일정한 성과를 위해서는 이해당사자들의 참여 범위를 확대할 수 있는 이슈를 제시하고 관련 전략들이 다양하게 구사되어야 소기의 목표를 달성할 수 있음을 이 연구의 사례에서는 보여준다. 이는 농어촌지역 학교와 지역의 활성화는 일부 구성원의 노력만으로는 이루기 어렵고 지역의 이해당사자들 모두의 참여와 지역의 주요 행위 주체들의 지원과 협력체제 구축이 중요하다는 점을 시사해준다.

그런데도 학교 살리기 과정에서 구사한 N 지역의 도시민 유입전략은 2000년대 제주 이주 열풍 속에서 또 다른 지역공동체 분화와 갈등 문제를 초래하였고, 현재 N 지역은 정착 이주민과 마을 간 소통 활동을 해오고 있다. 마을공동체의 중심공간으로서 학교붕괴 위기에서 N 지역은 학교 살리기를 통한 이주민 유입전략을 선택하였고, 이 전략으로 N 지역의 학교는 유지되었으나 그 결과 지역주민 간 갈등과 통합 문제가 불거졌다. 즉 이 연구의 사례지역을 비롯한 인근 지역들에서는 최근 학교와 지역사회를 소비하려고 하는 이주민 학부모와 원래 학교는 우리 것인데 학교를 이주민들에게 빼앗겼다고 생각하는 기존 주민들 간 갈등이 심화하고 있다. 이는 2000년대 들어 제주 이주 열풍이 불면서 대다수 제주지역이 직면하고 있는 문제이기도 하다. 이

문제의 해결은 다시 N 지역의 향후 전략에 달려 있다. 이는 N 지역에 던져진 과제라고 할 수 있다. 이러한 사실은 특정 시기 어떤 전략의 선택이 지역사회의 활동 내용과 방향을 항상 보장해주는 것은 아니라는 것을 보여준다.

한편, 이 연구의 사례지역의 주민들이 학교 살리기를 위해 선택한 전략인 공동 임대주택사업과 빈집정비사업이 과연 지역공동체의 유지와 활성화에 긍정적이었는지에 대해서는 평가가 필요하다. 국내 이주자들이 대거 정착한 제주의 다른 지역들과 마찬가지로 사례지역도 이주자들의 정착으로 여러 가지 문제들에 직면해 있다. 임대용 공동주택의 소유권 문제와 임대료 부담 등으로 인해 갈등이 생기는 경우가 있고, 기존 주민과 이주자 간 소통과 화합의 문제와 이주 학생들 사이에 생활과 문화 차이로 인한 갈등 등 지역공동체에 악영향을 끼친 측면도 많기 때문이다[29].

29) 이와 관련하여 N 지역주민은 공동 임대주택건립사업으로 지역에 정착한 이주민과의 화합의 문제를 지적하였고, 자녀교육을 위해 N 지역에 정착한 이주민들의 경우 괸당 문화로 인한 이주민 배제의 문제를 지적하였다(N 지역 토박이와 이주민과의 심층 면접 결과). 한 N 지역 토박이 주민은 "근데 문제는 뭐냐면 그걸 도에서 마을을 지원해줘도 (이주민과) 제주 괸당 사람들이랑 화합하기가 쉽지는 않다는 거지. 이주민들끼리 문화를 만들기도 하고, 그 자녀들끼리 몰려서 다니기도 하고, 도시에서 온 엄마들 카페에서 커피 마시는 거 몇 번 봤어. 학교가 생기고 발달 되니까 지역발전에는 도움이 되지만 마을 사람들 단합에 크게 영향을 준 것 같진 않아 나 말고 다르게 생각하는 사람도 있겠지마는…. 집 지어주고 이런 구조적인 제도도 물론 필요하겠지만 나는 다 같이 지냈으면 하는 점도 있지 그냥"(N 지역주민과의 심층 면접 결과) "괸당 문화라는 것이 무섭기도 했는데 와서 보니까 그냥 사람 사는 동네더라고요. 근데 소문도 무섭게 빠르고 혈연, 지연 이런 게 다른 지역보다 더 중요시? 되는 느낌이 있어요. 그러다 보니까 육지에서 온 사람들끼리 다니고 그러는 거죠. 제주가 발전하면서 육지에서 카페 한다 음식점 한다 온 사람들도 많았고. 근데(그런데) 마을 단위의 행사를 가 봐도 원주민분들이 더 많기도 하고 여기에 무슨 크고 작은 그런 일이 생기면 원주민분들이 저희에게 말 안 해주시는 일도 있었어요. 저희도 알았으면 좋겠는데"(N 지역 정착 이주민과의 심층 면접 결과)

이상의 점들은 지역에서 어떤 사회적경제를 구축해나갈 것인가와 관련해 국내 지역 단위 사회적경제와 지역공동체에 일정한 물음을 던져준다.

6-5 결론 및 시사점

이 연구에서는 제주의 전통인 수눌음 경제 관점에서 한 농촌지역 사례를 중심으로 지역공동체의 존속을 위해 학교 살리기를 매개로 지역공동체 구성원 간에 지역의 문제에 대한 공감대를 만들어나가는 과정에서 협력의 지역공동체가 다져지는 과정을 보여주고자 하였다. 다음에서는 이 연구의 한계점과 후속 연구과제를 제안하는 것으로 이 장을 마무리하고자 한다.

우선 이 연구의 사례지역을 비롯한 인근 지역들에서는 최근 학교와 지역사회를 소비하려고 하는 이주민 학부모와 원래 학교는 우리 것인데 학교를 이주민들에게 빼앗겼다고 생각하는 기존 주민들 간 갈등이 심각해지고 있다는 점에 주목할 필요가 있다. 이는 2000년대 들어 제주 이주 열풍이 불면서 대다수 제주의 지역공동체가 직면하고 있는 문제이기도 하다. 이와 관련해 지역공동체를 둘러싼 환경 변화와 사회변동에 대해 각 지역공동체 내부의 유·무형 자원들이 어떻게 작용하는지 각 지역공동체의 대응 전략에 대한 비교 연구가 필요하다.

다음으로 이 연구의 사례와 관련해 사례지역의 학교 살리기가 학생 수 증가의 직접적인 요인으로 작용했는지 아니면 사례지역이 제주 시내에 근접해 있다는 지리적 요인이나 2010년 전후부터 시작된 제주 이주 열풍이 더 큰 영향을 미쳤는지, 또는 지방자치제 시행과 진보 교육감의 등장이라는 정치·사회적 환경 변화가 더 중요하게 작용했는지에 대해 좀 더 심도 있게 살펴볼 필요가 있다. 실제로 이 장의 사례지역에서 전개한 학교 살리기가 일정한 성과를 거둔 것은 사례지역을 포함한 다른 지역들의 노력과 함께 진보 교육감 체제 이전에 강력하게 전개된 교육 시민운동단체들의 작은 학교 살리기 운동, 진보 교육감 후보 공약 채택 및 당선 운동, 진보 교육감의 등장 등의 요인들이 작용하여 지방자치단체와 지방의회의 지원을 받으면서 사례지역의 학교 살리기가 탄력을 받았다고 볼 수 있기 때문이다. 이러한 요인들에 대한 심도 있는 분석이 이루어지지 못했다는 점인데, 이와 관련해서는 추가적인 연구가 필요하다.

이와 함께 사례지역은 기존 주민과 이주자가 함께 하는 지역교육공동체 활동을 전개해오고 있는데, 사례지역에서 운영 중인 지역교육공동체의 조직구성 및 구체적인 프로그램의 특징과 운영방식 등에 대한 좀 더 심층적인 연구가 필요하며, 지역 내외의 다른 지역들과의 비교연구도 필요하다. 또한 이 연구는 제주의 한 지역 사례만을 다루었다는 점에서 이 연구 결과를 일반화하기에는 한계가 있다. 앞으로 여러 지역공동체 사례들에 대한 심도 있는 연구와 함께 비교 연구가 이루어져야 할 것이다.

참고문헌

강봉수·김민영·김미량·김동현 (2016). 『제주 정착 주민 네트워크 현황 조사를 통한 제주 정착 과정 고찰』. 제주연구원 제주학연구센터.

경기도교육연구원 (2014). 『지역 평생교육을 위한 초등학교 유휴교실 활용 방안에 관한 연구』. 경기도교육연구원.

경기도교육청 (2018). 『경기혁신교육백서』. 경기도교육청.

교육인적자원부 (2006). 『농산어촌 소규모학교 통폐합을 통한 적정 규모 학교 육성계획』. 교육인적자원부.

교육과학기술부 (2012). 『초·중등학교 교육 여건 개선을 위한 적정 규모 학교 육성계획』. 교육과학기술부.

김경례·윤영선 (2015). "사회적경제에서 공동체 운동의 가능성과 한계". 『지역사회연구』, 23(2), pp.1-25.

김경희 (2013). "사회적경제를 통한 지역혁신의 가능성과 한계: 마을기업과 협동조합을 중심으로". 『공공과 사회연구』, 3(2), pp.126-150.

김미량·김민영 (2017). "제주 정착 주민 정책 현황 연구". 『탐라문화』, 54, pp.179-208.

김미향 (2020). "학교와 지역사회 간 연계·협력에 기반한 마을교육공동체의 개념 탐색". 『평생학습사회』, 16(1), pp.27-52.

김선기 (2011). 『사회적 경제조직 간 상호부조 어떻게 할 것인가』. 원주 사회적경제 블록 사업 심포지엄.

김선필·정영신 (2013). "제주의 소규모학교 통폐합 논쟁과 공공성의 재구성". 『탐라문화』, 43, pp.229-263.

김인성·황경수·오윤정 (2014). "제주지역의 협력(수눌음)형 사회적 자본 증진방안 연구". 『탐라문화』, 44, pp.87-116.

김종선·이희수 (2016). "개념지도에 근거한 마을 학교 정체성 연구". 『평생교육학연구』, 21(2), pp.73-107.

노화동 (2018). 『인구소멸 위기 대응 지방 재생 전략으로서의 '학교 살리기' 연구: 제주특별자치도 마을과 학교의 상생 사례를 중심으로,』. 서울시

립대학교 박사학위논문.
박대호 (2013). “충북의 사회적경제 현황과 과제”. 『사회적기업과 정책연구』, 3(1), pp.43-66.
박삼철 (2012). “한국과 호주의 통합학교 운영 사례 비교 연구”. 『비교교육연구』, 22(2), pp.107-128.
박우서 (2001). “지역발전과 민관협력형 지역 거버넌스의 구축”, 이정식· 김용웅 편, 『세계화와 지역발전』, 한울, pp.432-474.
박제명 (2014). 『마을과 학교가 함께 만들어가는 교육공동체에 관한 사례연구: 하늬교육마을을 중심으로』. 한국교원대 석사학위논문.
변경화·김승근 (2018). “제주도 농촌지역의 소규모학교 살리기를 위한 마을임대 주택사업과 빈집 정비 사업 현황 고찰”. 『한국농촌건축학회논문집』, 20(4), pp.85-95.
송두범·양병찬·강수현 (2016). 『충남 마을 교육공동체 실태분석 및 활성화 방안』. 충남연구원.
송상조 (2007). 『제주말 큰사전』. 한국문화사.
신명호 (2009). “한국의 ‘사회적경제’ 개념 정립을 위한 시론”. 『동향과 전망』, 75, pp.11-44.
심익섭·심화섭 (2016). “마을 만들기 연구 경향의 분석과 과제”. 『국가정책연구』, 30(1), pp.29-47.
심재헌 (2013). “작은 학교 살리기, 마을을 살리다”. 『지역과 발전』, 12, pp.58-60.
양병찬 (2008). “농촌 학교와 지역의 협력을 통한 지역교육공동체 형성: 충남 홍동지역 ‘풀무 교육공동체’ 사례를 중심으로”. 『평생교육학연구』, 14(3), pp.129-151.
엄형식 (2008). 『한국의 사회적경제와 사회적기업』. 실업극복국민재단(함께 일하는 사회).
여관현 (2013). “마을 만들기를 통한 공동체 성장과정 연구; 성북구 장소마을 사례를 중심으로”. 『도시행정학보』, 26(1), pp.135-170.
여관현 (2015). “주민학습과 실천을 통한 마을 만들기의 지속가능성 연구”.

『지방정부연구』, 19(3), pp.29-51.
염미경 (2019). "제주 이주와 지역사회 변화 그리고 대응". 『제주도연구』, 51, pp.181-217.
오영매·손명철 (2005). "소규모학교 통폐합 정책에 대한 공간의 차별적 대응 양상". 『제주도연구』, 27, pp.253-295.
이동성 (2017). "농어촌지역 소규모 마을 학교의 운영 기제 탐색: 초중등 교원들의 생애사를 중심으로". 『한국교원교육연구』, 34(2), pp.1-25.
이인회 (2013). "교육 거버넌스 관점에서 본 소규모학교 통폐합 정책 분석". 『탐라문화』, 43, pp.347-375.
이인회 (2020). 『마을로 돌아온 학교: 마을교육학의 기초』. 교육과학사.
이종태·강영혜·정광희 (2000). 『자율학교 운영 모델 개발 연구』. 한국교육개발원.
이해진 (2015). "한국의 사회적경제: 제도화의 정치과정과 지역화 전략". 『지역사회학』, 16(1), pp.135-180.
임연기 (2013). "소규모학교의 쟁점과 과제". 『한국교육재정경제학회 제62차 학술대회 발표집』, pp.1-20.
장원봉 (2006). "사회적경제의 대안적 개념화: 쟁점과 과제". 『시민사회와 NGO』, 5(2), pp.11-43.
정기석 (2014). 『사람 사는 대안마을』. 피플파워.
제주특별자치도교육청 (2006). 『제주형 자율학교(i-좋은 학교) 지정·운영 세부 계획』. 제주특별자치도교육청.
제주특별자치도교육청 (2012). 『2012~2016 적정 규모 학교 육성계획』. 제주특별자치도교육청.
제주특별자치도청 홈페이지(https://www.jeju.go.kr/vill/napeup/intro/history.htm?act=view&seq=1125645)
조금주 (2019). "지역사회 소규모학교 살리기 정책 방향과 해결과제," 『한국콘텐츠학회논문지』. 19(2), pp.99-111.
채종헌·최준규 (2012). "지역사회 활성화를 위한 사회적경제의 역할에 관한 연구: 이탈리아 사회적 협동조합 사례를 중심으로". 『한국지방자치』, 14(3), pp.195-225.
추창훈·박세훈 (2020). “풀뿌리 지역교육 활성화 방안: 전라북도 완주군 혁신교육지구를 중심으로”. 『교육종합연구』, 18(3), pp.147-170.
현혜경·염미경 (2020). “제주지역 마을공동체 조사지표를 활용한 마을공동체 회복력 평가지표 탐색”. 『제주도연구』, 53, pp.75-101.
Bourdieu, P. (1986). "The forms of capital" in John Richardson (ed.), *Handbook of Theory and Research for Sociology of Education*, NY: Greenwood.
Harmon, H. L. & Schafft, K. (2009). “Rural school leadership for collaborative community development”. *The Rural Education*, 30(3), pp.4-9.
Potapchuk, W. R. (2013). *The role of community schools in place-based initiatives: Collaborating for student success.* A publication of Coalition for Community Schools, Policy Link, IEL, West Coast Collaborative.
Wright, E. O. (2010). *Envisioning real utopias.* New York Verso(권화현 역. 2012. 리얼유토피아. 동녘)

제7장

마을기업 보상형 크라우드펀딩

김영섭

본 장에서는 사회적경제의 생태계에 있어 중요한 역할을 담당하고 있는 마을기업의 지속가능한 발전을 위해 보상형 크라우드펀딩 사례를 소개하고 있다. COVID-19(코로나 바이러스)의 대유행은 소비형태가 비대면 온라인으로 비중이 증가되고 있고 사람들의 삶과 보건에 대한 인식의 변화는 사회적 자본의 구조적 변화를 수반하여 공동체 사회의 수평적 단절상태를 야기하고 있다. 공동체성과 지역성을 기반으로 생성된 마을기업은 제품의 경쟁력이나 판매망에서 열세를 보이게 되고 결국 정부 재정지원에 의존할 수밖에 없는 어려움에 놓여 있다. 사회적 금융이 활성화되지 못한 우리나라의 현실에서 마을기업의 자금조달과 판매활성화에 기여할 수 있는 보상형 크라우드펀딩을 제안하고 성공사례를 통해 정책적 시사점을 제공한다.

7-1 서론

2021년은 신종 코로나바이러스 감염증(코로나 19)의 계속되는 유행으로 인해 일찍이 인류가 경험해 보지 못한 상상 불가의 현실에 직면해 있다. 팬데믹[1]으로 국경이 봉쇄되고 여행이 통제되며 사람과의 일정한 거리 두기를 하면서 세계인은 감염방지를 위해 마스크를 착용하고 백신을 접종받는 등 일상생활이 보건과 방역에 의해 철저히 통제되고 있다. 사람과의 대면 접촉을 기피하면서 일정 부분이 비대면으로 전환함에 따라 우리 생활 주변에서도 많은 변화가 나타나게 되었다.

최근 한국은행에서 발표한 신종 코로나바이러스 감염증(코로나 19) 이후 국내 지급결제동향에 따르면 2020년 3/4분기 지급결제증감에 관한 소비유형에서는 전자상거래(온라인쇼핑 등) 등은 소비가 증가하였고 여행, 교육 서비스 등은 소비 감소를 보였는데 모바일기기 및 PC 등의 접근 기기와 비대면 방식은 전년 동기 대비 17.2% 증가한 반면 실물카드에 의한 대면 방식은 5.6% 축소되는 현상을 보였다[2]. 이처

1) 세계보건기구 ; http://www.who.int . 세계보건기구(WHO)의 전염병 경보 6단계 중 '최고 위험' 단계로서 전염병 경보 단계는 1단계 동물사이에 한정된 전염으로 사람에게는 안전한 상태, 2단계 동물을 넘어 소수의 사람들에게도 전염된 상태, 3단계 사람들 사이의 전염이 증가한 상태, 4단계 세계적 유행별 초기 상태, 5단계 전염이 세계 동일 권역의 최소 2개국에서 병이 유행하는 상태, 마지막 6단계는 세계적 대 유행 확산단계로 구분한다.

럼 신종 코로나바이러스 감염증(코로나 19)은 상거래 형태를 변화시키면서 본격적인 비대면 소비시대를 알리고 있다.

마을공동체에서 지역자원을 활용하여 제품과 서비스를 생산하는 마을기업은 빠르게 바뀌는 시대적 소비 형태에 대응할 준비가 되어 있지 않은 채 기존 운영방식을 고수하고 있어 어려움이 가중되고 있다.

지역주민을 위한 일자리 창출 및 지역자원을 활용한 소득 증대를 위해 2011년부터 정부 주도로 본격 시행된 마을기업(Community Business) 육성 정책은 공동체 활성화를 위한 지역 일자리 정책이다. 마을기업은 행정안전부 소관 업무이며 고용노동부에서 시행하는 사회적기업(Social Enterprise) 정책과 더불어 우리나라의 핵심적인 사회적경제조직(Social Economic Organizations)으로 자리매김하고 있다. 마을기업을 운영하는 데 있어 자금 조달뿐만 아니라 기업가 정신, 교육지원, 공동체 협업 정신, 중앙정부 및 지방정부의 재정적 지원 등도 중요한 요소임이 틀림없지만 마을기업은 제품을 생산하고 판매하는 최소한의 단위기업이므로 기업을 운영하기 위한 자금과 판매처의 확보가 절실하다. 마을기업의 재정은 제품의 판매를 통해서 확보하는 것이 가장 바람직하지만 현실적으로는 정부지원금을 통해 조달하는 비중이 크기 때문에 정부지원이 중단된 이후 기업경영이 악화 될 소지가 있다. 이러한 현안을 해결하고 지속가능한 공동체 존속기업으로 유지되기 위해서는 지역에 관심을 표명하는 후원자의 배려와 공감 소비에 더하여 시중에 유통되지 않고 있는 시제품이나 개발 중인 상품을 선호하는 특정 계층의 소비 선호를 위한 마을기업의 보상형 크라우드펀딩이 매우 유익한 통로[3]가 될 수 있다.

---

2) 한국은행 ; http://www.bok.or.kr. 보도자료, 공보 2020-11-7호.

3) 김영섭·나주몽, 2020, "마을기업에 대한 리워드형 크라우드펀딩 참여의도의 영향요인 분석: 확장된 통합기술수용모형(UTAUT2)을 적용한 펀딩 경험 여부에

7-2 마을기업 의의와 특성

1. 마을기업 의의

마을기업의 의의는 지역공동체의 지속성을 확보하는데 있다. 우리나라의 마을기업 등장은 1997년 IMF 외환위기 이후 자생적 공동체 조직이 느슨한 형태로 명맥을 유지하여 왔으나 이를 결집하여 2010년 안전행정부(현재 행정안전부) 소관의 '자립형 지역공동체 사업'으로 출발하였고 2011년에는 명칭을 "마을기업"으로 바꾸어 재정적 지원과 각종 교육 혜택을 제공하였다[4].

마을기업은 국가의 지역공동체에 대한 위기상황의 인식에서 비롯된 것으로 볼 수 있다. 우리나라 지역공동체는 도시 및 농어촌 지역을 막론하고 자본의 지역편중으로 인해 지역의 고용악화 현상이 가중되고 인구감소와 고령화로 인한 사회적 약자 계층이 증가되었다. 도시지역에 있어서는 구도심의 쇠퇴와 신도시의 개발로 인한 인구이동으로 지역의 불균형 심화 현상을 맞이하게 되었다.

지역에서의 인구감소와 고령화는 고용악화 현상을 가져오며 실업과 빈곤의 만성화를 초래하여 사회적 비용이 발생하며 지방정부에서

따른 집단간 비교", 『마케팅관리연구』, 25(4), p.2.

4) 김영섭·나주몽, 2020, "마을기업 크라우드펀딩에서 인지된 위험이 신뢰 및 참여의도에 미치는 영향에 관한 연구", 『글로벌경영학회지』, 17(4), p.84.

는 재정자립도에 부정적인 영향을 미치게 되었다[5]. 이에 대한 새로운 대안으로 지역 내 선순환 경제 기반을 구축하여 지역경제 활성화에 초점을 두고 마을기업이 도입되었다[6]. 지역산업 활성화를 통해 실업자와 조기 퇴직자 등을 위한 일자리를 창출하고 민관 파트너십 구축을 통해 지역의 다양한 가치관과 욕구에 적절히 대응하면서 공공서비스의 효율을 높일 수 있을 것이라는 기대에서 출발하게 된 것이라 할 수 있다[7]. 이러한 마을기업은 "지역주민이 각종 지역자원을 활용한 수익사업을 통해 공동의 지역 문제를 해결하고, 소득 및 일자리를 창출하여 지역공동체 이익을 효과적으로 실현하기 위해 설립·운영하는 마을 단위의 기업"을 말한다[8]. 지역에서 발생하는 문제는 지역 내에서 해결이 요구되는 사항이거나 지역주민들의 삶의 질을 높이기 위해 필요한 사항으로서 지역공동체의 협력이 가장 바람직하다. 마을기업은 지역 자체가 가지고 있는 능력, 즉 자원의 범위 안에서의 운영에 초점을 두며 지역 환경을 파괴하지 않는 비즈니스를 추구하며 궁극적으로 지역공동체 활성화에 목표가 있고 이를 위한 수단으로 경제적 수단인 이윤을 추구한다. 마을기업은 지역 커뮤니티별로 가진 자원에 따라 다양한 사업을 전개할 수 있으며 단순히 커뮤니티 활동만으로는 자생할 수 없으며 마을기업을 통해 지역 커뮤니티 문제해결, 경제활동, 인간성 회복 등이 복합적으로 이루어져야 한다.

모든 마을은 다양한 유·무형의 자원이 있다. 유형의 자원으로는 주

---

5) 유수동, 2019, "마을기업 현황 및 성과: 2019년 현황조사를 중심으로" ,『한국정책학회 동계 학술대회』. 전게서, p.3.

6) 임정현, 2013, "커뮤니티 비즈니스를 활용한 지역개발사업의 정책설계에 관한 연구",『한국사회와 행정연구』, 24(1), pp.271-292.

7) 조영복·하태영, 2015, "마을기업 실태와 활성화 방안에 관한 연구: 고용창출과 부산지역을 중심으로",『한국창업학회지』, 10(1), p.49.

8) 행정안전부 ; http://www.mois.go.kr. 2021.3.21 검색.

민들의 개인재산 외에도 수많은 물적 자원(physical resources)들이 포함된다. 마을에는 무형의 자원들도 많다. 오랜 역사적 배경을 가진 마을일수록 풍부한 역사적 자산을 보유하고 있다. 고유한 전통, 관습, 풍습, 축제, 신화나 민담 같은 구비전승 이야기, 독특한 생활방식과 민간요법 등이 언제든지 마을기업을 통해 새롭게 빛을 볼 수 있는 자원들이다[9].

지역자원을 유용하게 변환하는 것이 마을기업에 있어 중요한 요소이다. 따라서 마을기업의 주체는 지역주민이 중심이 되며 경영 목적은 지역 문제 해결 및 지역의 활력 제고에 있다는 점에서 사회적기업, 협동조합, 비영리단체와 구별된다고 할 수 있다[10].

2. 마을기업 특성

우리나라 마을기업의 도입은 급속한 경제성장에 따른 대도시 집중과 지방중소도시 축소문제, 고용 없는 성장과 관련이 있으며 주로 경제적인 효과에 중점을 두었다는데 특성이 있다[11]. 이를 종합해 보면, 마을기업이 등장하게 된 배경은 크게 3가지로 요약할 수 있다.

첫째, 경제적 측면에서의 등장 배경으로써 외환위기 이후 계속된 고용 없는 성장의 구조화와 재정건전화 기조에 따른 정부와 기업의 투자위축에 대응하여 새로운 대안과 블루오션을 정부가 전략적으로 발굴·육성할 필요성이 대두된 것이다.

둘째, 정책적 측면에서의 등장 배경으로써 관(官)주도 지원 방식으

9) 김기흥, 2014, 『마을의 재발견』. 올림, 서울, p.234.

10) 양세훈, 2012, 『마을기업과 사회적기업의 거버넌스』. 이담북스. 경기, p.77.

11) 부산발전연구원, 2013, "마을공동체로서의 마을기업의 사회적 성과 평가 및 개선방안". 『부산발전연구원 연구보고서』, p.4.

로 추진되던 기존의 불요불급한 정책·사업과 이에 따른 서비스 과잉 공급 등을 시정하기 위하여 행정은 간접적으로 지원하고 주민 주도로 내실 있는 경영을 통해 지역문제와 과제 해결을 유도할 필요성이 대두된 것이다.

셋째, 지역 거버넌스 측면에서의 등장 배경으로써 지역 실정을 제일 잘 아는 자치단체를 중심으로 한 지역 거버넌스를 통해 지역 특성에 맞는 사업을 육성할 수 있도록 사업 패러다임을 전환할 필요성이 대두되었기 때문이다[12]. 이런 특성을 갖는 마을기업은 태동 과정에서도 일정한 요건을 구비하여야 하며 내용을 살펴보면 다음과 같다.

1) 공동체성

마을기업은 공동체가 주도하고 출자하여 기업을 설립하여야 하고 마을기업의 설립과 운영에 관하여는 공동체가 참여하고 결정하여야 한다. 마을기업의 회원은 공동의 목표와 가치를 공유하고 공동체 일원으로서 마을기업의 계획과 운영에 자발적으로 참여하여야 한다. 공동체란 인간의 생물적, 사회적 기본 필요의 충족을 위한 가장 기본적인 단위로서 지역성을 전제로 하며 나아가 집단으로 공유하는 가치의 공간으로 문화적 전통, 사회적 융합, 그리고 규범적 구조가 생산되고 재생산되면서 순환하게 되는 영역을 의미한다[13].

이러한 공동체성에 기반하여 마을기업의 계획과 운영은 민주적 절차에 의하여 회원 스스로가 결정하여야 하며 민주적 의사결정에 지장이 없도록 모든 회원은 출자금액을 최대한 동일한 비율로 출자하도록

12) 최우일, 2014, "정부의 정책 및 내외환경이 마을기업의 성과와 지속가능성에 미치는 영향에 관한 연구: 마을기업의 지정요인을 중심으로", 인하대학교 대학원 박사학위 논문.

13) 한국도시연구소, 2003, 『도시공동체론』. 한울. 서울, p.59.

노력해야 한다. 최대 출자자 1인의 지분은 30% 이하로 제한하고 있으며 특정 1인과 관계된 모두의 지분 합은 50%를 넘을 수 없다.

2) 공공성

마을기업으로 지정되기 위해서는 회원이 개인의 이익보다 마을기업의 이익을 우선으로 하여야 하며 마을기업은 지역사회 전체의 이익을 실현하고 상생하도록 노력해야 한다. 특히 지역의 일자리 및 소득 창출에 기여하여야 하며 사업계획서 상의 지역사회 공헌 활동을 반드시 이행하여야 한다. 이 과정에서 마을기업은 마을기업 명의로 특정 정당 또는 후보를 지지하거나 선거 홍보에 마을기업명을 노출하여서는 안 되며 마을기업 대표자가 후보인 경우라도 선거에 활용해서는 안 되는 등 정치적 중립을 유지하여야 한다.

3) 지역성

지역은 농촌 지역은 '읍'·'면'을 기본으로 도시지역은 '구'를 기본으로 하며 '구'가 없는 시(도농복합시, 행정시 등)는 '동'으로 연계할 수 있다.

마을기업으로 지정되기 전, 마을기업은 지역 내 소재하고 있는 사업장을 기반으로 설립·운영되어야 한다. 또한 지역자원을 활용한 사업을 진행해야 하며 지역사회 문제와 지역주민의 욕구와 연계된 사업계획을 수립하고 사업을 추진하여야 한다. 마을기업으로 지정된 후에는 지역 내에서 생산·소비·교환·분배가 이루어지는 지역 순환 경제 구축을 위해 노력해야 하며 공공성에 기반한 지역사회 공헌활동은 마을기업 소재지를 우선적으로 추진해야 한다. 마을기업으로 지정된 후에 인력을 충원할 때에도 고용 인력의 70% 이상은 지역 주민이어야 한다.

4) 기업성

마을기업으로 지정되기 위해서는 각종 사업을 통해 수익을 창출하는 경제조직이어야 한다. 이를 위해 마을기업 사업계획과 관련한 사업 운영 실적이 있거나 마을기업 회원의 경력이나 경험 등이 반영된 사업계획을 수립하도록 노력해야 한다. 마을기업은 정부에서 보조금을 지원하기도 하지만 사업 아이템을 구상해서 풀어가는 것은 전적으로 주민들의 몫이다. 이 과정에서 마을의 구심점이 생기고 마을 구성원들이 가진 잠재된 역량이 모일 때 비로소 마을기업의 지속성을 갖게 된다[14]. 따라서 사업은 시장경쟁력이 있어야 하며 장기적인 주 수입은 사업에서 나와야 한다. 순수 민간기업과의 경쟁이 치열한 사업은 마을기업으로 부적합하며 가능한 민간기업과 상호 보완적인 사업계획이 수립될 수 있도록 노력해야 한다.

행정안전부의 2020 마을기업 육성사업 지침에서는 마을기업의 요건을 기업성, 공동체성, 공공성, 지역성으로 명시하고 있으며 이와 같은 마을기업의 요건을 정리하면 표 7-2-1과 같다.

표 7-2-1. 마을기업 육성사업 시행지침에 의한 마을기업의 요건

구분	내용
기업성	• 장기적으로 사업을 통해 주(主)수입이 나오며, 시장 경쟁력이 있어야 함 • 지속가능성을 지녀야 함 • 법인, 회사, 협동조합 등 기업의 형태를 지녀야 함
공동체성	• 모든 회원은 마을기업에 출자, 계획 및 운영 참여의 의무 부여 • 지역 내 주체들의 의견 반영과 지역 순환경제 구축을 위한 노력 요구
공공성	• 사업계획서상의 지역사회공헌활동을 반드시 이행하여야 함 • 정치적 중립성, 민주적 절차에 의한 경영, 일자리·소득창출의 노력 요구
지역성	• 지역자원을 활용한 사업을 하여야 함 • 지역주민이 주도하는 기업이어야 함

자료 : 행정안전부 ; http://www.mois.go.kr. 2020년 마을기업 육성사업 시행지침

14) 정윤성, 2013, 『마을기업 희망공동체』. 도서출판 씽크스마트. 서울, p.35.

7-3 보상형 크라우드펀딩과 마을기업 현황

1. 보상형 크라우드펀딩

보상형 크라우드펀딩은 후원자가 아이디어 개발자, 스타트업 기업, 벤처·중소기업에 소액을 후원하고 펀딩의 대상이 되었던 해당 기업의 제품 또는 서비스로 보상(reward)을 받는 크라우드펀딩이다[15].

보상형 크라우드펀딩은 모금 방식별로 차이는 있지만 대개 목표한 금액에 도달하지 못할 경우 자동으로 프로젝트가 무산되고 후원금이 반환되는 것이 특징이다. 모금이 성공하여 프로젝트가 진행될 경우에는 진행 과정 역시 플랫폼을 통해 공개하고 프로젝트가 완료되면 후원금에 따라 차등적으로 보상이 주어진다. 이때 보상 혜택은 주로 프로젝트의 결과물들이 일반적이다[16]. 예를 들어, 영화나 뮤지컬 등의 제작이나 참여의 보상으로 VIP 좌석이나 일반석을 받는 경우이다[17]. 또한 이 유형에는 선구매형(pre-purchase) 크라우드펀딩이 포함되는데

15) C. Steven Brantford, 2012, 『Crowdfunding and the Federal Securities Laws』, Columbia Business Law Review, 2, pp.14-16. : 자금공급의 대가로 이자를 제공하거나 지분을 제공한다면 이는 대출형이나 증권형 크라우드펀딩으로 분류한다.

16) 권혁인·이승하·나윤빈, 2014, "크라우드펀딩의 성공·실패 사례분석". 『한국콘텐츠학회논문지』, 14(7), pp.125-136.

17) 김세련, 2017, "크라우드펀딩의 법적 문제와 개선방안 - 증권형·대출형 크라우드펀딩을 중심으로-", 전남대학교 법학전문대학원 박사학위 논문, p.16.

이는 자금공급자(후원자)가 참여의 대가로 기업이 펀딩을 통해 향후 제작하고자 하는 물품을 사후에 받기로 하는 형태이다.

2014년 4월, 미국의 '킥스타터(Kickstarter)[18]'에서 아이폰과 안드로이드폰에 연동되는 손목시계 '페블워치'에 대한 크라우드펀딩의 성공이 대표적인 사례이다. 선구매형 크라우드펀딩에는 물품뿐만 아니라 음악회 티켓 등 유가증권도 거래된다. 이 밖에도 미리 제작된 상품을 크라우드펀딩을 통해서 판매하는 매매계약형도 진행되고 있다. 또한, 크라우드펀딩을 통해 후원자가 자금을 지급하면 자금수요자가 물품이 아닌 재능을 기부하는 형태의 역무제공형도 있다.

이 펀딩의 특징을 보면 처음부터 엔젤, VC 투자만을 기대했다면 시장에 나오지 못했을 제품이 보상형 크라우드펀딩을 통해서 실제 시장 소비자들의 지지를 얻어 펀딩된 금액으로 개발 완료 및 생산한 페블워치를 후원자에게 제공하였으며 제공 후에도 후원자들과의 활발한 커뮤니케이션을 통해 제품 개선에 도움을 주었다는 것이다.

마을기업 보상형 크라우드펀딩에 있어 후원자의 기대 보상물에는 지역자원을 활용한 농수축산물, 전통식품 및 일반 가공식품과 농어촌 체험 공방 초대권, 문화 예술 공연 초대권, 민박 숙박권 등 다양한 형태의 보상물이 존재한다[19]. 순수 후원의 경우는 어떠한 대가도 받지 않는 형태로서 기부형 크라우드펀딩에 가깝다고 할 수 있고 보상형 크라우드펀딩은 펀딩 후원자가 자신이 지원한 프로젝트에서 산출된 제품이나 서비스를 보상으로 얻게 되는 형태이다. 증권형 및 대출형 크라우드펀딩은 수익 추구의 의도가 강하고 보상형이나 기부형 크라

18) 미국의 가장 대표적인 크라우드펀딩 중개업자(platform)로 페블워치의 크라우드펀딩을 담당했다.

19) 김영섭, 2020, "마을기업 보상형 크라우드펀딩의 참여의도에 미치는 영향요인 연구". 전남대학교 대학원 박사학위 논문, p.22.

우드펀딩은 수익 추구보다는 어느 정도의 선행 목적이 동반된다는 차이점이 있다[20]. 특히, 보상형 크라우드펀딩 후원자들은 참여를 결정하는 기준으로 프로젝트의 상업적인 수익성과 이윤이 아니라 프로젝트에 대한 관심과 취향, 즉 선호도이다. 참여자들의 프로젝트 선호도는 최근에 기술 분야로 크게 이동하고 있음을 보여주고 있는데 이는 현대가 점차 기술혁신시대로 가고 있음과 일치한다고 하겠다[21].

2. 보상형 크라우드펀딩 법적 규제

보상형 크라우드펀딩을 통한 거래에 대해서는 아직 이에 특화된 법적 규제가 없고 플랫폼 약관 등 시장의 자율에 맡기고 있다.

「전자상거래 등에서의 소비자보호에 관한 법률」 제2조 2항[22] 에서는 통신판매에 대하여 "통신판매" 란 우편·전기통신, 그 밖에 총리령으로 정하는 방법으로 재화 또는 용역(일정한 시설을 이용하거나 용역을 제공받을 수 있는 권리를 포함한다)의 판매에 관한 정보를 제공하고 소비자의 청약을 받아 재화 또는 용역을 판매하는 것을 말한다. 다만, 「방문 판매 등에 관한 법률」 제2조 제3호에 따른 전화 권유 판매는 통신판매의 범위에서 제외한다." 라고 정의하고 있다.

보상형 크라우드펀딩은 모바일이나 인터넷을 기반으로 이루어지고 있고 제품공급자와 후원자 사이의 조건부매매계약에 의해 제품이나 서비스가 제공되는 것이므로 전자상거래법상 통신판매 적용대상에 100% 합치한다고 볼 수는 없다.

---

20) 김동우, 2015, 『크라우드펀딩 현황 및 향후 전망』. Vol. 736, 은행연합회

21) 천혜숙, 2015, "창의적 프로젝트와 후원형 크라우드펀딩 - 성공요인", 『한국콘텐츠학회지』 15(5), pp.560-569.

22) 국가정보법령센터 ; http;//www.law.go.kr. 2021.3.21. 검색.

보상형 크라우드펀딩은 제품공급자의 제품 생산비 자금 조달이라는 점과 시중에서 널리 시판되는 제품을 판매하는 것이 아니라 판매 예정 제품, 개발 중인 제품, 테스트 제품 등이 주로 거래되는 점에 있어 전자상거래와는 일부 차이가 있다. 따라서 전자상거래법을 보상형 크라우드펀딩에 그대로 적용하기에는 표 7-3-1에서 제시하는 바와 같이 계약 형태, 계약당사자, 청약 철회권, 재화에 대한 정보제공 등에서 구별된다. 현재 대출형 크라우드펀딩은 "온라인 투자연계 금융업 및 이용자 보호에 관한 법률"이 적용되며, 증권형 크라우드펀딩은 "자본시장과 금융투자업에 관한 법률"이 적용되고 있지만, 보상형

표 7-3-1. 전자상거래와 보상형 크라우드펀딩 비교

구분	전자상거래	보상형 크라우드펀딩
계약형태	소비자의 청약이 있으면 판매자의 수락 및 판매 (법 제14조 1항)	보상형 크라우드펀딩의 모집기간 및 목표금액 달성 등의 조건 만족시 거래 성립
계약당사자	소비자와 판매자간 계약당사자 (법 제3조 1항)	펀딩 개설자와 다수의 후원자가 동시 계약 체결
청약철회권	소비자 청약철회권 가능: 7일 (법 제17조 1항)	후원자의 단순 변심 환불 요구는 플랫폼 약관 적용 가능 1) 보상형 크라우드펀딩은 조건부 매매계약이라는 점 2) 제품공급자의 참가목적이 제품 생산비 또는 구입비 등의 자금 조달이라는 점 3) 널리 시판되는 제품보다는 판매예정 제품, 개발 중인 제품등이 주로 거래되는 점
재화에 대한 정보제공	재화에 대한 정확한 정보 제공 (법 제13조 2항)	플랫폼 게시정보와 실제정보의 차이로 인한 간극 발생
적용 법률	"전자상거래 등에서의 소비자 보호에 관한 법률"	• 보상형 크라우드펀딩: 법적 규제 없음 다만, • 대출형 크라우드펀딩: "온라인 투자 연계 금융업 및 이용자 보호에 관한 법률" 적용 • 증권형 크라우드펀딩: "자본시장과 금융투자업에 관한 법률" 적용

크라우드펀딩에 대한 구체적인 법적 규제는 미흡한 상황이라고 할 수 있다.

3. 마을기업과 보상형 크라우드펀딩 현황

1) 마을기업

2009년 희망 근로 프로젝트 실시 이후 후속 사업의 일환으로 2010년 자립형 지역공동체 사업을 확정하고 마을기업 시범사업을 시작하였다. 2011년부터 '마을기업 육성사업'을 본격적으로 추진한 이래 시장에 신규 진입하는 기업 수와 취소되는 기업 수가 반복적으로 악순환되는 양상을 보이며 2019년 6월 말 기준 1,592개 업체가 운영 중이다.

박근혜 정부 종식기인 2016년 신규 지정은 104개 업체, 지정 취소는 69개 업체로 신규 지정 대비하여 66.3%의 비율로 마을기업 제도 도입 이래 최고의 지정 취소율을 보였다. 문재인 정부가 출범하면서 2017년 신규 지정은 126개 업체, 지정 취소는 61개 업체로 48.4%가 지정 취소되었으며 2018년 신규 지정은 105개 업체, 지정 취소는 50개 업체로 47.6%가 지정 취소되었다. 한편 2019년 신규 지정 109개 업체, 지정 취소 14개 업체로 12.8%의 꾸준한 지정 취소 현상을 보인다.

한편 국내 마을기업의 사업유형별로는 일반식품, 전통식품, 관광체험, 공예품 등의 순으로 높은 분포를 보이며 법인 형태별로 살펴보면 영농조합법인> 협동조합> 주식회사 순으로 운영되고 있음을 확인할 수 있다.

국내 마을기업 전체의 경제적 성과를 살펴보면 매출과 일자리 창출이 매년 증가하는 등 지역경제 기반으로 성장하고 있다. 전체 매출은 2015년 1,183억 원, 2016년 1,266억 원, 2017년 1,599억 원, 2018년

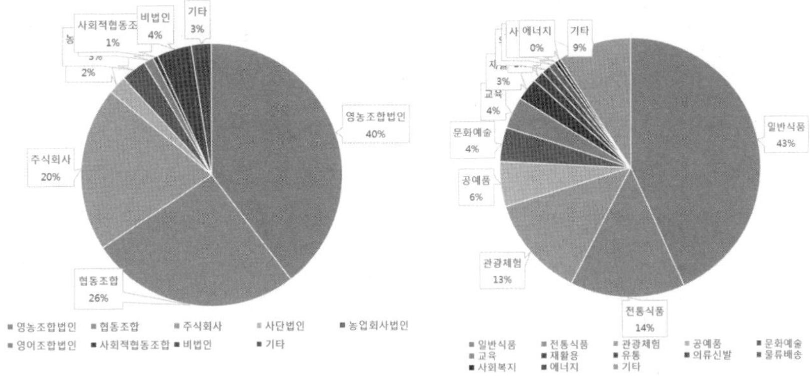

자료 : 행정안전부 ; http://www.mois.go.kr

그림 7-3-1. 국내 마을기업 사업 및 법인 유형별 분포도

1,645억 원으로 나타났고 기업 평균 매출은 2015년 0.88억 원, 2016년 0.92억 원, 2017년 1.1억 원, 2018년 1.10억 원으로 나타났다.

마을기업 전체 일자리 창출은 2015년 11,500명, 2016년 16,101명, 2017년 17,438명, 2018년 19,261명으로 나타났고 기업당 일자리 창출은 2015년 8.57명, 2016년 11.69명, 2017년 12.09명, 2018년 12.87명으로 나타났다.

마을기업의 평균 매출액은 2012년 0.63억 원에서 2015년 0.88억 원, 2017년 1.11억 원으로 지속해서 증가하고 있는 것으로 나타났다. 동 기간 사회적기업의 평균 매출액은 2012년 8.55억 원에서 2015년 13.07억 원, 2017년 18.65억 원으로 지속해서 증가하였다. 마을기업과 사회적기업 모두 평균 매출액이 지속해서 증가하였으나, 사회적기업보다 마을기업은 평균 매출액의 수준이 크게 낮은 것으로 나타났다[23].

23) 유수동, 2019, “마을기업 현황 및 성과: 2019년 현황조사를 중심으로”, 『한국정

표 7-3-2. 국내 마을기업의 경제적 성과 추세

(단위 : 억원, 명)

년도	매출액	기업당 평균매출액	일자리	기업당 평균일자리
2011	196	0.36	3,145	5.72
2012	492	0.63	6,533	8.30
2013	736	0.66	10,117	9.04
2014	1,003	0.80	10,218	8.18
2015	1,183	0.88	11,500	8.57
2016	1,266	0.92	16,101	11.69
2017	1,599	1.11	17,438	12.09
2018	1,645	1.10	19,261	12.87

자료 : 유수동. (2019). 현황조사를 토대로 저자 재작성

사회적기업의 경제적 성과가 마을기업에 비해 높은 것은 사회적기업은 농산 어촌 지역에 위치한 마을기업에 비해 경제 활동이 활발한 도시지역에 있는 것이 주요 원인으로 추정된다. 사회적 성과 역시 사회적기업은 취약계층에게 일자리 제공과 사회 서비스 제공이라는 사회적 목적 추구에 주력하는 반면, 마을기업은 지역주민이 지역자원을 활용해 기업적 방법으로 지역사회 문제를 해결한다는 점에서 그 이유를 찾을 수 있겠다.

마을기업은 유형적으로 존재하는 기업으로서 기업의 존속을 위한 미래 자원인 수익이 발생하지 않을 경우 위기에 봉착하게 된다. 일자리 창출, 교육, 기업가 정신 등 모든 요소의 귀결점은 수익을 근간으로 이어갈 수 있기 때문에 기업으로서 유지할 수 있는 기초 수익 발생의 원천인 마케팅 역량이 매우 중요하다고 할 수 있다.

책학회 동계 학술대회』, pp.7-8.

2) 보상형 크라우드펀딩

국내의 크라우드펀딩 시장은 머니옥션과 팝 펀딩이 2007년에 처음으로 대출형 크라우드펀딩 플랫폼을 제공하면서 시작되었다[24]. 그 후 대출형, 보상형, 그리고 기부형 크라우드펀딩을 중심으로 시장이 형성되고 발전하기 시작하였다[25].

2015년 7월 '자본시장과 금융투자업에 관한 법률 개정안'이 통과되어 이듬해 1월부터 시행됨으로써 스타트업 기업과 신생기업에 필요자금을 공급할 수 있도록 소액투자자와 중개업자가 증권형 크라우드펀딩에 더 자유롭게 투자하고 자금 운용을 할 수 있는 법적 기반을 마련함으로써 크라우드펀딩 시장이 본격적인 형태를 갖추기 시작하였다.

2019년까지 증권형 크라우드펀딩 누적 실적은 1,110억 원의 자금조달 실적을 나타내고 있고 보상형을 위주로 취급하는 크라우드펀딩 누적 실적도 2,000억을 상회하면서 우리나라 크라우드펀딩 시장 총량규모는 매년 성장을 거듭하고 있다.

국내 보상형 크라우드펀딩은 2011년 중개 플랫폼인 '텀블벅'을 통하여 문화예술산업 분야에서 첫선을 보인 이래[26], 실적 면에서 지속적인 상승세를 유지하고 있다.

보상형 및 증권형을 위주로 운영 중인 대표적인 중개업체 '와디즈'는 아이디어상품과 벤처기업 지원에 두각을 나타내며 2019년 당해

24) 류홍·최현자, 2020, "소비자의 보상형 및 증권형 크라우드펀딩 참여 현황 및 참여의도에 관한 연구", 『금융소비자연구』, 10(1), p.100.

25) 권보람·김주성, 2013, "크라우드펀딩의 국내외 현황 및 입법 동향 분석", 『전자통신동향분석』, 제28권 제5호, pp.174-183.

26) 윤민섭, 2014, "비금융형 크라우드펀딩의 법적 제문제와 개선방안", 『한국법학원』, pp.95-124.

연도 보상형 크라우드펀딩 실적이 프로젝트 개설 건수 7,643건에 펀딩 금액 1,051억 원을 돌파하였다. 보상형 크라우드펀딩에 있어 패션잡화> 푸드> 홈 리빙> 뷰티> 가전 등의 순으로 참여도가 많았다.[27]

창작문화예술 중심으로 운영되는 '텀블벅'은 누적 펀딩 금액이 펀딩을 시작한 첫해인 2011년 1억 원 대비 2019년 1,000억 원을 달성하여 1,000%의 폭풍 성장을 보였다.[28] 그뿐만 아니라, 마을기업이나 사회적기업 등의 사회적경제 조직에 대한 보상형 크라우드펀딩을 주로 취급하는 플랫폼인 '오마이컴퍼니'의 자료에 의하면 2017년 7억 원 실적에서 2019년 17억 원으로 142% 성장을 하고 있다.[29] 이와 같은 실적은 국내 보상형 크라우드펀딩 시장의 잠재력과 성장 가능성이 충분하다는 것을 말해 주고 있다. 이에 마을기업 보상형 크라우드펀딩의 실제 현황을 살펴보기 위해 사회적기업에 대한 크라우드펀딩을 주로 취급하는 중개 플랫폼인 '오마이컴퍼니'의 2018년부터 2020년 7월까지의 연도별 보상형 크라우드펀딩 전국 자료를 수집하여 분석한 결과 지역별로 참여자 수와 참여금액에서 확연한 차이가 있음을 확인하였다.

강원도의 경우 2019년 설악자연농원 영농조합법인이 한방차·꽃차 펀딩을 통해 19명의 참가자로부터 18,710천 원의 펀딩에 성공하였고 2020년에는 구만리콩마을영농조합법인이 66명의 참여자로부터 2,111천 원의 펀딩에 성공하였다. 한편, 경북 포항 노다지마을 떡국 장류에 대한 펀딩은 참여자 3명으로부터 90천원의 소액 펀딩 결과로 종료됐지만 전남 벌교 월곡영화골은 2019년 272명의 참여자로부터 31,140천 원의 펀딩 성공에 이어 2020년 173명의 참여자에게서 111,000천

27) 와디즈 ; http:// www.wadiz.kr. 2020.1.15. 보도자료.

28) 텀블벅 ; http:// www.tumblbug.com. 2020.7.2. 보도자료.

29) 오마이컴퍼니 ; www.ohmycompany.com. 2020.9.3. 내부자료 검색.

원의 2차 펀딩을 성공시켰다[30].

표 7-3-3. 연도별 보상형 크라우드펀딩 전국 프로젝트 현황

(단위 : 개,명,천원)

구분	2020년 7월			2019년			2018년		
프로젝트지역	개수	참여자수	참여금액	개수	참여자수	참여금액	개수	참여자수	참여금액
서울	15	430	2,918,058	48	1,311	1,000,954	50	5,434	594,058
경기	6	240	8,901	14	280	58,682	12	724	331,340
인천	1	2	3,000	4	50	1,540	1	5	230
강원	3 (1)	186 (66)	24,481 (2,111)*	1 (1)	19 (19)	18,710 (18,710)*	8	148	42,740
충북	1	31	20,000	-	-	-	3	84	71,138
대전	2	96	52,712	1	4	125	-	-	-
충남	-	-	-	2	22	3,700	-	-	-
대구	1	35	30,000	8	255	396,350	4	149	72,476
울산	3	28	30,126	11	339	54,343	1	8	530
부산	9	110	65,268	5	62	49,623	18	310	32,457
세종	-	-	-	1	4	10,000	-	-	-
경남	1	8	32,000	2	23	2,375	-	-	-
경북	-	-	-	2	84	64,185	1 (1)	3 (3)	90 (90)*
전북	1	25	676	2	17	730	6	181	17,138
제주	-	-	-	12	207	24,337	11	291	20,081
전남	2 (1)	181 (173)	131,000 (111,000)*	1 (1)	272 (272)	31,140 (31,140)*	-	-	-
광주	2	28	10,061	-	-	-	-	-	-
합계	47 (2)*	901 (239)	3,326,283 (113,111)*	114 (2)*	2,949 (291)	1,716,794 (49,850)*	115 *(1)	7,337 (3)	1,182,278 (90)*

주1* : 중개 플랫폼 오마이컴퍼니 자료이며 ( )의 수치는 마을기업 보상형 크라우드펀딩

자료 : 오마이컴퍼니 ; http://www.ohmycompany.com

30) 오마이컴퍼니 ; http://www.ohmycompany.com. 2020.9.3. 검색.

7-4 보상형 크라우드펀딩 적용 사례

1. 국내 마을기업 보상형 크라우드펀딩 사례

마을기업 보상형 크라우드펀딩 성공에 있어 후원자의 공감과 이타심이 작용하고 옛 추억을 상기시키면서 즐거움과 재미를 함께 공유할 수 있는 체험형 기대 보상물을 제공한다면 펀딩을 통한 자금 조달이 충분히 가능하다는 것을 확인한 성공적인 사례이다.

1) 마을기업 명칭 : (주)월곡영화골

주식회사 월곡영화골은 전남 벌교읍 월곡 문화마을에 기반을 두고 운영하는 마을기업이다. 문화마을 만들기 사업의 일환으로 낙후된 벽면에 특색 있는 벽화와 폐가를 리모델링하여 공방과 편의시설 활용으로 일자리 창출을 실현해 가고 있다. 마을을 형성하는 것보다 만들고 나서 유지보수하면서 청년 일자리 창출이 중요하다고 생각하는 청년들과 주민들이 모여 마을기업 주식회사 월곡영화골을 설립하게 되었다.

2) 보상형 크라우드펀딩 자금조달

사회적경제조직의 보상형 크라우드펀딩을 위주로 하는 플랫폼 오마이컴퍼니를 통해 2019년 후원자 272명으로부터 31,140,000원의 보상형 크라우드펀딩 금액에 성공하였고 2차로 2020년 참여자 173명으로부터 111,000,000원의 펀딩에 성공하였다. 1차 펀딩 성공 금액으로 게스트하우스의 공기청정기 설치에 사용하였고 2차 펀딩 성공금액은 지역 상인들과 연계하여 관광상품 패키지를 만들고 구도심에 있는 폐가를 리모델링하여 주거환경개선, 청년 일자리 창출에 기여할 목적으로 조달하였다. 월곡영화골 주변으로는 소설 "태백산맥", "벌교꼬막" 등 전국적인 관광 콘텐츠가 풍부하여 관광자원의 연계가 가능한바 체험, 숙박, 음식, 특산품 매장 매출 증대에 시너지 효과가 기대되고 있다.

3) 보상형 크라우드펀딩에 대한 마을기업 제공 보상물

2019년 1차 후원자 보상물은 게스트하우스 이용권, 핸드 드립 커피 체험, 달고나 체험, 흑백사진 인화 및 지방이 방향제 만들기 등으로 보상물을 구성하여 후원 금액별로 차등화 제공하였다. 한편 2020년 2차 후원자 보상물은 꼬막 티셔츠와 핸드 드립 커피 체험 및 게스트하우스와 민박을 후원 금액별로 차등화하였다.

4) 특이점

낙후된 시골 마을 담장에 영화 스크린 벽화를 그려 넣어 예쁜 동화 같은 마을 골목길을 걷고 핸드드립 커피 체험 및 달고나, 지방이 방향제 만들기 체험을 한다. 오늘 밤은 포근한 고향 집과 같은 게스트하우스에서 숙박을 하고 흑백사진으로 아름다운 추억을 남기는 월곡영화골 마을기업의 보상물에 신뢰와 공감을 보내는 후원자의 동참이 1차, 2차 연이은 보상형 크라우드펀딩의 성공으로 나타났다.

자료 : 오마이컴퍼니 ; http://www.ohmycompany.com

그림 7-4-1. 월곡영화골 보상형 크라우드펀딩 보상물

2. 해외 마을기업 보상형 크라우드펀딩 사례

일본 4차 산업화프로젝트실행위원회에서 수행한 마을기업 보상형 크라우드펀딩은 플랫폼에 등록하기에 앞서 사전준비 단계에서부터 진행 예정인 프로젝트에 대한 지방정부의 지원 아래 철저한 준비가 이루어졌으며 사회적으로 이타심을 자극하며 공감할 수 있는 정도의 독창적인 성격으로 이루어졌다. 또한 펀딩이 종료된 후 모금액의 사용 용도와 사용명세를 투명하게 제시하였고 펀딩 모금에 성공한 후에는 후원자에게 약속한 보상물을 교부하면서 보답으로 감사의 편지와 함께 지역 특산물을 소량 지급하기도 하였다. 한편, 후원자들에 대한 사후관리 차원에서 펀딩이 종료된 이후 결과보고회를 개최하여 자체 평가를 진행하였고 그 결과를 후원자에게 진솔하게 알리고 커뮤니티 홈페이지에서 상호 지속해서 소통을 유지하였다.

1) 마을기업명칭: 일본4차 산업화프로젝트실행위원회

일본 시마네현 미사토마치 히노미야(島根県 美郷町 比之宮)지역은 인구 5천여 명 정도의 작은 마을로서 고령화율이 50%를 상회하는 지역이다. 이 지역은 시장 출하가 많지 않은 환상의 과일 "포포-"의 자생지였다. 이 과일은 과거 자급자족용으로 여러 지역에서 재배되고 있었지만 2차 세계대전 후 식품의 다양화가 진행되면서 소비자들에게서 잊힌 과일이다. 기안자인 포포-4차산업화프로젝트 실행위원회에서는 시골의 풍요로움을 동일한 질을 추구하는 수요자에게 공급해야 경쟁력이 있다고 생각하였다. 이런 이유로 포포-4차산업화프로젝트 실행위원회에서는 지역에 묻혀 있었던 "포포-"를 귀중한 지역 자산으로 자리매김하고 포포-의 개발에 의한 지역 활성화를 계획했다. 상품마케팅 및 새로운 판로 확대를 목표로 크라우드펀딩을 이용했다.

2) 보상형 크라우드펀딩 자금조달

"포포-"를 재배, 가공하여, 상품마케팅 및 새로운 판로 확대를 위해 보상형 크라우드펀딩에 의해 250,000엔을 모집하는 데 성공했다. 향후는 보상형 크라우드펀딩을 활용해서 보조금, 조성금에 의존하지 않는 자금 조달을 통해 지역 활성화를 자력으로 도모하는 데 목적을 두었다. 조달한 자금을 활용하여 포포-의 재배, 가공, 상품화하는 것으로 지역 비즈니스로 발전시켜가는 프로젝트이다.

3) 보상형 크라우드펀딩에 대한 마을기업 제공 보상물

이 프로젝트에서는 포포-를 펀딩 금액별로 수제 엽서를 사용한 감사의 편지와 함께 마을기업 보상물로 제공하고 있으며 추가로 마을의 친환경 쌀 3kg도 보상형 크라우드펀딩 후원자에게 배송해 준다.

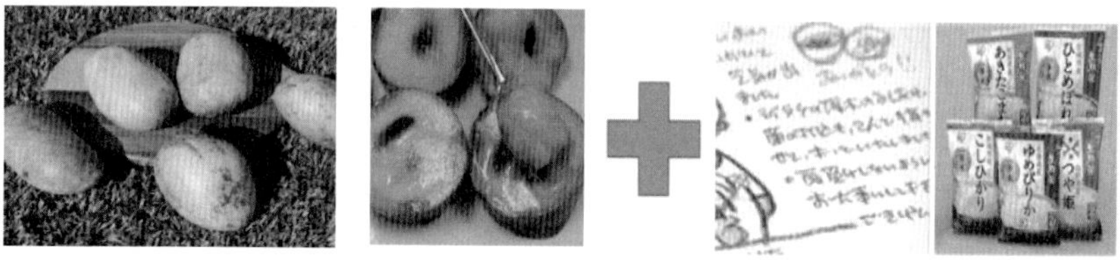

포포 파일 감사의 편지 지역 쌀

자료 : https://blog.naver.com/yyw7759/222094946883

그림 7-4-2. 4차 산업화 프로젝트 보상형 크라우드펀딩 보상물(일본)

4) 특이점

기안자, 중개사업자 외에 시마네현의 조언과 지원이 있었다. 시마네현은 지역만들기 등을 목적으로 하는 주민단체가 자금 조달을 하는 방법으로서 크라우드펀딩에 관심을 가지고, 지역진흥의 색채가 강한 FAVVO를 사업자로 인정하고 있다. 나아가 현은 예산을 확보해서 어드바이저에 의뢰하고, 어드바이저가 기안자에게 조언하는 구조를 만들어서 크라우드펀딩을 하는 사람들을 지원하고 있다.

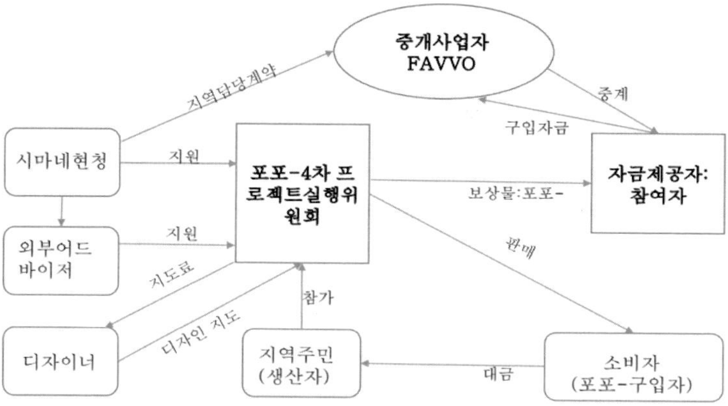

자료 : 국가지방거버넌스연구원 (2019).

그림 7-4-3. 포포-4차 산업화 프로젝트 흐름도

농촌 지역인 히노미야에 거주하는 사람들은 농산물의 시장가격에 대한 충분한 지식이 없어 기존의 채널에서 판매하는 방법으로 일관했다. 그런데 보상형 크라우드펀딩을 이용하여 사람들의 '공감'에 의해서 시장 가치화를 할 수 있는 새로운 프로세스를 만들어 돌파구를 마련하게 되었다. 사업의 기획 및 실시에서는 포포-를 상품화하는 것을 목표로 해서 시작했지만, 마을 내에서는 적절한 가공시설이 없어 어려움에 직면하자 이웃 마을에 의뢰해서 상품화에 성공했다. 인력과 자금이 부족한 자신들만으로 사업의 모든 것을 운영하려고 한 것이 아니라 1차 산업에서 3차 산업의 각각 전문분야의 협업과 분업체계를 이용하여 사업 운영이 가능하게 되었다. 이 과정에 지방정부의 적극적인 지원과 협조가 이루어졌다. 결과적으로 마을기업과 지방정부의 협력을 통한 공동노력이 결실을 본 것이다.

7-5 결론 및 시사점

국내 크라우드펀딩 시장은 2016년 자본시장과 금융투자업에 관한 법률 시행으로 성장을 거듭해 왔으며 스타트업이나 신설기업 등의 신제품 개발 및 생산에 드는 자금의 조달을 위한 보상형 크라우드펀딩 실적도 꾸준한 상승을 보인다. 보상형 크라우드펀딩은 중개 플랫폼을 중심으로 운영되는 현실을 고려하면 재정적으로나 소비자 마케팅 역량에서 열세에 있는 마을기업이 독자적으로 적극적인 플랫폼 참여를 하기에는 한계가 있다. 따라서 지방정부는 마을기업이 지역공동체 유지를 위한 지역자원 활용 기업임을 간과하지 말고 행정 지원을 통해 마을기업이 중개 플랫폼에 도달할 수 있도록 후원자의 역할을 다할 때 마을기업 제품 구입을 하는 후원자에게도 후원 애정과 공감을 이끌어낼 수 있을 것이다. 또한 마을기업 보상형 크라우드펀딩 후원자의 즐거움과 재미를 느낄 수 있는 다양한 프로그램을 개발하는 것도 중요할 것으로 보인다.

마을기업 보상형 크라우드펀딩 후원자의 필요 요망에 따라 변수별 단기·중기로 나누어 후원자의 욕구(Needs)를 충족할 정책적 지원 방안을 도출하였는바 이를 토대로 추진 로드맵을 기획하여 사회적경제 지원정책에 반영하였으면 한다. 이에 대한 주요 내용은 다음과 같다.

첫째, 2020년 코로나 19 상황이 계속 전개됨에 따라 상거래의 형태에 커다란 변화가 생겼다. 비대면 온라인 전자상거래가 활성화되고 대면 오프라인 구매는 위축되고 있다. 위기는 기회일 수 있기 때문에 마을기업의 생산물에 대한 판매 형태도 시대적 요청에 따라 변화할 필요가 있게 되었다. 지역자원을 활용한 마을기업은 소중한 지역공동체 발전을 위해 기업으로서 지속적인 수익원이 확보되어야 한다. 수익원 확보의 방법으로 마을기업 생산물의 판매가 원활하게 이루어져야 하는데 이에 대한 방안으로 마을기업 보상형 크라우드펀딩을 통해 제품을 비대면 온라인 플랫폼에 탑재하면서 후원자의 참여를 유도하는 펀딩 목적과 기대 보상물이 적절할 경우 후원자의 공감과 함께 후원이 충분히 가능하다는 것을 사례로 확인하였다.

둘째, 마을기업 보상형 크라우드펀딩 후원자는 참여할 때 즐거움과 기쁨이 있어야 참여의도가 높아진다는 것이다. 중개 플랫폼은 마을기업의 보상물에 대한 객관적인 사실과 제품의 효용 및 기능 광고에 더하여 후원자의 호기심과 즐거움을 자극할 수 있는 시스템 구성에 더욱 관심을 가져야 할 것이다. 중개 플랫폼에 가상게임 공간을 설치하여 후원자의 시스템 이용 과정에서 재미와 즐거움을 느끼게 하는 것이 필요하다. 또한 후원을 통해 기대 보상물에 만족할 수 있도록 정서적 애착과 관심을 증대하는 방안도 지자체와 협력 관계를 강구하여야 한다. 직접적인 시스템 즐거움과 재미에 추가하여 파생 가능한 지역관광자원을 활용한 체험활동 등의 오프라인 활성화 프로그램에 연계시키는 방안도 고려할 필요가 있다는 것을 확인하였다.

셋째, 마을기업 보상형 크라우드펀딩은 핀테크 기술을 통해 자유롭게 접속할 수 있는 장점이 있다. 중개 플랫폼으로의 기술적 접근은 어렵지 않았으나 정보의 비대칭 및 기대 보상물 신뢰 상실에 따른 후원자의 반감이 고조될 수 있다.

해외 저가 수입품을 지역 생산품으로 속여 판매한다거나 출시 예정일을 지키지 못하고 장기간 지나 조악한 상품을 배송한다거나 후원자

표 7-5-1. 마을기업을 위한 정책적 제안

구분	내용	영향권	특성	주체
단기	기대보상물 품질과 서비스 개선 교육 지원	지역	품질 향상 및 직원 의식 교육	혼합
	생산자 책임 보상제	지역	배송 및 하자 상품 책임 보상제	민간
	도지사 품질 보증제도	지역	사례: 강원도 농수특산물 진품 센터 운영	공공
	마을기업 제품 및 서비스 공공 우선 구매제	광역	마을기업 제품 및 서비스 공공 우선 구매, 도시재생참여, 환경개선 사업 및 지역 방역 우선권 부여	공공
중기	기업의 사회적 책임 활용 (ISO 26000)[31]	광역	1사 1마을기업 지원 협력 체계	혼합
중기	지방정부의 마을기업 컨설팅 제공	지역	세무회계, 법률, 관청업무 컨설팅	공공
중기	고향 사랑 지출 비용 소득 공제	국가	국회 법안 발의	공공
단기	먹거리 활용 배송 사업 지원	지역	제철 농수산물 정기 배송 택배 지원	혼합
단기	생태 관광 체험 프로그램	지역	역사·문화 체험 및 들판 야영, 동굴 탐험	혼합
단기	전통 향토 식품 체험장	지역	전통 향토 식품 체험장 운영	혼합
단기	지역 특화 자원 활용	지역	판소리, 지역전통문화, 도예공방 체험	혼합
단기	문화예술창작 활용	지역	문화예술 창작 마당, 영화·문학기행, 역사 건축여행	혼합
중기	마을기업 지원 3법 제정 (사회적경제 기본법, 사회적 가치 실현 기본법, 사회적경제 기업 제품 판로지원법)	국가	사회적경제조직 지원 3법 국회 입법	공공

주 : 기간별 단기는 1-3년, 중기는 3-5년 기간으로 추정하고 주체별 민간은 마을기업, 공공은 정부, 혼합은 마을기업과 정부를 의미함.

자료 : 저자 작성

31) 대한매경시사용어사전; https://100.daum.net/encyclopedia/view/188XX7560251. 2021.3.20.검색, ISO26000은 국제표준화기구인 ISO(International Standards Organization)가 추진하고 있는 사회적 책임(SR: Social Responsibility) 국제표준안의 이름이다. ISO26000은 기업은 물론 정부와 NGO에 지배구조 개선, 인권신장, 노동관행 개선, 환경보호와 공정거래 등을 통해 소속 사회에 도움이 되도록 노력할 것을 요구한다. 세계인권선언, 국제노동기구(ILO) 협약, 기후변화협약, 유엔 소비자보호지침 등 각종 국제 지침을 총망라한 행동지침 안내서이다.

의 반품 요청에 즉시 부응하지 않는 점 등이 산견 되고 있어 보상형 크라우드펀딩에 대한 후원자의 기대가 무너지는 경우도 발생하고 있다. 따라서 후원자의 불만 사항은 실시간으로 처리하고 반품, 배송지연, 하자 상품에 대해서는 생산자 책임 보상제를 실시하여야 한다. 위의 내용을 포함하여 표 7-5-1과 같이 변인별, 기간별, 주체별, 내용별 마을기업을 위한 정책적 제안을 하고자 한다.

쇠퇴하는 지역공동체를 살리고 지역자원을 활용하여 일자리를 만들어내는 마을기업은 끊임없는 시대적 변화의 요구에 능동적으로 대처할 능력이 부족하다. 제품을 생산하여 판매하는 선순환 과정을 반복함으로써 수익을 창출하여 기업으로서의 지속성을 담보해야 하는데 공동체성, 지역성, 공공성의 큰 울타리에 둘러싸인 마을기업이 정부의 재정지원 중단 이후에도 독자적인 지속 성장을 할 수 있을지 매우 염려되고 있다. 마을기업은 지역공동체 속에서 지역자원을 활용하여 일자리를 창출하는 공공성을 가진 기업으로서 지속적인 경영활동을 유지하기 위해서 최소한의 기업 자체 수익이 발생하여야 한다. 정부는 마을기업에 대한 재정 지원을 통해 필요적 도움을 주고 있지만, 기간과 금액이 한정된 것이 사실이다.

본 연구는 마을기업을 위한 자금 조달 방안의 하나로 보상형 크라우드펀딩을 제안하였고 국내외 사례를 통해 충분한 가능성을 확인하였다.

참고문헌

권보람·김주성 (2013). “크라우드펀딩의 국내외 현황 및 입법 동향 분석”. 『전자통신동향분석』, 28(5), pp.174-183.

권혁인·이승하·나윤빈 (2014). “크라우드펀딩의 성공·실패 사례분석”. 『한국콘텐츠학회논문지』, 14(7), pp.125-136.

김기홍 (2014). 『마을의 재발견』. 서울: 올림.

김동우 (2015). 『크라우드펀딩 현황 및 향후 전망』. 736, 은행연합회.

김세련 (2017). 『크라우드펀딩의 법적 문제와 개선방안 -증권형·대출형 크라우드펀딩을 중심으로-』. 전남대학교 법학전문대학원 박사학위 논문.

김영섭 (2020). 『마을기업 보상형 크라우드펀딩의 참여의도에 미치는 영향 요인 연구』. 전남대학교 대학원 박사학위 논문.

김영섭·나주몽 (2020). “마을기업 크라우드펀딩에서 인지된 위험이 신뢰 및 참여의도에 미치는 영향에 관한 연구”. 『글로벌경영학회지』, 17(4), pp.83-104.

김영섭·나주몽 (2020). “마을기업에 대한 리워드형 크라우드펀딩 참여의도의 영향 요인 분석: 확장된 통합기술수용모형(UTAUT2)을 적용한 펀딩 경험 여부에 따른 집단간 비교”. 『마케팅관리연구』, 25(4), pp.1-20.

류홍·최현자 (2020). “소비자의 보상형 및 증권형 크라우드펀딩 참여 현황 및 참여 의도에 관한 연구”. 『금융소비자연구』, 10(1), pp.97-127.

부산발전연구원 (2013). 『마을공동체로서의 마을기업의 사회적 성과 평가 및 개선방안』. 부산발전연구원.

양세훈 (2012). 『마을기업과 사회적기업의 거버넌스』. 경기: 이담북스.

유수동 (2019). “마을기업 현황 및 성과: 2019년 현황조사를 중심으로”, 『한국정책학회 동계학술발표논문집』, 2019, pp.1-26.

윤민섭 (2014). “非금융형 크라우드펀딩의 법적 제문제와 개선방안”. 『저스티스』, pp.95-124.

임정현 (2013). “커뮤니티 비즈니스를 활용한 지역개발사업의 정책 설계에 관한 연구". 『한국사회와 행정연구』, 24(1), pp.271-292.
정윤성 (2013). 『마을기업 희망공동체』. 서울: 도서출판 씽크스마트.
조영복·하태영 (2015). "마을기업 실태와 활성화 방안에 관한 연구: 고용창출과 부산지역을 중심으로". 『한국창업학회지』, 10(1), pp.45-68.
천혜숙 (2015). "창의적 프로젝트와 후원형 크라우드펀딩 - 성공요인". 『한국콘텐츠학회지』, 15(5), pp.560-569.
Brantford, C. S. (2012). "Crowdfunding and the Federal Securities Laws". *Columbia Business Law Review*, 2, pp.14-16.
국가법령정보센타 http://www.law.go.kr
대한매경시사용어사전 http://100.daum.net
세계보건기구 http://www.who.int
오마이컴퍼니 http://www.ohmycompany.com
와디즈 http://www.wadiz.kr/
텀블벅 http://tumblbug.com
한국은행 http://www.bok.or.kr
행정안전부 http://www.mois.go.kr

제8장

일본의 사회적경제와 지역회복력

네모토 마사쯔구

본 장에서는 재난상황에서 지역회복력을 강화시킨 일본의 사례를 다음과 같은 순서로 살펴보고자 한다. 우선 여러 번의 재난을 겪어 온 일본은 그 재난을 계기로 NPO법, 기부금 세제혜택 제도 등을 발전시켜 지역회복력을 강화시켜 왔다. 또한 재난 발생 시에 취약한 상황에 놓일 수 있는 사람들에 초점을 맞춘 정책을 정비해 오고 있다. 그 구체적 사례를 소개하고, 결론으로 향후 한국에 대한 시사점을 도출하고자 한다.

8-1 서론

비정부 및 비영리 민단단체 경제활동의 특징을 내세운 사회적경제의 정의(EU 사회적경제의 원칙 현장 등 참조)에 의거하면, 일본의 사회적경제 사례로서 NPO법인 활동을 대표적으로 거론할 수 있다. 일본 NPO법의 정식 명칭은 '특정 비영리 활동 촉진법'이라고 하며, 자원봉사 활동을 비롯한 시민들의 자유로운 사회공헌 활동을 촉진하는 데 목적을 두고 있다. 이 NPO법에 따라 법인격을 취득한 단체, 조직을 NPO법인(특정 비영리 활동 법인)이라고 부른다. NPO법인의 요건은 비정부 및 비영리 민단단체의 성격을 구비하는 것으로 앞서 언급한 사회적경제의 정의에 부합되는 바이다.

일본 NPO법의 성립 배경과 발전 과정을 보면, 그때마다의 재난 발생과 무관하지 않았음을 알 수 있다. 우선 1995년에 한신·아와지 대지진(阪神淡路大震災)이 일어났는데, 그 당시 자원봉사의 역할이 재조명받으면서 98년 NPO법 제정의 계기가 되었다. 그 후 2011년에는 동일본 대지진(東日本大震災)이 일어나면서 이번에는 기부의 중요성이 재인식되면서 NPO법 개정과 기부 세제 혜택 신설로 이어졌다. 다시 말해 일본의 사회적경제 발전은 적어도 NPO법이라는 관점에서 볼 때, 재난 경험과 밀접한 관계가 있는 것이다. 재난 피해와 극복 경험은 지역회복력 논리로 전개되고 NPO법인을 포함한 사회적경제 발전 방향과 궤를 같이하면서 발전되고 있다.

지역회복력을 영문으로 표기하면 레질리언스(Resilience)라는 용어가 적합할 것이다. 선행연구에서는 재난 레질리언스에 대해 '지역사회가 안전을 위협하는 재난에 대해, 재난 발생 이전보다 더 강한 안전성을 지닌 공동체로 만들 수 있는 역량'으로 정의된 바 있다(이재은, 2018). 나아가 주민, NGO, 지방정부, 기업 등의 다양한 행위 주체에 의한 안전 거버넌스 구성으로 재난 레질리언스, 환언하면 지역회복력이 강화된다. 그중 중요한 행위 주체로서 사회적경제가 주목받고 있는 것이다.

그러므로 제8장에서는 먼저 제2절에서 일본의 사회적경제와 재난에 관해 NPO법을 중심으로 그 발전 과정을 확인한 다음, 제3절에서 지역회복력 강화를 위한 NPO법 관련 정책을 알아보고, 이어 제4절에서 구체적 사례, 즉 '툇마루 하우스(えんがわハウス)' 사례와 '어린이 식당(子ども食堂)' 사례를 살펴보고자 한다. 전자는 홍수 피해 후에 빈집을 다(多)세대 다문화 교류 거점으로 재생하고 있는 활동 사례이고, 후자는 지역교류거점과 어린이 빈곤 대책 기능을 동시에 지닌 활동으로 전국에 확대되고 있는 사례이다. 끝으로 제5절에서 한국에 대한 시사점을 도출, 제시하고 마무리 짓고자 한다.

8-2 일본의 사회적경제와 재난

1. 일본의 사회적경제

1) '사회적경제'라는 용어에 대한 인지도

사회적경제라는 용어가 한국에 비해 현재까지 일본에서 일반적으로 보급되어 있지 않음은 일본 내 연구자들의 다음과 같은 언급에서부터도 짐작된다. 이시즈카(石塚, 2008)는 '일본에서 "사회적경제"에 대한 인지도는 아직도 낮다'고 하였고, 이마무라(今村, 2012)는 '섹터(Sector)로서 사회적경제라는 인식을 가지게 됨에 이르지 못하고 있는 상황'이라고 하였으며, 우시로·사카모토(後·坂本, 2017)는 '협동조합을 포함한 서드(Third) 섹터의 포괄적 연대와 제도적 통합이 일본에서도 이루어지게 될 때까지는 아직 중간 정도 상황이 계속될 것'이라고 하였다.

그 이유로 우시로·사카모토(後·坂本, 2017)는 '비영리 법인 내부의 세분화', '협동조합 내부의 세분화', '비영리 섹터와 협동조합 섹터의 분리', '노동자 협동조합과 사회적기업의 법제도 결여', '서드 섹터가 내부적으로 분단되어 있기 때문에 하나의 섹터로서 인지되어 있지도 결집되어 있지도 않다'는 점을 들고 있다. 또한 2020년 노동자 협동조합법 제정과 관련해 이시즈카(石塚, 2021)는 노동자 협동조합법이 일반법이 아닌 개별법이기 때문에 '협동조합 일반으로서 이론적으로 고찰하는 부분이 취약해지는' 우려를 표하고 있기도 하다.

이처럼 현재까지 일본에서 '사회적경제'라는 용어가 일반적이지 않고 사회적경제가 가리키는 영역 전체에 대한 인식 또한 역사적, 사회구조적 이유로 인해 보급되어 있지 않는 상황이다. 그러나 현지에서 일반적으로 사용되고 있는 용어가 아니라고 하더라도 그 개념에 해당되는 실체는 존재할 수 있다. 따라서 일본의 사회적경제를 살펴보는데 우선 위와 같은 상황을 전제로 하고, 사회적경제의 정의에 해당되는 조직, 활동을 추출할 필요가 있다.

2) 사회적경제의 정의에 따른 조직 유형

사회적경제에 관한 선행연구 중, 장원봉(2017)에 의하면 사회적경제는 다음과 같은 요소로 구성되는 경제적 활동으로 정의된다.

첫째, 협동조합, 공제조합, 비영리 민간단체 등의 시민 주도에 의해 형성된다.

둘째, 이윤보다는 구성원들 혹은 공동 이익을 위한 사회적 목적을 설정한다.

셋째, 이를 위한 이윤의 배분 원칙을 가진다.

넷째, 구성원들의 민주적 운영 원리를 가진다.

다섯째, 관련 정부 기구나 기업으로부터 독립적인 경영을 하도록 한다.

여섯째, 정부와 시장 그리고 시민사회 등의 다양한 자원을 활용하여 운영되는 경제활동이다.

위의 요소들을 모두 갖출 가능성이 있는 일본 내 조직 유형을 제시하면 일반법인, 공익법인, 특정비영리활동(NPO)법인, 사회복지법인,

의료법인, 학교법인, 협동조합, 노동조합 및 법인격이 없는 임의단체 등을 거론할 수 있다. 그리고 여기서 임의단체를 제외한 법인들은 크게 다음 세 유형으로 분류할 수 있다(後·坂本, 2017).

첫 번째 유형은 주무부처 칸막이 행정체계 하에 놓여 있는 유형이다. 1898년에 시행된 민법 구(旧) 34조에서 규정된 구(旧) 사단법인·재단법인, 및 1900년에 공포된 산업조합법에서 도입된 각종 협동조합은 정책 영역마다 존재하는 이른바 칸막이 행정에 의한 강한 감독과 통제 하에 놓여 있었다. 주무부처 칸막이 행정에 의한 통제의 결과, 비영리 법인과 협동조합 상호 간은 물론, 각종 비영리 법인 간, 협동조합 간에서도 상호작용을 수반하는 횡적 관계가 형성되기 어려운 구조가 되었다. 이로 인해 비영리 법인으로서의 일체성, 협동조합으로서의 일체성이 조성되지 않았고 서드 섹터 전체로서의 일체성이 나타날 여지도 없었다.

두 번째 유형은 주무부처 행정체계에서 벗어난 비영리 법인비영리 법인 유형이다. 1990년대 이후에 추진된 개혁 중에서 특히 특정 비영리 활동 촉진법 제정과 공익법인 제도개혁에 의해 주무부처 체제에서 벗어난 새로운 비영리 법인 제도가 도입되었고 그 제도 하에서 신흥 조직의 설립이 급증하였다. 이러한 새로운 법인격을 취득한 조직들은 주무부처 체제 하에 놓인 비영리 법인과 다른 섹터를 형성해 오늘날에 이르고 있다.

그리고 세 번째 유형으로 각종 협동조합 유형이 있다.

1990년 이후 개혁은 일본 서드 섹터 조직 전반에 대해 근본적으로 재편하는 움직임이 되고 있지는 않다. 사회복지법인이나 학교법인처럼 여전히 주무부처 체제 하에서 비영리 법인이 존재하기 때문이다. 지금도 그러한 주무부처 체제 하에 놓여 있는 비영리 법인과 주무부처 체제를 벗어난 비영리 법인(구체적으로는 일반법인, 공익법인, 특정비영리활동법인)과 각종 협종조합 간에는 '보이지 않는 벽'이 존재하고 있으며, 분단 상황이 해소되고 있다고는 할 수 없는 상황이다. 그뿐만 아니라 '주무부처 제체를 벗어난 비영리 법인', '주무무처 체제 하의 비영리 법인', 및 '각종 협동조합'이라는 3개 대분류 각각 내부에 있어서도 정책 영역과 개별 법인격마다 분단이 있는 상황에 놓여 있다(後·坂本, 2017).

표 8-2-1처럼 현재 일본에서 사회적경제에 해당될 수 있는 조직유형은 주로 주무부처 행정체계에서 벗어난 비영리 법인으로서는 일반사단법인(비영리형), 일반재단법인(비영리형), 공익사단법인, 공익재단법인, 인정 특정비영리활동법인, 특정비영리활동법인 등이라고 할 수 있으며, 그 외 주무부처 행정체계 하에 놓여 있는 비영리 법인, 각

표 8-2-1. 일본 서드 섹터(Third sector) 유형과 사회적경제 정의 부합 여하

구 분	조직 유형	사회적경제 정의 부합 여부
주무부처 행정체계에서 벗어난 비영리 법인	일반사단법인(비영리형), 일반재단법인(비영리형), 공익사단법인, 공익재단법인, 인정특정비영리활동법인(인정NPO법인), 특정비영리활동법인(NPO법인)	부합 가능
주무부처 행정체계 하에 놓여 있는 비영리 법인	사회의료법인·특정의료법인·2007년 4월 이후 설립된 의료법인, 사회복지법인, 학교법인, 직업훈련법인, 갱생보호법인	정부 기구로부터 독립적인지에 따라 달라질 수 있음
각종 협동조합	소비생활협동조합, 농업협동조합, 어업협동조합, 삼림조합, 중소기업등협동조합, 신용금고·신용조합·노동금고, 공제협동조합	기업으로부터 독립적인지에 따라 달라질 수 있음
그 외 법인	위 3개 유형에 포함되지 않는 '비영리형' 이외의 일반법인, 의료법인(2007년 3월 이전 설립한 경우), 노동조합, 기타 법인격	개별 조직 형태 및 활동 내용에 따름
법인격 없는 비영리 조직	비영리 민간 임의단체	개별 조직 형태 및 활동 내용에 따름

자료 : 後·坂本(2017), 재구성

종 협동조합, 그 외 법인, 및 법인격 없는 비영리 조직에 대해서는 활동의 구체적 실태에 따라 사회적경제 정의에 부합되는지 여부가 달라질 수 있다.

2. 재난을 겪은 일본 사회적경제의 변화

일본 사회적경제를 구성하는 조직유형 중 대표적으로 NPO법인에 초점을 맞추면 NPO법 성립 배경과 발전 과정에 있어 재난 경험과 중요한 연관성을 찾아낼 수 있다.

과거 1995년에 한신·아와지 대지진(阪神淡路大震災)이 일어난 당시, 자원봉사의 역할이 재조명받으면서 98년에 NPO법이 제정되는 계기가 되었다.

한신·아와지 대지진 현장에서 자원봉사자들이 행정과 커뮤니티에 의한 재난 대응 한계를 보완하였고 지원 대상에서 누락된 사람과 문제를 찾아내 대응하였으며, 개개인의 자발적 의지로 협업을 통해 문제를 해결해 나가는 새로운 주체로 주목받았다. 대지진 이전의 '자원봉사'는 어찌하면 자기 희생과 같은 부정적 이미지, 기특한 활동으로 간주되는 경향이 있었으나 대지진은 많은 사람들에게 자원봉사하고 또는 받아들이는 공간을 제공하였고 자원봉사가 자연스럽고 적극적인 이미지로 전환되었다(菅磨, 2011).[1)]

대지진 후 수년간에 걸쳐 자원봉사 활동이 계속되는 가운데, 인재 확보와 육성, 이재민 수요에 부응하는 서비스 제공, 활동 자금의 지속적 조달 등을 추진하는 활동이 조직화되어 가면서 이를 배경으로 NPO법 제정이 추진되었다(帯刀, 2004).[2)] 자원봉사 활동이 발전되는

1) 1999년에 설립된 '국제 자원봉사 학회'는 '일본 시민은 지진(震災)을 계기로 자원봉사에 대한 이해·관심을 넓혔고…'라는 설립 취지를 제시하고 있다.

사회적 조건은 이미 대지진 이전부터 정비되어 오고 있었다(八ッ塚, 1998).

자원봉사와 NPO의 특징은 표 8-2-2와 같고 NPO는 자원봉사 활동을 더욱 활성화하는 뒷받침 역할을 하는 관계에 있다.

표 8-2-2. 자원봉사와 NPO의 비교

구 분	자원봉사	NPO
조직/개인	개인	조직
수익, 보수	원칙 무보수 수익을 목적으로 하지 않음	수익을 올리지만 이익 배분에 일정한 제한, 보수를 받는 직원 있는 경우도 다수
자립성·자발성	자발적이지만 행정에 동원되는 자원봉사도 있기 때문에 자립적이라고 할 수 없는 경우도 있음	자발적이고 민간활동으로서 자립성·자율성이 중시됨
대상·목적과의 관계, 평가	자아 실현이나 자기 만족을 위한 활동도 있을 수 있음	목적 달성이 가장 중요하기 때문에 목적 달성도 평가가 필요함
경영	개인적 활동인 경우에는 경영이 필요하지 않고 단체 경영은 있지만 NPO에 비하면 단순함	경영이 필요하고도 중요함
수익활동 필요성	원칙적으로 수익활동을 하지 않고 있다고 하더라도 부분적임	조직 유지를 위해 수익활동이 필요한 경우가 많고 중요함
참여에 대한 입장	참여하는 측	참여를 촉진하는 측

자료 : 帯刀(2004) 재구성.

2) 재난 시에 자원봉사 활동의 주체가 되는 사회복지협의회, 자원봉사단체, 비영리 민간단체 등이 평상시부터 지역사회에서 신뢰되고 있는지가 관건이 되는 바(栗田, 2006), 그중 법인격이 없는 조직에 대해 법인격을 부여할 수 있는 법률(NPO법)을 정비함으로써 사회적 신뢰는 높이는 필요성이 제기되었다.

8-3 지역회복력 강화를 위한 정책

1. NPO법과 세제혜택

1) NPO법

지역회복력 강화를 위한 사회적경제 관련 정책으로 NPO법 및 관련 세제혜택 그리고 휴면예금등활용법 등이 있다.

1995년 1월 17일에 발생한 한신·아와지(阪神淡路) 대지진 이후 자원봉사 활동을 비롯한 시민들의 자유로운 사회공헌 활동의 중요성이 재인식되면서 이를 촉진하는 새로운 제도로서 1998년 특정 비영리 활동 촉진법(NPO법)이 제정되었고 2021년 10월말 기준 50,867개 법인이 인증되어 있다. 나아가 2011년 동일본 대지진 이후 기부문화 확산과 함께 NPO법인 제도가 개정되었다. 이에 따라 세제혜택을 받을 수 있는 '인정 NPO법인' 수가 급증해 2021년 10월말 기준 1,220개 법인이 인정되어 있다.

NPO법의 주요 구성 내용은 다음과 같다.

먼저 제1조 목적에서 '이 법률은 특정 비영리 활동을 실시하는 단체에 법인격을 부여하는 것 및 운영조직과 사업 활동이 적정하고 공익 증진에 기여하는 특정 비영리 활동 법인의 인정에 관한 제도를 창설하는 것 등으로 자원봉사 활동을 비롯한 시민이 행하는 자유로운 사회공헌 활동으로서의 특정 비영리 활동의 건전한 발전을 촉진함으로써 공익 증진에 기여함을 목적으로 한다'고 되어 있다.

이 조문에서 비영리 단체가 법인격을 취득할 있도록 하는 것과 인정 NPO법인 제도를 창설함으로써 '자원봉사 활동을 비롯한 시민이 행하는 자유로운 사회공헌 활동'의 발전을 촉진하고 그것이 '공익 증진에 기여'한다고 명시하고 있다.

NPO법 제정 전에 공익을 전담하는 주체는 오직 행정이었고 시민은 영리활동을 하는 주체로 인식되어 적어도 제도 상 '시민에 의한 공익활동'이라는 개념은 존재하지 않았으나 NPO법에 의해 시민들의 자발적 사회공헌 활동과 그 공익 기여가 법제도 상 처음으로 인정된 것이다(네모토·박영화, 2015).

NPO법에서는 자원봉사와 기부 등을 통한 시민참여와 이를 위한 정보공개를 중시하도록 설계되어 있다. 시민이 다수 참여하고 있는 NPO는 그만큼 공익성이 높다는 것으로 평가된다. 구체적으로 인정 NPO법인 요건으로 기부자 수나 기부금 수입의 비율 등을 보는 '퍼블릭 서포트 테스트(PST)'가 설정되어 있다.

2) 세제혜택

NPO법인에 대한 직접적 지원은 법률 상 제시되어 있지 않으나 인정 NPO법인에 대해서는 개인이 기부한 금액의 40%가 소득세에서 그리고 10%가 주민세에서 공제되므로 이를 합쳐 최대 기부금액의 약 50%가 세액에서 공제될 수 있도록 제도가 설계되어 있다. 한편 인정 NPO법인 입장에서는 기부금을 어떻게 사용할 것인지 등에 관련해 활동내용과 서비스 품질, 회계와 정보공개 등이 더욱 중요한 정보가 된다. 기부자는 그 정보를 판단하고 기부 여부를 결정하기 때문이다. 기부세제 개정을 계기로 NPO법인 활동과 이를 뒷받침하는 기부가 확대되고 나아가 기부문화가 확산, 정착해 나갈 것으로 전망되고 있

표 8-3-1. PST 요건 판정 기준(3개 구분 중 1개를 선택하여 적응)

구분	내 용
상대값 기준	실적판정 기간 내 총 수입에 차지하는 기부비율이 20% 이상
절대값 기준	실적판정 기간 내 각 사업년도 중, 기부금 총액이 3,000엔 이상인 기부자 수 합계가 연 평균 100명 이상
조례 개별지정 기준	도도부현(都道府縣, 광역자치단체) 또는 시구정촌(市區町村, 기초자치단체)이 개인 주민세의 기부금 세액공제 대상으로 개별적으로 지정한 NPO법인

다(네모토·박영화, 2015).

인정 NPO법인 요건 중 핵심적으로 퍼블릭 서퍼트 테스트(PST)가 있으며 표 8-3-1처럼 세 가지 판단기준 중 한 가지를 충족하도록 되어 있다. 비교적 많은 사람들에게서 기부를 받는 방향으로 설계되어 있다.

또한 인정 NPO법인에 대해서는 공익사단·재단법인과 함께 특정 기부신탁 세제가 있다. 이는 기부를 목적으로 한 것으로 신탁재산을 신탁계약 기간 중 균등하게 인정 NPO법인 등에 기부하게 되며 신탁재산 운용이익도 인정 NPO법인 등에 기부된다. 단, 원금의 30%를 한도로 본인에게 환원할 수 있다(계약기간 중에서 균등하게 환원). 계약기간 중에 기부자가 사망한 경우 잔액은 모두 인정 NPO법인 등으로 기부된다.

2. 휴면예금활용

일본의 휴면예금과 관련된 법률규정으로 2016년에 제정된 '민간공익활동을 촉진하기 위한 휴면예금 등에 대한 자금 활용에 관한 법률'(이하, '휴면예금등활용법'이라고 한다)이 있다. 그 배경으로 10년 이상 방치된 예금 등이 2014년도부터 2016년도까지 매년 1,200억 엔 정도 발생하였으나 500억 엔 정도만 환불되어 이러한 휴면예금의 바람직한 활용 방안이 모색된 것이다. 구체적으로 첫째, 은행 등이 공공적 역할을 수행하기 위한 자금, 둘째, 예금보험제도 등에 의한 공적 자금 활용, 셋째, 널리 국민 일반이 이용할 수 있는 방안에 대한 필요성이 제기되었다.

이에 따라 예금자 등에 대한 환불 노력을 다한 다음에 사회 전체에 대한 파급효과가 큰 민간공익활동 촉진에 활용함으로써 휴면예금을 널리 국민 일반에게 환원하는 것으로 휴면예금등활용법 제정이 추진되었다. 휴면예금을 민간공익활동(인구 감소, 고령화 진전 등 사회 경제 정세의 급속한 변화가 예상되는 가운데, 중앙정부 및 지자체가 대응하기 어려운 사회적 제반 과제 해결을 도모함을 목적으로 민간단체가 수행하는 공익기여활동(①어린이 및 젊은이 지원, ②일상생활 등을 영위하는 데 어려움이 있는 사람에 대한 지원, ③지역 활성화 등의 지원이라는 3개 분야에 관한 활동)으로서 이것이 성과를 거둠으로써 국민 일반의 이익이 한층 더 증진되는 데 이바지하는 것, 이하 '민간공익활동'이라고 한다)의 촉진에 활용한다(동법, §16, §17).

일본 휴면예금 운영기관에 관해 살펴보면, 우선 '휴면예금 등'은 10년 이상 입출금 등 이동(異動)이 없는 예금 등을 말하며(휴면예금등활용법, §2⑥), 금융기관은 예금 등의 존재를 예금자 등에게 통지해 예금자 등의 소재를 확인할 수 없는 예금 등에 대해 공고를 한 다음, 예금보험기구에 이관한다(동법, §3).

첫째, 금융기관은 휴면예금 등을 예금보험기구에 납부한다. 둘째, 예금보험기구는 사업계획실시에 필요한 금액을 지정활용단체에 교부한다. 셋째, 지정활용단체는 민간공익활동촉진업무 실시에 대해 책임을 지고 사업계획 등에 의거해 자금분배단체를 공모로 선정하고, 조성 또는 대부(당분간은 조성만)를 실시한다. 넷째, 자금분배단체는 민간공익활동을 실시하는 단체를 공모를 통해 선정해 조성 등을 실

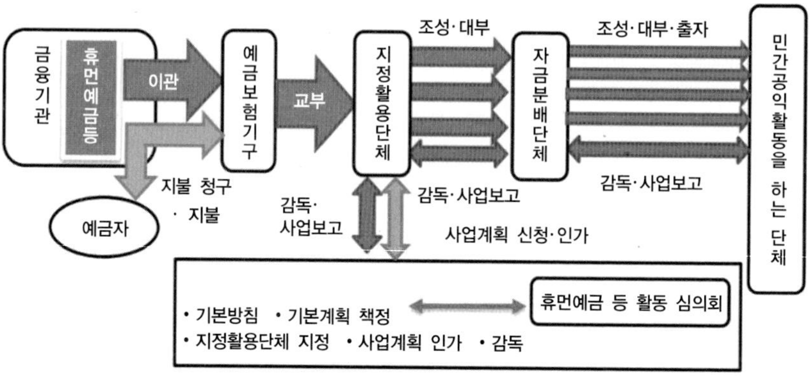

그림 8-3-1. 일본의 휴먼예금 흐름도

시한다. 이처럼 민간공익활동단체에 이르기까지 휴면예금의 흐름은 크게 4단계로 구분된다.

이에 지정활용단체는 자금분배단체에 대한 조성, 대부(당분간은 조성만) 등(민간공익활동 촉진업무)을 실시한다(휴면예금등활용법, §21). 민간공익활동 촉진을 목적으로 한 일반재단법인 중에서 1개 단체를 내각총리대신이 지정한다(동법, §20). 행정 기관으로서는 대응하기 어려운 활동을 지원하기 위해 민간단체인 지정활용단체가 주체적으로 추진한다.

일본 정부는 휴면예금등활용법 제20조에 따라 2019년 1월 11일에 지정활용단체로 일본경제단체연합회(이하, '경단련'이라고 한다)가 모체인 '일반재단법인 일본민간공익활동 연계기구'(이하, 'JANPIA'라고 한다)를 선정하였다. '지정활용단체'로 응모한 4개 단체 중, '경단련'이 안정성이 높다고 평가된 것이다. 단, 조성을 받는 조건으로 '사회적 임팩트 평가'와 '성과 가시화'가 제시되어 있음으로 인해 대규모 단체가 조성 대상이 되는 한편 견실한 지역활동을 하는 단체가 제외될 수 있다는 우려와 비판이 제기되었다. 또한 성과를 숫자로 표현할 수 없다는 지적도 나왔다. 다양한 기준이 없지 않으면 제도 외 영역에 도전하는 사람들이 줄어들어 사회적 안전망이 축소될 것으로 휴면예금제도에 의한 조성을 받기 어려운 시민활동의 저하를 우려하는 목소리도 있었다. 휴면예금등활용법에는 5년 후에 재검토한다는 부대결의가 있어(동법 부칙조, §3) 5년간의 내실있는 활용 여하가 중요한 관건이 된다.

JANPIA는 2019년도 자금분배단체 공모를 실시하였고 표 8-3-2처럼 총 24개 자금분배단체를 선정하였으며 총 2,978,836,587엔 조성을 하였다. JANPIA는 일반재단법인으로서 이사회가 업무집행 결정기관 역할을 한다. 또한 자금분배단체도 공익재단법인, NPO법인 등으로 취약계층 등 다양한 사회구성원이 의사결정 참여가 가능한 구조를 갖추고 있다(네모토·정태일, 2020).

표 8-3-2. 2019년도 JANPIA에 의해 선정된 자금분배단체

구 분	사업명	단체명	기간	조성액 (엔)
풀뿌리 활동 지원 사업 전국 블럭 채택 사업	의료적 케어 어린이와 가족의 꿈을 기부로 응원	공익재단법인 돈을 돌리자 기금	3년	58,886,400
	당사자 모임의 피어(Peer) 서포트 지원 사업	사회복지법인 중앙 공동 모금회	3년	77,073,182
	안심·안전한 지역사회 구축 지원 사업	갱생보호법인 일본갱생보호협회	3년	115,148,800
	암환자 지원 등 사업	공익재단법인 일본 대암(對癌) 협회	3년	116,000,000
	어린이 지원 단체 조직기반 강화	공익재단법인 Public Resource 재단	3년	81,686,819
	장애아 등 체험격차 해소 사업	공익재단법인 Blue Sea & Green Land 재단	3년	69,715,000
	시민사회 강화활동 지원 사업	인정NPO법인 마찌포트(まちぽっと)	3년	69,715,000
풀뿌리 활동 지원 사업 지역 블럭 채택 사업	사람·도시·활력 조성	일반재단법인 오사카부(大阪府) 지역지원 인권금융공사	3년	76,295,065

구 분	사업명	단체명	기간	조성액 (엔)
풀뿌리 활동 지원 사업 지역 블럭 채택 사업	인구감소와 사회포섭형 Corrective Impact 사업	공익재단법인 사가(佐賀) 미래창조기금	3년	111,569,997
	고립상태인 사람에게 유대를 만든다	공익재단법인 신뢰자본재단	3년	129,250,000
	NPO에 의한 협업·연계구축 사업	일반재단법인 중부권 지역창조 펀드	3년	137,616,380
	지역지원과 지역자원 연계사업	공인재단법인 나가노현(長野県) 미래기금	3년	104,765,400
	쥬고쿠 지방 5개 현(縣) 휴면예금 활용 컨소시엄 휴면예금 활용사업	NPO인 히로시마(広島) NPO 센터	3년	105,205,480
	홋카이도(北海道) 미래사회 시스템 창조 사업	일반사단법인 홋카이도 종합연구조사회	3년	126,547,924
	오키나와(沖縄)·이도(離島) 어린이 파견 기금 사업	공익재단법인 미래 펀드 오키나와	3년	95,689,000
신규 기획 지원 사업 채택 사업	어린이 미래를 위한 협업 촉진 사업	NPO법인 Etic	3년	246,496,000
	어린이 식당 서포트 기능 설치사업	일반사단법인 전국 식(食)지원 활동협력회	3년	119,140,800
	외국 Roots 청소년 미래창조 사업	공익재단법인 일본국제교류센터	3년	247,906,990
소셜 비즈니스 형성 지원 사업 채택 사업	지역 활성화 소셜 비스니스 성장 지원 사업	일반재단법인 사회변혁추진재단	3년	246,496,100
	지원서비스 부가 주택건설·인재 육성 사업	공익재단법인 Public Resource 재단	3년	244,084,451
재해 지원 사업 채택 사업	질 높은 계속적 재해지역 지원	NPO법인 Japan Platform	3년	137,227,688
	중핵적 재해지원 네트워크 구축	NPO법인 전국 재해 볼런티어 지원 단체 네트워크	3년	80,809,360
	재해시 요(要)지원자 긴급 지원 사업	사회복지법인 중앙 공동 모금회	3년	14,388,851
	대규모 재해 후 생활 재건 추진 사업	일반사단법인 RCF	3년	137,187,400
합 계				2,978,836,587

출처 : JANPIA(www.janpia.or.jp/koubo) 재구성.

8-4 사회적경제에 의한 지역회복 사례

1. 재난 피해지역 빈집 다(多)세대 다문화 리모델링 사례

사회적경제에 의한 지역회복 사례로 인정 NPO법인 이바라키 NPO 센터 코몬즈 사례가 있다. 이비라키 NPO센터·코몬즈는 2015년 9월의 간토(関東) 호우 재난으로 죠소(常総) 사무소가 피해를 입은 후, 현지 NPO로서 상부상조 센터 JUNTOS를 설립해 운영해 오고 있다. 많은 자원봉사자 코디네이트를 하면서 이재민에 대한 정보, 식량, 지원물자 제공, 외출과 이사 지원 등을 실시해 왔다.

죠소 시(常総市) 지역회복 과제는 집주인이 고치지 못하는 빈집 증가와 인구 유출, 고령화 등으로 고립되는 사람들이 늘어나고 있는 것이다. 이와 관련된 주택 재생을 진행하는 가운데, 죠소 홍수 직전까지 진료가 이루어지고 있었던 동네 병원과 오래된 주택이 그 후 빈집으로 남아 있음을 알게 되면서, 주민들로부터 추억이 있는 공간을 남기고 싶다, 언제나 편하게 갈 수 있는 장소로서 재생해 달라는 목소리가 나왔다.

2018년 가을부터 집 수리 준비 일환으로 장비물, 가구 정리와 청소 등을 해 왔으나 토지와 건물을 구입하지 않으면 이 장소를 남기지 못하는 상황에 직면하였다. 이에 JUNTOS·죠소 부흥 마을 만들기 주식회사를 설립하게 되었고, 자금을 모으기 시작하였다.

집 수리비는 빈집을 고령자 등의 생활지원 거점으로 리모델링하는 국토교통성 보조사업으로 선정되어 해결되었다. 자체 재원으로 출자와 기부를 자금으로 조달하면서 시민들의 힘으로, 사람과 사람의 연대를 깊게 하기 위한 '툇마루 하우스'를 만들어 가고 있다.

또한 죠소 시에 다수 거주하고 있는 브라질인 등을 위한 학습지원을 7년 이상 해 오고 있는 가운데, 초등학교 진학 전의 외국인 학부모와 자녀에 대한 지원과 청년 취업이 중요하다고 판단해 다(多)문화 보육을 사업화하고 있다. 넓은 마당이 있는 '툇마루 하우스'는 세대와 언어 장벽을 넘어 사람이 성장하는 공간이 되고 있다.

죠소 시에는 보육 서비스를 받지 않고 있는 외국적 영유아가 약 160명이 있다. 행정기관과 연계해 이러한 보육 수요에 부응하고 이중 언어를 사용할 수 있는 청년이 보육이나 고령자 돌봄 등 분야에서 활약할 수 있는 상황을 만들어 가면서 융자 상환 재원을 창출해 나갈 계획으로 운영되고 있다.

'툇마루 하우스'에서는 다음 표 8-4-1과 같은 활동을 전개할 수 있다. 이러한 활동을 확충하기 위해 그림 8-4-1 및 표 8-4-2와 같이 3개 조직 체계가 구성되고 있다(茨城NPOセンター・コモンズ).

'툇마루 하우스'를 이끄는 요코타(横田) 씨(이바라키 NPO센터 코몬

표 8-4-1. '툇마루 하우스' 활동

요리	물품 판매	화랑	취미 활동	건강	나들이	교류	육아 지원
점심, 커피, 파티, 도시락	위탁 판매, 자활용, 중고매매대행	전시회, 음악회, 영화, 만담	교실, 화담, 음악, 낭독, 건강 게임	체조, 요가, 마사지, 건강/ 돌봄 상함	통원/ 장보기 지원, 외지시찰, 여행 기획	외국어/ 요리 교실, 계절 행사	살론, 보육원 초중 학생과의 교류

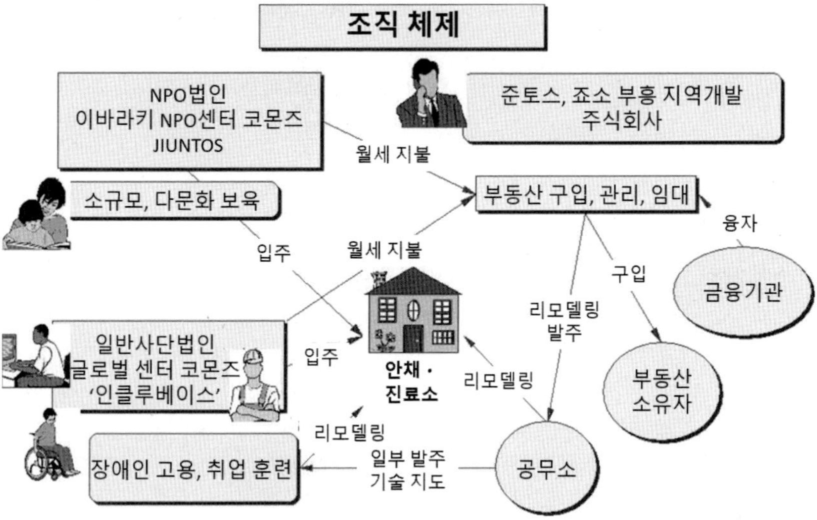

그림 8-4-1. '툇마루 하우스'를 이루는 체제

즈 대표이사)는 지역 방재는 살아남기 위한 배움이자 지역 만들기 그 자체라고 한다. 빈집 활용 컨셉트로 공동생활 7 가지 장점이 있다고 한다.

첫째, 마당, 방 배치를 선택할 수 있다. 사용자 의향에 따라 리모델링이 가능하다.

둘째, 월세 부담을 낮출 수 있다. 빈집 활용에 의한 비용 삭감과 사용자 스스로 리모델링에 참여함으로써 리모델링 비용 또한 낮출 수 있다.

셋째, 1인 가구도 안심한 생활을 보낼 수 있게 된다. 통원, 장보기 이동 시 지원, 쓰레기 배출 등 생활 지원을 제공할 수 있다.

넷째, 외롭지 않다. 고령자, 보육, 장애인 등이 이용하는 '툇마루 하우스'를 자유롭게 이용하면서 고립, 고독에서 벗어날 수 있다.

다섯째, 즐거움이 있다. 취미, 텃밭, 운동, 산책 등이 가능하다.

표 8-4-2. '툇마루 하우스'에 관한 3개 조달법인 관계와 역할

법인명	인정 NPO법인 이바라키 NPO센터 코몬즈	일반사단법인 글로벌 센터 코몬즈	JUNTOS 죠소부흥 마을만들기 주식회사
설립	1998년 11월 15일	2017년 1월 13일	2017년 10월 3일
목적	지역 과제를 시민 주체로 해결하는 활동을 지원하고 스스로 기부를 모아 제도 외 복지 모범사례를 만든다.	죠소 시 주변에 거주하는 장애 아동, 장애인과 가족을 지원하고 배리아프리와 다문화 소셜 워크를 확충한다.	죠소 시 홍수피해로부터 지역회복을 위해 빈집 수리와 재생을 추진하고 살기 좋은 지역 만들이게 기여한다.
주요 활동	NPO 설립 운영 상담. 생활 곤궁자 상담, 취업 지원. 죠소 외국인 자녀 학습지원. 홍수 후 JUNTOS 설립.	장애인 취업지원과 장애아동 방과후 데이서비스 운영(외국인 자녀에게 장애와 고립 사례가 많기 때문).	재난 후 방치되어 있는 주택 등을 구입 또는 빌려 고치고 지역에 필요한 공간(주거나 지역거점)으로 재생한다.
'툇마루하우스' 프로젝트 역할	- 전국에서 오는 재난 관련 시찰 연수와 집 수리 자원봉사자 받아들임. 재난 이재민 생활상담, 이동 지원. - 거점에서의 다문화 보육 실험(외국인 보육인재 육성, 취업 전 국어 일본어 습득 지원과 부모에 대한 일본 국내 육아 교육에 관한 정보 제공과 직장 개척) 거점에서 생활 지원에 관한 연계 사업 코디네이트를 하면서 임대료를 회사에 지불한다.	- 주택 등 수리작업 일부를 위탁받고 장애인이 훈련을 받으며 수리, 청소를 실시하고 지역회복에 기여한다. - 툇마루하우스 청소, 접객, 마당 청소, 조리와 보육 보조 등으로 거점에 인력 제공. 지역 고령자 주거 대상 생활지원 서비스 담당. 거점에서의 복지 서비스를 통해 행정, 지역에서 수입을 받아 회사에 임대료를 지불한다.	- 빈집 주인으로부터 건물 등을 구입하고 출자 등으로 집수리 자금을 조달하며 집수리팀을 조직화해 수리를 진행하는 외, 보조금이 나오기 전까지 융자를 받아 변제한다. - 집수리가 끝난 후에는 시설 관리자로서 앞의 2개 법인과 이용자들에게 시설을 빌려 주고 임대수입을 받는다. - 임대수입 중에서 새로운 빈집 수리 재원을 만들어 빈집 재생을 촉진한다.
주요 재원	재난지원기부, 다문화 교육에 대한 공공기관 보조금 등	국민보건보험단 급부금, 심부름 센터 수익, 방재 용품 판매 수익	출자금, 행정과 개인으로부터의 차입, 집수리 국가 보조금, 임대수입, 사용료 수입

출처 : 茨城NPOセンター・コモンズ(http://www.npocommons.org/data/engawa-plan.pdf).

여섯째, 보람이 있다. 아이 지켜보기, 목수 역할, 텃밭이나 원예 등을 하면서 보람을 느낄 수 있다.

일곱째, 재난에 대비할 수 있다. 재난 시에도 원활하게 피난할 수 있다.

빈집 리모델링은 커뮤니티 형성에 이어갈 수 있다. 우선, 리모델링 비용 지원과 입주자가 기대된다면 리모델링할 수 있는 다세대 주택이나 단독주택은 도시 내부에 다수 존재하며 고치고 싶어하는 소유자들도 있다.

리모델링 비용을 예컨대 '지역개발회사'가 부담하고 월세로 갚는 모델을 만들면 소유자가 고치지 못하는 부동산을 재생시킬 수 있다.

리노베이션 스쿨을 개강하면서 리모델링에 참여하는 자원봉사자, 스스로 고치고 이주하는 의향이 있는 사람을 이끌어 올 수 있다.

빈집 재생으로 새로운 다세대 주택 기능(셰어 하우스, 요리, 교류 공간, 복지 공동주택과 같은 공동생활을 할 수 있는 공간, 서로가 지켜 보는 안심감, 일자리가 있는 등)을 추가할 수 있다.

한편, 다문화 자원을 활용한 지역회복도 가능하다. 인구 유출과 빈집 증가를 막기 위해 구도심에 주민들이 돌아올 수 있게 하는 것이다. 지역사회 내에서 자란 외국적 젊은 층의 정주(定住) 지원, 공장 이외 직장에서도 일할 수 있도록 경력 지원을 추진한다. 또한 다문화 보육과 관련해 어린이집에 통역을 할 수 있는 인재를 배치함으로써 많은 외국인 엄마들의 지원이 가능해진다. 나아가 예비 학교, 예비 보육과 같은 형태로 어린이집, 초등학교 입학 전 준비가 가능해진다. 가정 교육환경이 정비되면 취학 후 아이들 성장에 좋은 영향을 주게 되며, 국내에서 자란 외국적 젊은 층이 이중언어 장점을 살려 보육에서도 활약할 수 있게 된다. 이렇게 직업 목표가 생기면 아이들에게 강한 동기 부여가 된다.

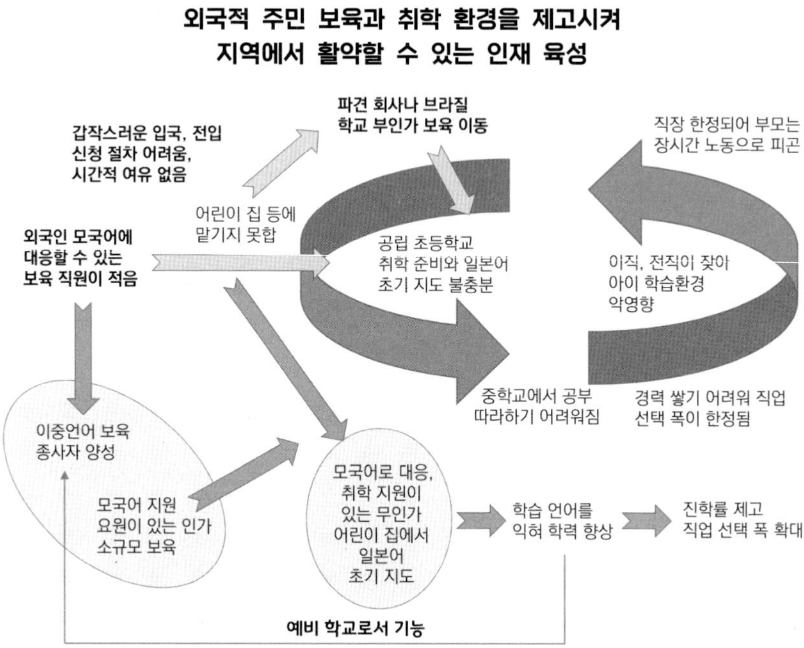

출처 : 横田(2018).

그림 8-4-2. 다문화 보육과 진로 개척에 의한 선순환 구조

보육환경 정비가 지역에 미치는 효과로서, 이중언어를 구사할 수 있는 보육 인재가 어린이집에서 일할 수 있게 되고, 예비 보육이 가능하게 되면, 어린이집에서도 많은 아이들을 받아들일 수 있게 된다. 일자리가 늘어나고 육아 환경이 개선되면서 인구도 늘어난다. 이에 따라 사업소에서도 인재를 확보하기 쉬워진다.

이중언어를 활용한 직업 영역을 확대한다는 관점에서, 서비스업(콜센터, 자동차 판매, 보험회사, 주택 업체, 부동산, 호텔 등), 보육, 의료, 복지, 교육, 외국적 주민과 외국인 관광객에 대한 대응도 양적, 질적으로 제고되어 산업 발전과 인구 증가에 연결된다. 이와 같은 잠재적 자원이 지역회복의 원동력이 될 수 있는 것이다(横田, 2018).

2. 어린이 식당(子ども食堂) 사례

어린이 식당이란 지역 아이들과 학부모 등을 대상으로 음식을 제공하는 커뮤니티를 말한다. 주로 NPO법인이나 지역주민에 의해 운영되고 있다. 어린이 식당의 목적은 '지역교류거점'과 '아이들의 빈곤대책'의 두 가지가 있다. 지역주민 커뮤니티로서 폭넓은 연령층 사람들을 받아들이면서 경제적 이유나 가정 사정으로 인해 영양가 있는 음식을 섭취할 수 없는 아이들을 지원하는 사회적 역할을 짊어지고 있다.

NPO법인 전국 어린이 식당 지원센터 조사에 의하면 2016년 시점에서 전국 2,286개소, 2019년 3,718개소, 2020년에는 4,960개소 어린이 식당이 있는 것으로 나타나 빠른 속도로 전국적으로 확산되고 있다.

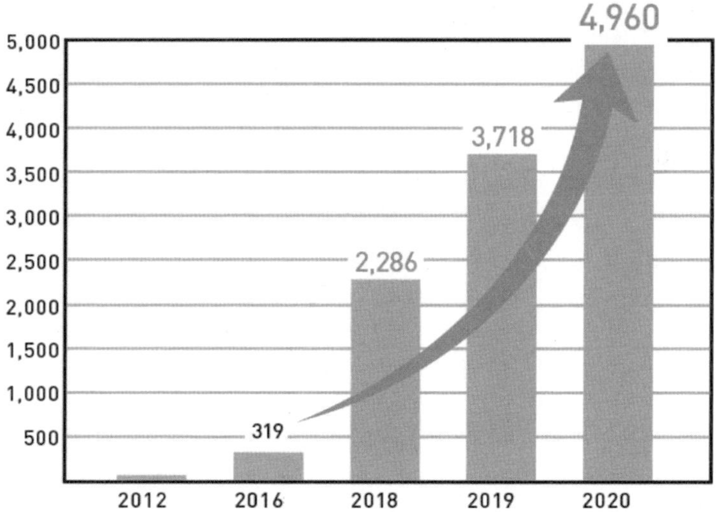

출처 : NPO法人全国こども食堂支援センター·むすびえ(2020).

그림 8-4-3. 어린이 식당 수 추이

어린이 식당이 주목받고 있는 배경으로, 빈곤에 직면하고 있는 아이들의 존재가 사회적으로 널리 인지되고 있다. 일본에서는 어린이 7명 중 1명이 상대적 빈곤 상태에 있다. 그러나 일반적으로 아이들 빈곤은 겉으로는 쉽게 보이지 않는다. 아이들 스스로 빈곤 상태에 있다는 것을 나타내기 어렵고, 정보를 얻기도 어려워 사회적으로 고립되면서 필요한 지원에서 멀어지는 구조가 있다. 보도를 통해 이러한 아이들 빈곤 문제를 보고 듣기는 하지만 개개인에게 구체적으로 어떤 활동이 가능한지는 어렵게 고민되는 현실이 있다. 그러나 어린이 식당에는 '배고픈 아이들에게 따뜻한 음식을 제공한다'는 알기 쉬운 장점이 있다. 최근 어린이 식당을 개설하고 싶은 사람을 대상으로 한 세미나 등도 개최되고 있어 본인에게 할 수 있는 것부터 사회문제에 적극적으로 기여하고자 하는 사람들이 늘어나고 있다(JACCS, www.jaccs.co.jp/lesson/moneyplan/0218/).

코로나19 이후 조사에 따르면 어린이 식당 중 46%가 식량 배포를 실시하고 있는 것으로 나타났다. 대면 모임을 할 수 없다면 음식물 나눠 주기를 한다. 그것도 어려우면 편지 주고받기를 한다. 문제 위주로 사람을 보는 것이 아니라, 사람들과의 지속적인 관계를 중시하고 있다.

일본 어린이 빈곤율 13.5%, 7명 중 1명, 학교 1개 반에 학생 35명이 있다면 1개반당 5명이 빈곤 상태이다. 그러나 일반적, 외형적으로는 인지되기 어렵다. 이 영역을 그림 8-4-4처럼 노란색 신호등으로 비유할 수 있다.

그런데 노란색 신호등 단계에서는 복지 서비스 대상자라는 자기 인식을 거부하는 경우가 많아 복지 서비스 사각지대가 발생하고 있다. 이 문제에 있어 어린이 식당은 빈곤 가정이라는 표시가 나지 않는 누구나 접근할 수 있는 공간이라는 장점이 있다.

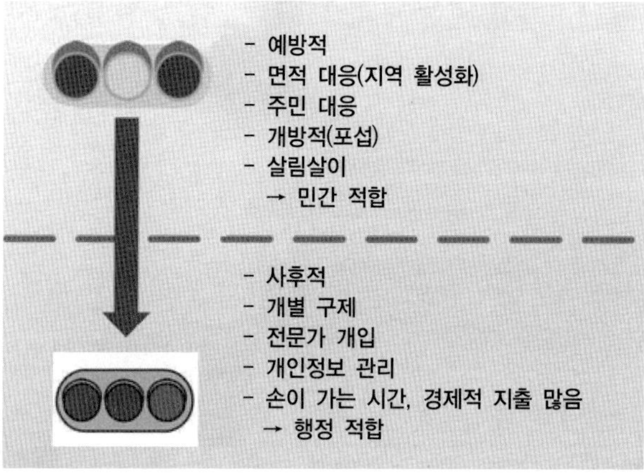

출처 : 湯浅(2019).

그림 8-4-4. 빈곤 문제에 접근하는 노란색과 빨간색 신호등 개념

어린이 식당을 지원하는 유아사(湯浅, 2021)는 다음과 같이 설명하고 있다(朝日新聞, 2020년 10월 7일자).

어린이 식당은 빈곤문제의 혁신이라고 할 수 있다. 우선 대상자 폭이 넓다. 아이들 빈곤율은 13.5%로 약 270만 명 있다. 상대적 빈곤으로 260만 이상은 겉으로는 알 수 없는 노란색 신호등 아이들이다.

전문직에 의한 지원은 우선 평가(어세스먼트)하고 자립지원계획을 세운다. 과제가 해결되면 관여가 일단 끝난다. 질병 치료와 유사한 개념이다. 그러나 어린이 식당에 참여하는 사람들은 좋을 때도 안 좋을 때도, 건강할 때도 아플 때도 관계를 유지하고 있다. 가족과 친구 다음 순서로 자리매김하면 이해하기 쉬울 것이다.

어린이 식당이 음식문화 교육인지, 빈곤대책인지, 고령자 건강 프로그램인지, 학대 예방인지, 각각 과제별로 유형화를 시도하면 명확한 선을 긋기가 어렵다. 어린이 식당은 무연(無縁) 사회에 대한 일반

시민들의 응답이라고 이번 코로나19를 계기로 정리될 수 있다. 무연사회는 전문직이 없기 때문에 무연이 아니라 계속 관여해 주는 사람이 없어지는 것이다. 이에 직접적으로 응답하려고 하고 있는 것이다.

어린이 식당이 바람직한 형태로 국가 정책이 되는 것이 이상적이지만 현재 정책 개발의 기존 상식대로 가면 '제2의 방과 후 돌봄'이 될 것으로 우려된다. 그렇게 되면 학부모나 고령자 참여가 불가능하게 되어 어린이 식당의 장점이 사라지게 된다. 따라서 주민자치회에 준한 형태가 고려될 수 있다.

지자체가 규정하는 주민자치회는 고령자 남성 중심이다. 그러나 어린이 식당은 여성이나 비교적 젊은 사람들이 참여하고 있으며 지자체 규정과 무관한 존재이다. 그러나 코로나19를 계기로 어린이 식당이 사회적 안전망 역할을 하고 있음이 확인되었다. 어린이 식당이 지역사회에서 짊어지고 있는 역할을 공식적으로 인정할 필요가 있다.

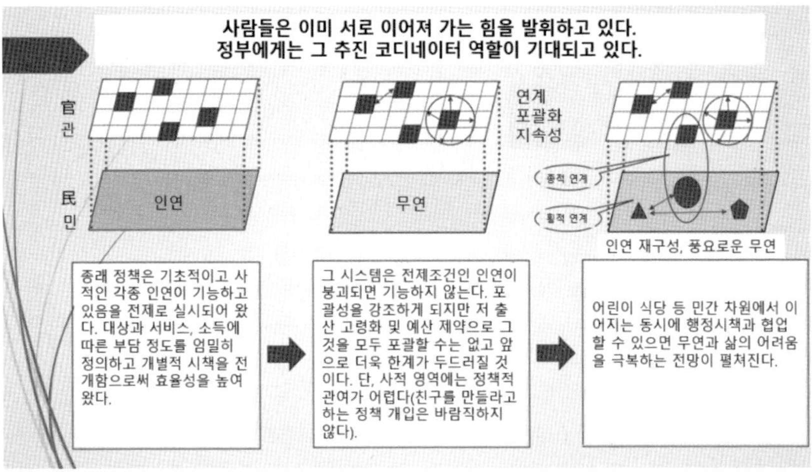

출처 : 湯浅(2021).

그림 8-4-5. 무연(無緣)사회 사적 영역에 대한 정책적 개입 어려움과 해결책

NPO법인 전국 어린이 식당 지원센터·무수비에(むすびえ)는 2021년 JANPIA가 실시하는 휴면예금등활용법 근거 자금분배단체로 선정되었다. 주제는 '거소의 포괄적 연계에 의한 모범지역 형성–서로 보태주는 지역, 재난에 강한 지역, 자원 지역순환의 일체적 실시–'이다. 선정에 따라 이루어지는 자금분배 지원 기간은 2021년 5월부터 24년 3월까지 3년간, 지원금액 상한액은 1개 단체당 최대 3,000만 엔(3개년), 지원 총액은 102,533,000엔(평가 관련 경비 제외), 선정 단체 수는 3~5개 단체이다. 그 목적은 다음과 같이 설명되어 있다.

최근 커뮤니티가 약해지면서 지역 내 상부상조의 힘이 저하되어(무연화, 無縁化), 아이들과 육아 세대, 고령자가 고립되는 상황이 이어지고 있다.

또한 지역 문제가 복합적으로 나타나고 있어 대상별, 문제별로 설계되어 있는 기존 제도, 정책으로는 적절한 대처가 어려운 상황이 나타나고 있다.

이에 따라 예방적 활동에 대한 관심이 높아지고 있으나, 문제가 가시화되기 전의 활동은 본인의 자각, 제3자에 의한 발견 모두 쉽지 않다는 것도 널리 알려져 있는 바이다.

이러한 가운데 2020년에 지역 내 쉼터가 사람들의 관계를 지속적으로 잇는 역할을 발휘해 주목을 받았다. 코로나19에도 불구하고 활동 형태를 변환시키면서 사람들의 유대 관계를 유지하려고 한 각종 활동은 지역 내 쉼터가 무연사회를 극복하고 있다는 것으로 사회적으로 인정받게 되었다.

그러한 지역 내 쉼터가 형성되어 발전 확산되면 지연(地縁), 혈연이 희박해지는 상황을 보완할 수 있을 뿐만 아니라(살기 좋은 무연사회 창조), 지역 내 쉼터와 행정 연계에 따라 기존 제도, 정책의 한계를 극복하는 것이 가능하다. 지역 쉼터의 민민 연계, 민관 연계로

공식, 비공식 양면에서 지역을 포괄적으로 포섭하고 사람들이 소외되기 어려운 지역사회를 창조하려는 방향성을 설정하고 있다(むすびえ, https://musubie.org/news/3041/, 일부 발췌).

8-5 결론 및 시사점

본 장에서는 지역회복력을 강화시킨 일본 사례에 다음과 같은 순서로 접근하였다. 우선 여러 번의 재난을 겪어 온 일본은 그 재난을 계기로 NPO법, 기부금 세제혜택 등을 발전시켜 왔고 나아가 휴면예금등활용법을 통해 지역회복력을 강화시켜 왔다. 재난 발생 시에 취약한 상황에 놓일 수 있는 사람들에 초점이 맞춰져 있다고 할 수 있으며, 그 구체적 사례로 재난 피해지역 빈집 리모델링 사례와, 어린이식당 사례를 살펴보았다.

내용을 요약하면 먼저 제도적으로 1998년에 제정된 NPO법은 비영리 민간단체에게 법인이 될 수 있는 길을 열어 비영리 민간단체가 민법상 계약주체로서 사업을 운영할 수 있게 되었다. 이는 일본 사회적경제 제도화의 효시라고 할 수 있겠다. 이어 2011년 NPO법인 제도가 개정되면서 인정 NPO법인에 대해 기부한 경우 약 50%를 세액 공제받을 수 있게 되었다. 이후 인정 NPO법인 수가 급증하고 있다. 이처럼 일본 사회적경제는 기부를 지렛대로 활용하려는 동향이 있다. 나아가 2016년에 제정된 휴면예금등활용법에 따라 ①어린이 및 청년 지원, ②일상생활 등을 영위하는 데 어려움이 있는 사람에 대한 지원, ③지역 활성화 등의 지원이라는 3개 분야에 관한 활동을 하는 다양한 민간단체를 지원하게 되었다.

다음으로 NPO법인 사례로서 재난 피해지역 빈집 리모델링 사례,

그리고 휴면예금활용 사례로서 어린이 식당 사례를 살펴보았다.

빈집 리모델링 사례에서는 재난 피해를 계기로 더욱 심각해지는 고령화, 인구 유출 및 인구 감소 문제에 대해 다(多)세대, 다문화 교류거점 구축이라는 방안으로 극복하려고 하고 있다. 어린이 식당 사례에서도 다(多)세대를 특징으로 하고 참여자를 제한하지 않으려고 하는 특징이 있다. 이에 따라 빈곤의 대물림이나 사회적 배제를 극복하고 지역 활성화와 궤를 같이하는 길을 열고 있다. 위와 같은 일본 사례에서부터 한국에 대한 시사점을 세 가지 제시하면 다음과 같다.

첫째, 한국 복지 전달체계가 세분화되어 발전되어 가면서 고령자는 고령자끼리, 어린이는 어린이끼리 모이게 되는 경향이 강하게 나타나고 있다. 반면에 일상생활 속에서 고령자나 어린이, 장애인 등 본인과 속성을 달리하는 제3자와 자연스레 인사를 나누는 공간이나 기회는 사라져 가고 있다. 골목 의자에 앉아 이야기를 나누던 할머니들, 동네 찜질방에서 수다를 떨던 아주머니들, 시장 가게에서 매일같이 화투 치던 가게 주인과 그 친구들 모습은 지금도 여전할까. 성희롱, 폭력 등 각종 범죄 예방 관점에서 가급적 본인과 속성이 다르고 잘 모르는 제3자와의 접점을 피하고, 그렇지 않아도 번잡하고 변화가 많은 제3자와의 인간관계에서 거리를 두려는 경향도 있을 것이다. 그러나 그러한 삶의 모습들이 변해 가는 사이 소리없이 소외되는 사람들이 적지 않게 존재하고 본인 역시 언젠가는 그러한 처지가 될 수도 있다고 생각된 다면, 세분화된 복지 전달체계와 커뮤니티케어, 사회적경제 각종 정책 가운데 누구나 들를 수 있는 시간적, 공간적 여지를 지역사회 안에 남겨 두는 것이 중요할 것이다.

둘째, 사회적경제 지원에서 정부지원 위주 체계에서부터 민간지원, 특히 기부 활성화의 추가가 중요하다. 한국 사회적경제 제도는 협동조합기본법을 제외하면 대부분 정부 지원을 전제로 설계되어 있으며 이를 기대하는 경향도 적지 않을 것이다. 이에 따라 사회적경제는 정부로부터 혜택을 받고 있는 존재로 일반적으로 인식되기 쉬우며, 부분적으로 기업체에서 협조가 있는 경우가 있기는 하나 전체적으로는 기부, 자원봉사 등을 적극적으로 영입하는 분위기라고 하기는 어려울 것이다. 이 부분이 일본 사회적경제와 크게 다른 점이다. 남북관계 등으로 인해 시민활동에 대해 경계될 수 있고 그간 민주적 정부를 통한 자원 배분이 가장 형평성이 보장된 방법으로 추구해 왔다면, 정부에 의한 자원 배분의 장단점 또한 정확히 분석하고 그 단점을 보완하는 정책이 필요할 것이다. 단적 사례로 지자체, 도서관 등에서 제공되는 각종 프로그램이나 혜택은 재원 관계로 상한이 있고 신청이 조기 마감되는 경우도 흔히 볼 수 있다. 이러한 상황에서 민간에서 이루어지는 지역사회 활동에 대한 기부, 자원봉사 인센티브(세제혜택 등) 형태로 간접 지원을 한다면 조금 더 많은 지역사회 프로그램이 전개될 수 있을 것이다. 다시 말해 일본 사례로부터 시사되는 것은 지역회복력을 갖추려는 각종 민간단체에 대한 기부 인센티브 개발의 중요성이다.

셋째, 체류 외국인 이중언어를 활용한 다양한 일자리 창출 및 이에 따라 파급되는 국내 산업 진흥이다. 일본 사례에서는 체류 외국인을 활용한 콜센터, 자동차 판매, 보험회사, 주택 업체, 부동산, 호텔 등 이외에도, 보육, 의료, 복지, 교육, 외국적 주민과 외국인 관광객에 대한 대응도 발전시킬 수 있는 것으로 전망되고 있다. 이를 통해 국내 산업 진흥 및 내국인 일자리도 늘어날 것으로 기대된다. 즉, 결혼 이민자 등을 취약계층으로 파악하는 것에 멈추지 않고 한국의 다양한 자원을 더욱 빛낼 수 있는 잠재적 인재로 육성하는 관점 또한 중요할 것이다. 이러한 관점은 오직 외국인에 대한 시각뿐만 아니라 장애인, 청년 등에 대한 시각도 마찬가지일 것이다. 다시 말해 취약계층으로 규정되는 경우에는 지원 대상으로 하되, 당사자들이 다양한 능력을 육성, 발휘해 볼 수 있는 시간과 공간, 인재를 확보해 나간다면 그것이 돌고 돌아 대한민국 전체의 회복력 강화에 이어지게 될 수 있을 것이다.

참고문헌

네모토 마사쯔구·박영화 (2015). "한국 사회적 경제조직의 정착을 위한 법제도 발전방향-일본의 특정 비영리 활동 촉진법(NPO법)과의 비교를 중심으로-". 『한국과 국제사회』, 4(2), pp.187-210.

네모토 마사쯔구·정태일 (2020). "휴면예금 활용범위에 관한 한국과 일본의 비교: SDGs 관점을 중심으로". 『法學研究』, 26(1), pp.391-415.

이재은 (2018). "재난 레질리언스 강화-한국의 안전공동체 거버넌스 개혁을 위한 혁신 방안-", 『Crisisonomy』, 14(3), pp.75-90.

장원봉 (2017). 우리사회에 사회적 경제가 필요한 이유.

朝日新聞, 2020년 10월 7일자, "子ども食堂、黄信号の子を可視化した 湯浅誠さんの理想".

石塚秀雄 (2008). "フランス生まれの「社会的経済」と日本". 『評論』, 175.

石塚秀雄 (2021). "労働者協同組合法成立と協同労働について". 『いのちとくらし研究所報』, 73, pp.32-35.

茨城NPOセンター・コモンズ(http://www.npocommons.org).

今村肇 (2012). "社会的経済・協同組合とリレーショナル・スキル—境界を超える人材と組織のつながりを求めて—", 『農林金融』, 65(9), pp.570-583.

後房雄・坂本治也 (2017). 日本におけるサードセクター組織の現状と課題－平成29年度 第4回 サードセクター調査による検討－, RIETI Discussion Paper Series 17-J-063.

栗田暢之 (2006). "災害ボランティアが果たした役割と今後の課題", 『災害情報』, 4. pp.23-28.

菅磨志保 (2011). "日本における災害ボランティア活動の論理と活動展開:「ボランティア元年」から15年後の現状と課題", 『社会安全学研究』, 1. pp.55-66.

帯刀治 (2004). まちづくりに取り組むNPO, 『社会運動研究入門— 社会運動研究の理論と技法—』, 文化書房博文社.

むすびえ(https://musubie.org).

八ッ塚一郎 (1998). “阪神大震災における既成組織のボランティア活動：参与観察と聞き取り調査”,『奈良大学紀要』, 26, pp.151-166.

湯浅誠 (2019). “子どもの貧困 私たちにできること”,『自治権いばらき』, 132, pp.1-33.

湯浅誠 (2021). 孤独·孤立を防ぎ、不安に寄り添い、つながるための 緊急フォーラム 資料.

横田能洋 (2018). 2015年の鬼怒川水害から半年直面した課題と JUNTOSの取り組み.

JACCS, 増加している“子ども食堂”とは?その目的や課題を知ろう.

NPO法人全国こども食堂支援センター·むすびえ (2020). こども食堂全国箇所数調査2020結果のポイント.